natürlich oekom!

Mit diesem Buch halten Sie ein echtes Stück Nachhaltigkeit in den Händen. Durch Ihren Kauf unterstützen Sie eine Produktion mit hohen ökologischen Ansprüchen:

- mineralölfreie Druckfarben
- Verzicht auf Plastikfolie
- Kompensation aller CO_2-Emissionen
- kurze Transportwege – in Deutschland gedruckt

Weitere Informationen unter www.natürlich-oekom.de
und #natürlichoekom

natürlich oekom · nachhaltig seit 1989

Bibliografische Information der Deutschen Nationalbibliothek:
Die Deutsche Nationalbibliothek verzeichnet diese Publikation
in der Deutschen Nationalbibliografie; detaillierte bibliografische
Daten sind im Internet über www.dnb.de abrufbar.

oekom – Gesellschaft für ökologische Kommunikation mbH
Waltherstraße 29, 80337 München

Layout und Satz: Reihs Satzstudio, Lohmar
Korrektur: Maike Specht
Umschlaggestaltung: Mirjam Höschl, oekom verlag
Druck: Elanders GmbH, Waiblingen

ISBN 978-3-96238-377-0

FSC MIX Papier FSC® C016368

Klimaneutral Verlag
ClimatePartner.com/53585-1805-1001

Wigbert Tocha

Grüne Gier

Warum die Blütenträume
des Öko-Kapitalismus nicht reifen

Inhaltsverzeichnis

»Die Zukunft hängt davon ab, was wir heute tun.«

Mahatma Gandhi

Prolog

Enttäuschte Hoffnungen und der Mut zu streiten

Das 21. Jahrhundert entwickelt sich, so hat es den Anschein, mehr und mehr zu einem Jahrhundert der enttäuschten Hoffnungen.

Trotz aller Warnungen werden Lebensräume und Ökosysteme immer weiter zerstört, das menschengemachte Artensterben geht weiter. Trotz aller wissenschaftlichen Einsicht über die Gefährlichkeit eines hohen Ausstoßes von Treibhausgasen haben die Emissionen von Kohlendioxid einen historischen Höchststand erreicht, und schon im Jahr 2026 könnte die Erderwärmung die Grenze von 1,5 Grad gegenüber der vorindustriellen Zeit überschritten haben. Trotz der Erkenntnis, dass es unüberbrückbare Grenzen des Wachstums gibt, werden immer neue Grenzen überschritten, und auch die sogenannte Energiewende, das zentrale Projekt der neokapitalistischen Modernisierung, wird in das fatale Prinzip der Energieerzeugung durch Plünderung eingereiht. Trotz allen Wirtschaftswachstums hat die Ungleichheit auf der Welt einen Höchststand erreicht. Trotz des mahnenden Appells »Nie wieder Krieg!«, der nach 1945 ein breiter Konsens war und die Herzen erreichte, erleben wir heute eine unglaubliche Anhäufung von Waffen und eine erschreckende Bereitschaft zum Kriegführen. Trotz der überzeugenden Visionen von der Welt als gemeinsamem Haus und vom friedlichen kontinentalen Zusammenleben im gemeinsamen Haus Europa erleben wir, wie die Spaltung vorangetrieben und alt-neue Feindbilder kultiviert werden.

Zu den verführerischen Antworten, die im 21. Jahrhundert gegeben werden, gehören die Verheißungen eines vermeintlich neuen, eines grünen Kapitalismus. Die Schalmeien der Green Economy und einer umfassenden Digitalisierung erklingen und wollen glauben machen, die Probleme lösen zu können. Doch die versprochene Versöhnung von Ökonomie und Ökologie bleibt aus, und zu den Enttäuschungen gesellt sich eine weitere: Ökologische Probleme werden bestenfalls verlagert, aber nicht gelöst.

In dieser verwirrenden Situation ist es wichtig, einen Schritt zurückzutreten, um sich zu orientieren. Genau dies ist das Anliegen dieses Buches, das den Anspruch erhebt, sich an den entscheidenden Fragen nicht vorbeizumogeln: Wo liegen die Ursachen des Dilemmas? Wie sind die im Rahmen einer Wachstumsökonomie gegebenen Antworten zu bewerten? Und schließlich: Welcher Weg ist der richtige? Was ist zu tun?

Wer diese Grundfragen stellt, ist nicht allein. Viele Menschen nehmen wahr, dass weder die mannigfaltigen und teilweise auch konfus vorgetragenen Erklärungsversuche stimmig noch die Antworten der Politik in der Lage sind, alte Muster zu überwinden. Schlimmer noch: Im Kern wird nur das Mantra des Höher, Schneller, Mehr und Größer wiederholt, als ob es keine Grenzen der Belastbarkeit des Planeten und der Ökosysteme gäbe. Reformen erschöpfen sich in einem »Weiter so« mit etwas anderen Mitteln. Grünes Denken wird umfassend vereinnahmt.

Als entscheidende Ursachen der fatalen Situation, die zu dystopischen Zuspitzungen zu führen droht, identifiziere ich das technizistische Muster und die ungebrochene Akkumulations- und Wachstumslogik. Dies geschieht in den ersten drei Kapiteln des Buches, und ich verbinde es mit der ideologiekritischen Betrachtung der gegenwärtig ins Kraut schießenden technizistischen Utopien und der Heilserwartungen gegenüber den erneuerbaren Energien und der Digitalisierung. Die gesellschaftlichen Auswege werden im fünften Kapitel benannt – sie münden in die Zielvorstellung von deglobalisierten Gemeinwesen und von industrieller Abrüstung –, ehe im sechsten Kapitel Folgerungen an der Schnittstelle der gesellschaftlichen zur persönliche Ebene skizziert werden.

Wer den Neokapitalismus des 21. Jahrhunderts verstehen will, um zu Antworten auf beiden Ebenen – der gesellschaftlichen und persönlichen – zu gelangen, ist auch deshalb nicht allein, weil wir uns mit »dem großen Strom der Geschichte« und dem »Engagement der Vielen« verbinden können, von dem der französische Widerstandskämpfer und spätere Mitautor der Menschenrechtscharta der Vereinten Nationen Stéphane Hessel in seiner programmatischen Streitschrift *Empört euch!* gesprochen hat. Zu diesem Strom der Geschichte gehört auch die Weisheit von Vordenkerinnen und Vordenkern und von »Ökoklassikern«. Ihre Warnungen und Analysen sind heute in einem erschreckenden Maße aktuell, und ihre Konzepte haben nichts von ihrer Strahlkraft verloren. Die Karten liegen auf dem Tisch.

Ich beziehe mich auf eine Reihe von klarsichtigen Weltdeutern: zunächst vor allem auf Aldous Huxley und seine *Schöne neue Welt* sowie auf Dennis Meadows, der mit dem Report *Die Grenzen des Wachstums* ein epochemachendes Werk vorgelegt hat, in zweiter Line auch auf Hans Jonas und *Das Prinzip Verantwortung*, auf Leopold Kohr und *Das Ende der Großen* sowie auf Ernst Friedrich Schumacher und sein programmatisches *Small is beautiful;* Anregungen habe ich zudem aus den Überlegungen von zeitgenössischen Autoren wie Niko Paech und Hartmut Rosa bezogen.

In einem eigenen Kapitel nehme ich, und das mag überraschen, Bezug auf Karl Marx und sein Werk *Das Kapital* sowie auf Rosa Luxemburg und ihre Analyse *Die Akkumulation des Kapitals*. Beide gelten nicht als Exponent:innen des grünen Denkens, das es im 19. und beginnenden 20. Jahrhundert in der uns heute geläufigen Form noch nicht gegeben hat, und doch liefert ihre Analyse ganz entscheidende Erkenntnisse: Es sind die Entschlüsselung des Wachstumszwangs der kapitalistischen Ökonomie und die kritische Darlegung ihrer gesellschaftlichen und globalen Folgen.

Ich bin davon überzeugt: Wenn die Enttäuschung nicht das letzte Wort haben soll, dann müssen wir den Mut haben, wieder viel stärker um den richtigen Weg zu ringen und zu streiten. Dazu brauchen wir Anstöße und Anstößiges, wir brauchen die Impulse für die nötige tiefgreifende Veränderung. Bleiben sie aus und nehmen wir uns selbst nicht in die Pflicht, dann überlassen wir den Kräften das Feld, die die Welt immer weiter nach ihren Vorstellungen des »Big is beautiful« formen.

Die Großstrukturen, die ihren Schöpfern schon jetzt über den Kopf gewachsen sind und die ein zerstörerisches Eigenleben führen wie der Geist, der aus der Flasche entwichen ist, sind die Folge der alten Muster des Technizismus und der endlosen Akkumulation. Es gilt, ein neues Muster zur Geltung zu bringen, das Philosophen und Weisheitslehrer schon immer eingefordert haben und das heute wie nie zuvor in der Geschichte zur Überlebensnotwendigkeit wird: Es ist die Rückkehr zum Genug und zum Maß. Diese »Rückkehr« ist, wie ich zeige, im 21. Jahrhundert keine konservative Hinwendung zum Gestrigen, sondern die Form eines Fortschreitens, die wir im 21. Jahrhundert brauchen. Das Maß wird zum individuellen Programm – aber auch zum politischen und gesellschaftlichen. Dazu gehört, das aggressive Verfügbarmachen und Aneignen der Welt und ihrer »Ressourcen« zu begrenzen und andere Formen der Weltbegegnung zu kultivieren.

Viel Zeit, so ist zu befürchten, bleibt nicht mehr.

Danken möchte ich allen Mitarbeitenden im oekom verlag, die zum Gelingen des Buchs beigetragen haben, zuallererst Lektor Clemens Herrmann, sodann Dr. Bruno Kern und Dr. Margarete Willerich für die kritische Durchsicht des Manuskripts und manchen inhaltlichen und formalen Rat, außerdem Beate Seitz-Weinzierl, Hilla Bajohr und Wolfgang Thiel sowie last, but not least Dr. Gerlinde Tocha und Tanjina Schneider-Tocha für viele Gespräche und Anregungen zum Thema. Denn niemals schreibt sich ein solches Buch so ganz allein.

Kapitel eins

Von feuchten Technikträumen und grünen Illusionen

Sie wollen Teil der Lösung sein, aber sie zeigen nur auf drastische Weise das Dilemma, in dem wir uns bewegen. Die Rede ist von jenen Multimilliardären, die mit Macht ins Weltall drängen. Sie machen mobil, neue Geschäftsfelder und die Märkte der Zukunft vor Augen. Ex-Amazon-Chef Jeff Bezos, der als reichster Mensch der Welt gilt, wollte mit seinem Raumschiff »New Shepard« der Erste sein, doch der Brite Richard Branson war ihm im Juli 2021 mit seinem privaten Ausflug ins Weltall um wenige Tage zuvorgekommen.

Sie wollen immer weiter. Jeff Bezos will wie Branson den Weltraumtourismus und Luxushotels im All etablieren. Und Elon Musk, der auch als E-Auto-Pionier gefeiert wird, hat einen besonderen Plan: Er will eine Kolonie für Hunderttausende Menschen auf dem Mars aufbauen.

Musk – auch er ist superreich, sein Nettovermögen wird auf 290 Milliarden US-Dollar geschätzt – startete zunächst ein paar Nummern kleiner. Bei »Inspiration4«, der ersten bemannten Mission seines privaten Raumfahrtunternehmens SpaceX, war Musk so generös, nicht selbst ins All zu fliegen, sondern vier Privatleuten als Passagieren den Vortritt zu lassen – die Auswahl und der Flug der Hobbyastronauten waren medial perfekt durchinszeniert. Inzwischen sind weitere Touristen ins All geflogen. Eine Raumkapsel mit einer vierköpfigen privaten Crew dockte an die Internationale Raumstation ISS an; beteiligt waren neben SpaceX das private Raumfahrtunternehmen Axiom Space und die US-Raumfahrtbehörde NASA. Ein Platz für einen Flug zur ISS kostet, so wird kalkuliert, mehr als 50 Millionen Dollar.

Selbstverständlich hängen sich die Bezos, Musk und Co. ein fortschrittlich-grünes und soziales Mäntelchen um. Bezos lobt sich selbst, weil sein Raumschiff ja mit Wasserstoff betrieben werde und kein CO_2 ausstoße. Und die Mission »Inspiration4« war – eine gut gelungene PR-Aktion – mit einer Spendensammlung für ein Kinderkrankenhaus verbunden. Große Worte fielen: »Heute inspiriert ihr wirklich die Welt«, gab das SpaceX-Kontrollzentrum den vier Alltouristen mit auf den Weg. Musk nimmt das große Ganze für sich in Anspruch: Es gehe, so verkündet er, um die Rettung der Menschheit, die einen Plan B und einen alternativen Lebensraum brauche, wenn es auf der Erde zunehmend unangenehm wird.

Im neuen Kapitalismus des 21. Jahrhunderts sind neue, smarte Akteure auf den Plan getreten. Die Tech-Elite reklamiert für sich den Dienst an einer guten Sache. Das gilt auch für Elon Musks rasch errichtete »Gigafactory« in Grünheide bei Berlin. Mit der Produktion von möglichst vielen Tesla-Elektrofahrzeugen will er das Klima retten und sieht sich als Teil einer grünen Avantgarde. Das Publikum applaudiert den technologisch aufgeladenen Fantasien.

Es geht um feuchte Technikträume. Nicht alle diese Träume sind so vermessen und aggressiv wie die Fantasien der reichsten Männer der Welt, es geht nicht allein um Extreme und um die Eroberung des Weltraums, für die Oligarchen neuen Typs wie Bezos und Musk stehen, die immer mehr Macht gewinnen. Sondern es geht auch um die vielen, die vom Glauben beseelt sind, die Probleme auf dem Planeten Erde mit einer Entfesselung von neuen Techniken, Produkten und Dienstleistungen lösen und so Ökologie und Ökonomie versöhnen zu können. Sie sind sich einig, dass die Feuermacher, die alten, rußigen Schmuddelkinder von der Kohle-, Öl- und Gasfraktion, im 21. Jahrhundert nun rasch vom Hof gejagt werden müssen. Die Musik spielt nun woanders: Jetzt wird alles sauber, technisch ambitioniert und digital.

Selbst in der Ökoszene schießt inzwischen ein wachsender Glauben an technische Lösungen für die gewaltigen Probleme der Menschheit ins Kraut, die dabei ist, ihren Blauen Planeten zu zerstören. Diese feuchten Träume, diese Überhöhung von technischen Lösungen korreliert auf beklemmende Art mit der Trostlosigkeit und extremen Lebensfeindlichkeit, die andere Planeten auszeichnen, die uns als neuer Lebensraum verkauft werden. Die abgeschmackten Utopien vom Leben auf dem Mars sind Teil einer Sackgasse, sie weisen keinen Ausweg aus der Bedrängnis, dass die wunderbare Erde zu einem unwirtlichen Ort gemacht wird.

Die Krise ist umfassend und vielgestaltig

Immerhin: Die Klimaveränderungen werden, so hat es den Anschein, inzwischen auch von den Wirtschafts- und Technikmächtigen als Thema ernst genommen. Doch wir müssen genauer hinschauen, ob die Antworten auf die Krise belastbar sind oder ob sie verschlimmbessern.

Klar ist: Der menschengemachte Klimawandel markiert eine Zäsur, denn es zeigt sich an diesem Phänomen, dass die Grenzen der Ausbeutung des Planeten und des Wachstums erreicht sind. Der kapitalistische Industrialismus, der seit rund 300 Jahren seinen Siegeszug feiert, hat sich im großen Stil der fossilen Brennstoffe bedient, die sein Räderwerk am Laufen gehalten und es immer mehr beschleunigt und ausgedehnt haben. Der Akkumulation des Kapitals und dem fortschreitenden Industrialismus entspricht dabei eine Ansammlung von Schadstoffen: Denn die Konzentration von bestimmten Gasen in der Atmosphäre, also vor allem von Methan, von Stickstoffoxiden und insbesondere von Kohlendioxid (CO_2), führt zu einem gefährlichen Treibhauseffekt und einem Wärmestau. Die sich durch die Sonneneinstrahlung bildende Wärme verliert sich aufgrund des dichter gewordenen Gasmantels nicht mehr ausreichend im Weltraum; die langwellige Wärmestrahlung wird verstärkt zur Erde zurückgestrahlt, sodass die untere Atmosphärenschicht sich über das Maß des natürlichen Treibhauseffektes hinaus erwärmt. Das eigentlich ungiftige CO_2, das bei der Verbrennung fossiler Kraftstoffe entsteht, wird durch diesen Effekt zu einem schädlichen Abfallprodukt.

Vor allem im Süden der Welt drohen katastrophale Zuspitzungen, wenn wir an nicht mehr erträgliche Temperaturen, an sich erwärmende Ozeane und steigende Meeresspiegel, an Wetterextreme und an Trockenheit denken, was vor allem jenen Menschen die Existenzgrundlage raubt, die auf einer Bewirtschaftung halbwegs intakter Naturräume und Ökosysteme angewiesen sind und die von der Landwirtschaft oder auch vom Fischfang leben.

Um die Kernfrage, um die es geht, zu begreifen, ist es notwendig, sich zunächst über den Charakter der Krise klar zu werden. Ich möchte keinen Zweifel daran lassen, dass ich trotz der Bedrohung, die vom Klimawandel ausgeht, ein Narrativ, das die Misere allein als »Klimakrise« beschreibt, für verfehlt halte. Denn es ist klar, dass die umfassende Krise, die durch menschliches Tun entstanden ist und der wir ausgesetzt sind, nicht allein durch eine technisch ins Werk gesetzte Reduktion von Treibhausgasen überwunden werden kann, also nicht durch Mittel zu bewältigen ist, die zur Krise geführt haben. Der Blick auf die freigesetzten »Parts per Million« (ppm) an CO_2 und an anderen Treibhausgasen, die sich in der Erdatmosphäre anreichern, nimmt einen wichtigen Teil der Wirklichkeit wahr, bleibt aber verengt, wenn die anderen Teile nicht mitbedacht werden. Der verengte Blick kann dann sogar zum Teil des Problems werden und die Lösung erschweren und verunmöglichen.

Die Krise ist vielgestaltig. In der Summe handelt es sich um eine polymorphe Zerstörungskrise, die durch menschliches Handeln ausgelöst wird. Sie mündet in globale Bedrohungen und kann in letzter Konsequenz auch als Zivilisationskrise oder als Krise des Anthropozäns, also des von Menschen geprägten Zeitalters auf der Erde, gedeutet werden.

Die umfassende Krise zeigt sich in grundlegenden ökologischen und gesellschaftlichen Verwerfungen, die im Zusammenhang gesehen werden müssen. Wenn wir an die wachsende Bedrängnis durch die Erderwärmung, die Zerstörung von Ökosystemen, die Misere des Artensterbens und an die Gefährdung der gesamten Biosphäre denken, ist zunächst die ökologische Problematik – wir können synonym auch vom Umweltdilemma sprechen – zu nennen. Im Blick ist darüber hinaus die Teilhabeproblematik, das Demokratie- und Gerechtigkeitsdilemma: Es ist das Versagen angesichts der Aufgabe, alle Menschen am materiellen Reichtum und an gesellschaftlich sinnvoller Arbeit sowie an der politischen Gestaltung des Gemeinwesens teilhaben zu lassen. Und last, but not least ist die »Militärische Gewalt«-Problematik – synonym auch als Kriegsdilemma zu bezeichnen – zu nennen, also der Komplex der fortgesetzten Aufrüstung und wachsenden Gefahr von Kriegen bis hin zur Gefahr eines atomaren Weltkriegs.

Es lässt sich nicht leugnen, dass die menschliche Weltaneignung insgesamt, dass unsere Art des Produzierens, des Aneignens und Verteilens von Reichtum, des Bebauens, ohne zu bewahren, des Konsumierens und Umgehens mit Konflikten in die Krise geraten ist. Die drei genannten Dilemmata sind Teile der umfassenden Krise. Ob wir diese polymorphe Krise, die zweifellos auch eine soziale Dimension hat, zusammenfassend eine »ökologische Krise« nennen, hängt davon ab, ob wir den Begriff »Ökologie« sehr weit fassen. In einem weiteren Sinne geht es bei der Ökologie um die Wechselwirkung zwischen Lebewesen und um die Frage, wie sie in einem Ökosystem zusammenleben und sich regenerieren; in diesem Verständnis von Ökologie könnte es dann auch um die kulturelle Dimension gehen, um die Stellung des Menschen im biologischen Gesamtsystem, um die Art, wie und in welchen gesellschaftlichen Verhältnissen Menschen zusammenleben, wie sie in Beziehung treten und sich gegenübertreten und wie sie sich die Natur aneignen. In einer solchen Sichtweise wäre es möglich, sowohl die maßlose Ausbeutung der natürlichen Ressourcen als auch die Ausbeutung von Menschen, die Gleichgültigkeit gegenüber den Armen und den Arm-Gemachten sowie die hemmungslose Anhäufung von Waffen und kalte und heiße Kriege als Teil der »ökologischen« Krise zu begreifen.

Deshalb könnten wir von der umfassenden Krise durchaus auch als einer ökologischen Krise sprechen. Ich bevorzuge es dennoch, den Begriff der Ökologie enger zu fassen und so deutlich zu machen, dass es verschiedene Dilemmata sind, mit denen wir konfrontiert sind. Sie betreffen einerseits die Natur, die Umwelt und die Biosphäre, andererseits sind es kulturelle und gesellschaftliche Bedrängnisse, mit denen wir uns auseinandersetzen müssen. Ökologie im engeren Sinne bezeichnet förderliche Lebensbedingungen im gemeinsamen Haus Erde für Menschen und für Tiere und Pflanzen sowie die Umweltverträglichkeit menschlichen Handelns. Die gesellschaftliche Teilhabeproblematik und das Kriegsdilemma gehen damit einher, sind damit aber nicht identisch. Die umfassende Krise hat unterschiedliche Gestalten, und wenn es um eine Vision zur Überwindung der umfassenden Krise geht, ist ein mehrstimmiger Ansatz sinnvoll: Es geht nicht allein um ökologische Fragen im engeren Sinne, sondern um einen Dreiklang bei den Zielen: nämlich um die Bewahrung der natürlichen Lebensgrundlagen, um Gerechtigkeit und um Frieden.

Diese Ziele stehen im Zusammenhang miteinander. Wir sollten uns der anstrengenden Arbeit des Zusammendenkens nicht entziehen. Der ganzheitliche Ansatz ist in der Lage, wesentliche Bezüge herauszuarbeiten, die die Krise befeuern, und er ermöglicht es zu zeigen, dass die Krise von toxischen Mustern befeuert wird, die bei allen ihren Erscheinungsformen wesentlich sind.

Absage an das technizistische Muster

Wer dazu bereit ist, einen klaren Blick auf die Ursachen der Krise zu werfen, stellt fest, dass die kapitalistische Ökonomie strukturell unfähig ist, eine Wende zu vollziehen, die als ein wirklicher Kurswechsel hin zur Gewaltfreiheit im Zusammenleben der Menschen und in ihrem Verhältnis zur Natur bezeichnet werden könnte. Zwar hat die Green Economy Konjunktur, doch sie gerät zunehmend in Widersprüche und wird immer mehr zum Teil der Kapitalverwertungslogik und eines durchaus als aggressiv zu bezeichnenden Aktionismus. Sie bleibt Teil der Muster, die den Kapitalismus von Anfang an geprägt haben und die nun im 21. Jahrhundert noch mehr Macht gewinnen. Ich gehe zunächst auf das technizistische Muster der Weltaneignung ein.[1]

Der nach Dominanz strebende Technizismus kann auch als »technokratisches Paradigma« oder »technoökonomisches Paradigma« bezeichnet werden.[2] Das technizistische Muster zu denken und zu handeln hat eine Reihe von Kennzeichen, die seine expansive Ausrichtung zeigen:

- Die Aneignung der Welt hat die Form der Herrschaft. Die natürliche Umwelt wird zum Objekt und zur Ressource und verliert ihren Mitweltstatus.
- Die Macht der Technik und der Technikmächtigen nimmt zu, Technokratie entwickelt sich.
- Die Technikmacht verbindet sich mit Wirtschafts- und Kapitalmacht.
- Fortschritt wird als technischer Fortschritt definiert, nicht als sozialer und ethischer Fortschritt.

- Andere Sichtweisen werden an den Rand gedrängt.
- Treten Probleme und krisenhafte Zuspitzungen auf, dann sollen sie durch den Einsatz von anderer und von noch mehr Technik gelöst werden.
- Das technizistische Denk- und Handlungsmuster geht Hand in Hand mit der Logik ständiger Mehrung und Expansion und dem Bestreben, immerwährendes wirtschaftliches Wachstum zu ermöglichen. Die Technik ist dabei die Treiberin, die das unbegrenzte Wachstum ermöglichen soll.
- Als Spielart des technokratischen Paradigmas bildet sich ein technoökologisches Muster heraus.
- Wie das technokratische Paradigma verbindet sich das technoökologische Muster mit Größenfantasien, mit dem Ansatz des »Nicht kleckern, sondern klotzen« und der Überschätzung technischer Möglichkeiten.
- Die Politik schiebt Probleme hin und her, ohne sie zu lösen und ohne den durch das Paradigma vorgegebenen Rahmen zu verlassen.

Es gehört zum technizistischen Muster, dass schnell nach neuen und neuesten Verfahren und Technologien[3] gegriffen wird, wenn sie versprechen, in der wirtschaftlichen Konkurrenz Vorteile zu bekommen, Märkte damit zu besetzen und den Output steigern zu können. Das technisch Mögliche zu tun wird in dieser Logik zum Programm, die gesellschaftlichen und ökologischen Folgen werden dagegen nachrangig betrachtet. Das gilt – um einige für das 20. und 21. Jahrhundert wichtige Beispiele zu nennen – für die Kernspaltung, für die Wasserstofftechnik, die Informationstechnologie und die Digitalisierung, für die Techniken der Intensivlandwirtschaft mit synthetischem Dünger und Pestiziden, für die Gentechnik, für die Biotechnologie in der Medizin sowie für Hightech bei der Kriegsrüstung.

Die Entwicklung kritisch zu betrachten bedeutet nicht, sich modernen Herstellungsverfahren und technischem Fortschritt zu verweigern oder gar den Einsatz von Technik prinzipiell abzulehnen. Es kann, etwa in der modernen Medizin, segensreiche neue Therapien und Medikamente geben, auf die niemand verzichten möchte, wenn er oder sie selbst von bestimmten Krankheiten betroffen ist.

Insgesamt gesehen jedoch, und das ist der entscheidende Punkt, sind der fortschreitende Technizismus und die sich daraus ergebende Technokratie eine fragwürdige Entwicklung, weil sie Züge des Totalitären trägt. Denn andere Lebensentwürfe und Zugänge werden marginalisiert und verdrängt – auch die Idee des ethischen und sozialen Fortschritts wirkt auf einmal blass gegenüber den Luftschlössern der Technizisten. Die Verfechter des Technizismus sehen sich ganz vorn, und doch ist das technizistische Muster Teil eines alten Denkens, eines am Ende überkommenen Handlungs- und Weltaneignungsmusters. Dieses Muster steht heute wie auch das Akkumulationsmuster auf dem Prüfstand.

Die Macht der Technik und die Macht, mit technischen Mitteln über die Welt zu bestimmen und sie auszubeuten, nimmt zu. Größe und großer Output sind das Lebenselixier moderner Technik. Dabei wächst die Dominanz der Wirtschaftsmächtigen, die über die Technik verfügen. So werden, um ein Beispiel zu nennen, Kleinbauern verdrängt – die industrielle Landwirtschaft nutzt ihre Größenvorteile. Dieses Phänomen gibt es auch in Europa, aber besonders verschärft hat es sich in Afrika, Asien und Lateinamerika, auch durch Landgrabbing, den Landraub bis hin zur gewaltsamen Vertreibung von Kleinproduzenten. Agrarkonzerne und Investoren kaufen und besetzen das Land. Einheimische Bauern, indigene Gemeinden, Hirten und Fischzüchter verlieren ihre Lebensgrundlage. Die neuen Herren okkupieren Flächen für neue Märkte, für die Märkte des Nordens, sie bedienen sich neuer Techniken und sorgen für einen großflächigen Anbau von Soja, Mais, Baumwolle, Zuckerrohr, Ölpalmen und auch Schnittblumen oder okkupieren Flächen für die Rinderzucht. Die ansässige Landbevölkerung hat keine Mittel mehr, selbst vielfältige Nahrungsmittel zur Versorgung vor Ort zu erzeugen. Die Monokulturen haben einen enormen Wasserbedarf, zudem wächst der Einsatz von Pestiziden. Traditionelles Saatgut wird verdrängt, die Pflanzenzüchtung und die Herstellung von Saatgut ist in der Hand von wenigen Industrieunternehmen. Werden großen Flächen gerodet, so hat dies neben den unmittelbare Auswirkungen auf Menschen und Umwelt vor Ort auch Auswirkungen auf das Klima weltweit, da Wälder ein wichtiger CO_2-Speicher sind.

Solche Vorgänge zeigen die Verflechtungen und den Charakter der umfassenden Krise, sie zeigen auch deren soziale Dimension, die mit ökologischen Verwerfungen Hand in Hand geht. Teillösungen und die Orientierung an technischen Fragen sind nicht ausreichend. Dennoch wird das technizistische Muster sofort aktiviert, wenn Probleme auftreten, doch die fatale Dynamik wird damit nicht gebremst.

Das gilt auch für eine besondere Spielart des technizistischen Musters, die sich im 21. Jahrhundert herausgebildet hat und die von vielen inzwischen als eine Art Zauberformel gesehen wird: Es geht um das technoökologische Muster. Sowohl die Green Economy als auch die sogenannte Energiewende und die Erneuerbaren-Technologie sind Ausdruck dieses Musters. Sie stehen für den Versuch, mit technologischer Modernisierung und veränderten technisch-industriellen Verfahren ökologische Probleme lösen zu wollen.

Doch die Spirale der Zerstörung dreht sich weiter. Auflösen lässt sich das Dilemma nur, wenn sich ein neues Denken und neue Muster durchsetzen, die mit dem aggressiven Gestus einer selbstgefällig-dominanten Weltaneignung brechen. Ohne eine Absage an den Technizismus wird es nicht gelingen, die ökologische Sackgasse zu verlassen, geschweige denn, die umfassende Krise zu überwinden.

Das klingt radikal, an die Wurzel gehend – und das soll auch so sein. Es gibt dabei viele Bündnispartner. Auch Papst Franziskus spricht vom nötigen »Widerstand gegen den Vormarsch des technokratischen Paradigmas« (Laudato si', S. 88 f.) und fährt fort:

> »Andernfalls können auch die besten ökologischen Initiativen […] in derselben globalisierten Logik stecken bleiben. Einfach nur eine technische Lösung für jedes auftretende Umweltproblem zu suchen bedeutet, Dinge zu isolieren, die in der Wirklichkeit miteinander verknüpft sind, und die wahren und tiefsten Probleme des weltweiten Systems zu verbergen.« (Ebd., S. 89)

In der Tat kann es nicht gelingen, ein ökologisches Problem zu lösen, wenn man es als etwas begreift, das wie in einem Silo für sich steht. Es ist kein Zufall, dass die Politik im Rahmen der überkommenen Reaktionsmodelle hilflos reagiert. Sie verspricht Teillösungen für bestimmte Aspekte der größeren Problematik, verfehlt jedoch ihr Ziel und schiebt die Probleme von einem Feld auf ein anderes Feld, ohne sie zu lösen. Ich möchte im Folgenden zeigen, wie ökologische Verschiebebahnhöfe eröffnet werden und wie sehr die Green Economy und die Energiewende dem überkommenen technizistischen Muster verhaftet bleiben.

Die Erneuerbaren und die alten Muster

Der Kapitalismus ist globalisiert, und die grün gefärbte Ökonomie ist Teil der weltweiten Verflechtung und der internationalen Arbeitsteilung. Mit Green Tech und dem Konzept einer CO_2-freien Wirtschaft hat die weltweite Jagd auf bestimmte Rohstoffe begonnen. Die Extraktion, also das Herausziehen, und die Ausbeutung von Rohstoffen und die Expansion sind untrennbar mit der grünen Technik verbunden – die neuen Technologien passen sich »nahtlos in die bisherige Technikgeschichte ein« (iz3w 2011, S. 18).

Zu den begehrten Rohstoffe gehören unter anderem Kobalt, Lithium und Grafit, die in den Batterien von Elektroautos verbaut werden, Platin, Iridium und Nickel, die für die Elektrolyse bei der Erzeugung von Wasserstoff benötigt werden, Kupfer, mit dem die Spulen von Windkraftgeneratoren bestückt werden, und Aluminium für Hochspannungsleitungen. Um die Green Tech, die Digitalisierung und die zunehmende E-Mobilität im Norden der Welt zu ermöglichen, nehmen die Macher Verwerfungen im Süden der Welt in Kauf. Die Green Economy kommt dort als eine gewalttätig zu nennende Inbesitznahme an. Zu den handelnden Akteuren, die die Ressourcenausbeutung im globalen Süden vorantreiben, zählen inzwischen nicht nur Unternehmen aus Nordamerika und Europa, sondern auch aus China.

Eine Fülle von Beispielen ergeben ein beklemmendes Gesamtbild. Die Minen im Kupfertagebau hinterlassen tiefe Wunden in der Landschaft, der Abraum hinterlässt riesige Berge, der große Wasserverbrauch führt zu Wasserverknappung in der Region, und bei der Verhüttung entstehen hochgiftige Toxine, insbesondere Schwefeldioxid. (Siehe umweltnetz-schweiz.ch ▹ Das heißbegehrte Kupfer) Ähnlich kritisch sind die Befunde bei Kobalt: Die größten Vorkommen gibt es im Osten des krisengeschüttelten Kongo, wo Dörfer umgesiedelt werden, um im Tagebau nach dem Stoff zu graben; dies geschieht unter katastrophalen Bedingungen und teilweise auch mit Kinderarbeit. Und in der Atacama-Wüste in Chile, wo das »weiße Gold« Lithium gefördert wird, rauben die Minengesellschaften den Ureinwohnern das knappe Gut Wasser und die Perspektive auf ein auskömmliches Leben.

Die ansässige Bevölkerung erlebt die neue globale Ökonomie als Imperialismus. Für sie klingt es wie Hohn, der den Respekt vor den Menschen und vor der Erde vermissen lässt, wenn Elektroautos zur Ikone der Rettung des Planeten gemacht werden sollen. Die aufgezwungene Entwicklung über die Köpfe der Menschen hinweg gibt es auch an der Pazifikküste in Mexiko, wo europäische Konzerne Megawindparks errichtet und damit die gewachsene ländliche Infrastruktur überrollt haben.

In den Blick genommen werden muss zum einen, was in den ärmeren Ländern des Südens passiert, um die für neue grüne Technikwelt benötigten Rohstoffe auszubeuten. Auf dem Prüfstand steht zum anderen das Modell einer Energiewende, wie sie global vor allem von den Ländern des reichen Nordens vorangetrieben und als Lösung zur Überwindung der ökologischen Probleme verkauft wird. Kritisch zu hinterfragen sind die vollmundigen Ankündigungen der Europäischen Union, mit einem »Green Deal« für »Klimaneutralität« zu sorgen, aber auch die Regierungsprogrammatik der bundesdeutschen »Fortschrittskoalition«.[4]

Das Vorhaben der EU, in den Mitgliedsstaaten die Treibhausgasemissionen zu reduzieren, klingt erst einmal gut. Jedoch muss klar sein, dass damit nur eine unbefriedigende Teilantwort auf die anstehenden Fragen gegeben wird, eine Antwort, die ausdrücklich eingebettet ist in eine Strategie eines – vorgeblich klimaneutralen – Wachstums. Gewährleisten soll dies vor allem ein Technologiewechsel: Die Nutzenergie soll statt aus fossilen Quellen aus regenerativen Quellen, aber auch aus Kernbrennstoffen gewonnen[5] werden. Die EU-Kommission hat die Atomenergie und die Gaskraft als nachhaltig eingestuft. Dies gilt für eine »Übergangszeit« bis 2045; das EU-Parlament hat dem zugestimmt. Investitionen in Atom- und Gaskraftwerke gelten als »nachhaltige Investitionen«. Damit bekommt ausgerechnet die Atomkraft, die eigentlich schon verabschiedet schien, ein Ökosiegel und soll das Klima retten.

Es liegt, wenn es um die Atomkraft geht, auf der Hand, wie sehr sich eine solche Politik im Kreis dreht. Die Probleme werden hin und her geschoben – rein in die Kartoffeln, raus aus den Kartoffeln und umgekehrt. Fossile Energieträger sollen zurückgefahren werden, und dafür wird die Atomkraft wieder aus der Mottenkiste geholt. Wir wissen, dass die Kernenergie alles andere als eine nachhaltige, eine saubere und sichere Form der Energie ist. Wir wissen, dass Atomkraft mit radioaktiver Strahlung und durch den Uranabbau Mensch und Umwelt schädigt, dass die Frage der Endlagerung von Atommüll ungeklärt ist und dass die Vorräte von spaltbarem Uran begrenzt sind. Doch die Politik des Hin- und Herschiebens und das Eröffnen von Verschiebebahnhöfen ist ein typisches Kennzeichen für die Unfähigkeit, dem alten Muster eine Absage zu erteilen.

Ich möchte im Folgenden auch die andere Technologie beleuchten, die als Wundermittel zur Sättigung des großen Hungers nach Energie gefeiert wird: die Stromerzeugung aus regenerativen Quellen. Die beiden Technologien – die Atomkraft und die Erneuerbaren – verhalten sich auf den ersten Blick wie Feuer und Wasser. Sie haben aber mehr gemein, als den Apologeten der Erneuerbaren lieb sein kann. Denn beide Technologien befeuern den Traum von der unbegrenzt zur Verfügung stehenden Energie und damit den Traum vom unbegrenzten Wachstum. Nicht nur mit der Atomkraft werden Antworten im Sinne eines technizistischen Musters gegeben, sondern auch die Erneuerbaren bewegen sich in diesem Rahmen.

Meine These ist: Die angestrebte Energiewende steht nicht für einen wirklichen ökologischen Kurswechsel, weil und solange sie Teil einer Wachstums- und Plünderungswirtschaft ist und in diese hineintransplantiert wird. Bestimmte technische Verfahren und ihre Entfesselung werden als Wunderwaffen gegen den Klimawandel gefeiert. Doch mit den hochgehaltenen Alternativen werden scheinökologische Antworten gegeben. Die vermeintlich ökologischen Antworten bleiben Ausdruck des alten Denkens. Weder werden weitergehende ökologische Ziele erreicht, noch geht der Plan in Bezug auf den Klimaschutz auf. Denn die Klimaschutzziele sind Reduktionsziele, die vom Credo zu Wachstum und Beschleunigung konterkariert werden.

Technizistische Illusionen

Wenn wir die Verheißungen betrachten, die mit den erneuerbaren Energien verbunden sind, dann stellen wir fest, dass eine Art Perpetuum mobile versprochen wird, eine Energieerzeugung ohne Ressourcenverbrauch und Umweltzerstörung.

Johann Bessler (1681–1745), ein Erfinder mit dem selbst gewählten Künstlernamen Orffyre und Autor des Werks *Das Triumphirende Perpetuum mobile Orffyreanum*, hätte seine helle Freude daran gehabt. Bessler behauptete von sich, mit einem sich unaufhörlich drehenden Rad das Geheimnis der ewigen Bewegung gelüftet zu haben: mit einer Wundermaschine, die ohne Energiezufuhr von außen auskomme. Seine Zeitgenossen hielten Bessler, der auch als Mediziner tätig war, für einen Quacksalber. Und das zu Recht: Der Glaube an die wundersamen Technikkräfte entpuppt sich bei näherem Hinsehen als Schimäre. Ein Perpetuum mobile gibt es nicht. Doch die Heutigen scheinen den Versprechen der Technologie- und Modernisierungsprediger, die grüne Begriffe besetzen, ohne tiefer gehende Prüfung zu glauben. »Die Faszination des technischen Fortschritts scheint alle Kritikfähigkeit stillzulegen«, schreibt der kritische französische Ingenieur und Physiker Benjamin Dessus (2010, S. 75). Die Thesen von Dessus, der seinerzeit Präsident des Netzwerks global-change.org war, sind überzeugend: Technologische Großprojekte werden uns nicht retten, nötig ist eine energieschonende Lebens- und Konsumweise – und die reichen Ländern müssen damit anfangen.

In den Erneuerbaren zeigt sich das Perpetuum mobile des 21. Jahrhunderts, so wie die Atomkraft, die heute eine Teilrenaissance feiert, die große Verheißung des 20. Jahrhunderts war. Wir wissen es oder müssten es wissen, wenn wir im Physikunterricht nicht komplett abgeschaltet haben: Die Begrifflichkeit der »erneuerbaren Energien« ist streng genommen physikalischer Unsinn. Nach dem Energieerhaltungssatz und dem Ersten Hauptsatz der Thermodynamik kann Energie weder erzeugt noch vernichtet werden – sie ist nicht erneuerbar oder vermehrbar, sondern kann nur umgewandelt werden. Der nutzbare Anteil ist je nach Umwandlungsverfahren unterschiedlich hoch. Er nimmt dabei aber, wie der Zweite Hauptsatz der Thermodynamik besagt, in jedem Fall ab. Durch die Umwandlung wird Energie »verbraucht«, nutzbar bleibt immer nur ein geringerer Anteil.

Der Wirkungsgrad ist je nach Technik unterschiedlich hoch. Was die Herstellung und Nutzung von »grünem« Wasserstoff angeht, so hat man es hier mit einem mehrfachen Umwandlungsprozess zu tun. Zunächst wird mit Energie aus erneuerbaren Quellen durch Elektrolyse Wasserstoff erzeugt und die Energie so gespeichert, bevor in der Brennstoffzelle daraus wieder Elektrizität und am Ende Bewegungsenergie wird. Berücksichtigt man neben den Verlusten durch diese Umwandlungsprozesse auch noch den Energieeinsatz durch die Verflüssigung und den Transport, dann bleiben weniger als 20 Prozent der ursprünglich erzeugten Energie übrig. Der Aufwand in Bezug auf Wasserstoff ist auch deshalb hoch, weil die bestehende Gasnetzinfrastruktur nicht ohne Weiteres für Wasserstoff eingesetzt werden kann.

Die Energiebilanzen der Erneuerbaren sind nüchtern zu betrachten. Ein taugliches Instrument ist dabei der Erntefaktor, englisch Energy Returned on Energy Invested (ERoEI). Der ERoEI-Faktor gibt das Verhältnis der am Ende gewonnenen zur Gesamtheit der Energie an, die für den Bau der Kraftwerksanlage, ihren Unterhalt, den Betrieb, die Sicherheit und gegebenenfalls auch den Rückbau sowie für die Infrastruktur und den Transport der Energie erforderlich ist. Unter den regenerativen Energien scheint am ehesten die Windkraft in der Lage zu sein, Nettoenergie produzieren zu können. Dies gilt jedoch nicht, um ein anderes Beispiel zu nennen, für den Einsatz von Fotovoltaik in sonnenärmeren Gegenden wie der Schweiz oder dem Norden Deutschlands, wo Nettoenergieverluste zu bilanzieren sind (vgl. Kern 2019, S. 72).

Grüner Größenwahn und grüne Illusionen

Der erwähnte Autor Dessus, verstorben 2019, schrieb seinen Beitrag über die vermeintlichen »Wunderwaffen gegen Klimawandel«, in dem er die Begrenztheit der neuen Energiegewinnungsformen deutlich aufzeigt, im Jahr 2010. Wenn er heute die aktuelle Diskussion verfolgen könnte, müsste er sich verwundert die Augen reiben, denn die technizistischen Illusionen werden immer ausladender, ohne dass sich an der zugrunde liegenden Physik irgendetwas geändert hätte, der Ton wird immer hymnischer.

Die Technologie befeuert die Traummaschine vom unbegrenzten Wachstum, wobei die Verstromung regenerativer Energiequellen anders als die Atomkraft nun endlich auch das grüne Gewissen entlastet. Was erneuerbar ist, gilt als beliebig vermehrbar – genauso wie Geld (G), wenn es zu Kapital umgewandelt wird, akkumuliert und in größerer Menge verfügbar ist (G').[6] Der Ökokapitalismus freut sich am Plus durch eine doppelte und dreifache Umwandlung: Es gibt immer mehr Geldumwandlung und immer mehr Energieumwandlung, oder genauer: G wird zu G', E wird E', EE wird zu EE'. Die Abkürzungen E und E' stehen für die Energie insgesamt, EE und EE' für das Wachstum der erneuerbaren Energien, das das grüne Herz höherschlagen lässt.

Zu spüren sind grüne Gier und ein grüner Größenwahn. Die Traummaschine läuft. Und das Framing erzielt Wirkung. Mit schönen Begriffen wird ein gedanklicher Rahmen geschaffen, der eine interessengeleitete Sicht verankert und die Wahrnehmung beeinflusst. Das Framing gaukelt Problemlösungen vor, die in Wahrheit so nicht funktionieren.

Politik und Medien sind davon erfasst. Die *Frankfurter Rundschau (FR)* zum Beispiel lässt jegliche Distanz vermissen und beschreibt mit Begeisterung und unter der Überschrift »Der grüne Retter aus der Nordsee« ein geplantes Großprojekt der Konzerne Shell, RWE, Gascade und Gasunie, mit dem riesige Offshorewindräder in das Meer zwischen Helgoland und der Doggerbank gesetzt werden sollen. O-Ton der *FR*: »Sie produzieren nicht einfach nur den üblichen Ökostrom, sondern ›grünen Wasserstoff‹, und der wird durch eine eigene Pipeline an die Küste und von dort zur Kundschaft transportiert – etwa zu Stahlhütten und Chemieanlagen.« Die Energiekonzerne, lobt die *FR*, wollten damit »helfen, das Klima zu retten« (*FR* vom 17. Mai 2021).

Die üblichen Greenwashingbegriffe tauchen hier wie allenthalben auf, es geht also um »grünen« Wasserstoff, hergestellt durch die Elektrolyse von Wasser, wobei »Ökostrom« zum Einsatz kommen soll. Was eine kritische

Linie gegenüber solchen industriellen Großprojekten angeht, die nicht nur den empfindlichen Naturraum Nordsee in vielfacher Hinsicht beschädigen: Fehlanzeige.

Im Raum steht das anmaßende Vorhaben, den gesamten Bedarf an Endenergie – also nicht nur den Strombedarf – über regenerative Energieträger zu decken. Die Klima- und Umweltbewegung hat sich inzwischen von diesem Denken beeinflussen lassen. Dafür stehen Energiewende-Ideologen wie die Ökonomin Claudia Kemfert und der Ingenieurwissenschaftler Volker Quaschning, die vorgeben, man könne zu 100 Prozent erneuerbarer Energien gelangen, wenn man es nur wolle, die technischen Mittel dafür stünden bereit, und man könne und müsse die Industriegesellschaft rasch komplett umstellen.

Die Technizisten denken groß. Deshalb begegnen wir auf Schritt und Tritt einer selbst- und techniküberschätzenden Hybris, Probleme lösen zu können, und dem unbescheidenen Ansatz des »Nicht kleckern, sondern klotzen«. Die Vermessenheit, die bei Elon Musk so offensichtlich ist, begegnet uns auch in der technoökologischem Variante.

Und die Politik spielt intensiv auf dieser Klaviatur: Die EU, lobt sich Kommissionspräsidentin Ursula von der Leyen, will den »Turbo zünden« für ihren »Green Deal«, will noch mehr Geld dafür in die Hand nehmen, um den »Übergang zu sauberer Energie drastisch zu beschleunigen« – und um die Einfuhr fossiler Brennstoffe aus Russland zu stoppen. »Repower EU« heißt das Programm hochtrabend. Die Fotovoltaikkapazität soll schon bis 2025 verdoppelt, die Einfuhr von Wasserstoff hochgefahren werden. Die EU nimmt dabei Afrika fest in den Blick, das als Eldorado zur Produktion von »grünem Strom« und zur Herstellung des begehrten Energieträgers Wasserstoff gilt, der dann von einem Kontinent auf den anderen gebracht werden soll. Kontinentübergreifende Einfuhren soll es auch für flüssiges Gas geben – Gas soll nicht mehr aus Russland bezogen werden –, der Ausbau der Windkraft wird radikal beschleunigt. Parallel zur Veröffentlichung der Pläne trafen sich Regierungschefs aus Deutschland, Belgien, den Niederlanden und Dänemark mit Industrievertretern. Das Potenzial der Nordsee als eine »grüne Energiequelle«, so ihr Schwur, soll hemmungslos erschlossen werden. Bis

2050, so geloben sie, soll die Kapazität der Windkraft auf See verzehnfacht (!) werden.

Grüne Technikbegeisterte gehen noch weiter und verheißen Fabelhaftes. Dazu gehört auch die »Energy Watch Group« (EWG), die zu den Erneuerbarenlobbyisten gehört. Schon bis 2030, so wird gesagt, sei es ohne Weiteres möglich, in Deutschland eine Vollversorgung mit erneuerbaren Energien zu gewährleisten, also den gesamten Energiebedarf auf diese Weise bereitzustellen. Man müsse »nur« die heutigen jährlichen Ausbauraten der Erneuerbaren um das bis zu 20-Fache erhöhen, den Technik- und Wärmesektor komplett elektrifizieren und alte Windkraftanlagen durch leistungsstärkere Nachfolgemodelle ersetzen sowie die Windkraft dezentral ausbauen, insbesondere auch onshore in den südlichen Bundesländern (vgl. energywatchgroup.org ▹ Neue Studie: 100 % Erneuerbare [sic] Energien bis 2030 in Deutschland möglich; sowie den Beitrag von Hans-Josef Fell, dem »Präsidenten« der EWG, und Thure Traber, dem »Chefökonomen« der EWG: Wie viele Windräder braucht das Land? In: *Frankfurter Rundschau* vom 22. Februar 2022).

Solche Positionierungen haben Berechnungen zur Grundlage, in die Wunschdenken eingeflossen ist. So wird der benötigte Endenergiebedarf – er lag in Deutschland im Jahr 2018 bei 2.500 Terawattstunden (TWh), der zugrunde liegende Primärenergiebedarf lag bei 3.500 TWh – mit leichter Hand prognostisch heruntergerechnet. Auch das als problemlos beschriebene Konzept, durchgängig größere Windräder anstelle der alten, weniger leistungsfähigen zu installieren, gerät an die Grenzen der Realität. Monster mit einer Leistungsfähigkeit von fünf oder mehr Megawatt (MW)[7] sind aus gutem Grund eher selten, da man hier bei Aufbau und Wartung auf erhebliche logistische Probleme stößt und sie zudem mehr Raum benötigen – und geeignete Flächen sind ohnehin knapp. Standard sind heute Anlagen mit einer Leistungsfähigkeit von 3,5 MW.

Falsch ist es in Bezug auf die Windkraft auch, von der installierten, in Gigawatt angegebenen Leistungsfähigkeit auf die gelieferte Strommenge zu schließen. Denn dies ist kein lineares Verhältnis, sondern die Strommenge hängt von der Auslastung und von der Frage ab, ob der Wind weht oder nicht. Unzutreffend ist auch die Behauptung, dass die Komplettumstellung auf

Erneuerbare gleichbedeutend mit »Nullemissionen« sei. Schon ein 3,5-MW-Windrad braucht 150 Tonnen Stahl und einen Stahlbetonsockel von 2.000 Tonnen sowie seltene Erden für den Generator. Bei der Gewinnung dieser Rohstoffe, bei der Herstellung und der Installation der Windräder wird CO_2 freigesetzt, denn betrachtet werden muss immer die gesamte Herstellungs- und Wertschöpfungskette, nicht nur der Betrieb der Anlage. Zudem muss berücksichtigt werden, dass getriebelose Windradgeneratoren aus dem nur begrenzt verfügbaren Metall Neodym hergestellt werden. Diese seltene Erde wird in chinesischen Minen abgebaut, und der Abbau verursacht schwere Umweltschäden; unter anderem werden dabei radioaktives Uran und das Metall Thorium freigesetzt, das in höheren Konzentrationen für Mensch und Umwelt ebenfalls gefährlich ist.

Ein grundlegender Denkfehler ist der technizistische Glaube an das Perpetuum mobile, also die Fehleinschätzung, dass erneuerbare Energien schrankenlos und unendlich verfügbar seien. Und genau so definiert Wikipedia die erneuerbaren Energien: als »Energiequellen, die im menschlichen Zeithorizont praktisch *unerschöpflich* zur Verfügung stehen oder sich verhältnismäßig schnell erneuern« (Wikipedia-Artikel »Erneuerbare Energien« [online]. Zugriff am 25. Februar 2022. Hervorhebung des Verfassers). Das Beispiel der Windkraft zeigt sehr deutlich, dass das nicht der Fall ist.

Die Anlagen kommen an physikalische und meteorologische Grenzen. So sind geeignete Standorte in Deutschland äußerst knapp. Nötig wäre eine Durchschnittswindgeschwindigkeit von sechs Metern pro Sekunde. Heute geht man schon auf fünf Meter pro Sekunde, aus Verlegenheit, noch wirklich windhöffige Standorte zu finden. Auch die Tatsache, dass in Süddeutschland weniger Anlagen installiert worden sind als im Norden, hängt damit zusammen. Windkraft ist zudem »volatil«, das heißt, die Leistung schwankt, und man muss Wege finden, die Energie zu speichern und gleichmäßig abrufbar zu machen. Der Ingenieur Volker Quaschning spricht davon, dass wir unsere Speicherkapazität vertausendfachen müssen. Alles kein Problem? Die effizientesten Speicher wären Pumpspeicherkraftwerke, die aber an bestimmte geografische Gegebenheiten gebunden sind und mit einer erheblicher Landschaftszerstörung einhergehen. Dass mit vielen Standorten – die es in Wirklichkeit in dieser hohen Zahl nicht gibt – auch entsprechend viele Schäden angerichtet würden, zählt wenig im Weltbild der Technizisten.

Das gilt auch für eine »Vision« der Helmholtz-Klima-Initiative, die beschreibt, was zu tun wäre, damit Deutschland im Jahr 2050 klimaneutral werden könnte, ohne dass dabei der Lebensstil geändert werden müsste. Kernpunkte sind auch hier wieder ein rabiater Ausbau der erneuerbaren Energien mit Rekordwachstumsraten – jedes Jahr sollen Anlagen mit einer Leistungsfähigkeit von 20 Gigawatt hinzukommen – sowie technologische Innovationen als Lösungsansatz für die anstehenden Klimafragen. Stromschwankungen sollen mit fragwürdigen Mitteln ausgeglichen werden, dafür sollen als kurzfristige verstrombare Energiespeicher neben Pumpspeichern auch Lithium-Ionen-Batterien eingesetzt werden, langfristig soll mit synthetischem Methan und Wasserstoff gespeichert werden. Die beiden Gase sollen in Kavernen – in künstlichen Hohlräumen, die in Salzstöcke gebohrt werden müssen – gelagert werden. Da, wie die Forschenden immerhin einräumen, bei verschiedenen Produktionsprozessen in der Industrie, etwa bei der Zementherstellung, immer noch zu viel CO_2 anfällt, das auf natürlichen Wegen nicht absorbiert werden kann, soll Kohlendioxid großtechnisch aus der Luft abgeschieden und das gesammelte CO_2 »geologisch« gespeichert werden – im Klartext: Es soll in den Untergrund der Nordsee gepresst werden (siehe helmholtz-klima.de ▷ Zurück aus der Zukunft [online]. Zugriff am 25. Juli 2022).

In den Rechenspielen der Technizisten passt am Ende alles und wird passend gemacht, alles geht auf, es ist angerichtet: Die Netto-Null steht. Wir können weitermachen, so wird suggeriert. Wir bekommen das Ökolabel für unseren Lebensstil und für unsere E-Autos, wir bekommen »grünes« Kerosin, unsere Fernreisen und der globalisierte Transport werden grün sein und klimaneutral.

In Wahrheit stimmt, wenn man die Rechenmodelle und Visionen ganzheitlich betrachtet, wenig an ihnen. Auch die neben der Windenergie immer wieder leichthin ins Spiel gebrachte Bioenergie, also die Stromerzeugung aus Biomasse, hat nichts mit einem ökologischen Kurswechsel zu tun, denn der Energierohstoff Mais wird in Monokulturen angebaut mit den Zutaten einer industriellen Landwirtschaft: öde Felder, eine Vermaisung der Landschaft, ein hoher Einsatz von Düngemitteln und Pestiziden, ausgelaugte Böden. Wenn wir an die Notwendigkeit denken, die Landwirtschaft ökologisch umzugestalten, dann benötigen wir dafür deutlich mehr Fläche als heute: Wir müssen extensivieren und die Äcker für einen nachhaltigen Anbau von Nahrungsmitteln nutzen – der Anbau von Energiepflanzen geht jedoch in die gegenteilige Richtung.

Wenn die Industriegesellschaft sich auf erweiterter Stufenleiter reproduziert und sich nichts am verbrauchs- und energieintensiven Lebensstil ändert, wird offensichtlich, wie eine Argumentation, die sich ausschließlich auf CO_2 und andere Klimaschadstoffe bezieht, auf die schiefe Ebene gerät. Denn Technizisten träumen davon, die Stromproduktion in einem gigantischen Maß auszuweiten – und diese Träume halten der Realität nicht stand. Im Fokus sind auch die Kernbereiche der industriellen Produktion. Es soll also »grünen Stahl« geben, und in der chemischen Industrie sollen strombasierte Verfahren eingeführt werden – aber allein das würde mehr elektrische Energie erfordern als den derzeitigen gesamten Stromverbrauch in Deutschland: Der zusätzliche Strombedarf der Chemieindustrie in Deutschland würde laut einer vom Verband der Chemischen Industrie in Auftrag gegebenen Studie auf 685 Terawattstunden in die Höhe schnellen. Was den Flugverkehr angeht, so würden laut Bundesumweltministerium mindestens 270 Terawattstunden Strom benötigt, um die in Deutschland verbrauchten rund 10,2 Millionen Tonnen fossilen Kraftstoff (Zahlen von 2020) durch synthetische Kraftstoffe zu ersetzen. Die strombasierte Herstellung von synthetischem Kerosin würde somit mehr elektrische Energie benötigen, als alle Ökostromanlagen heute zusammengenommen produzieren.

Allein die Hütte Schwelgern in Duisburg, das größte Stahlwerk in Deutschland, hätte einen Bedarf an Wasserstoff von rund 700.000 Tonnen im Jahr. Um diese eine Hütte mit Wasserstoff und ohne fossilen Brennstoff zu befeuern, wären rund 3.800 Windräder nötig – bezogen auf den heutigen Standard von mit 3,5 Megawatt Leistung pro Windrad –, damit Wasserstoff mit »Ökostrom« hergestellt werden könnte. Das sind mehr Windräder, als es heute im gesamten Bundesland Nordrhein-Westfalen gibt: Rund 3.550 waren es im Jahr 2021.

An der Einsicht führt kein Weg vorbei: Der Energiebedarf einer auf Wachstum gepolten Industriegesellschaft kann nicht mit angeblich unendlich zur Verfügung stehenden erneuerbaren Energien gedeckt werden. Das hat der Autor Bruno Kern überzeugend herausgearbeitet. Er unterstreicht, wie naiv solche Illusionen sind – und das wird bereits an einer Zahl deutlich:

> »Wir verbrauchen in Deutschland zurzeit ungefähr 2.500 Terawattstunden (TWh) an Endenergie (auf den Strom entfallen davon lediglich 20 Prozent). Nach einer Studie von Ökoinstitut und Prognos im Auftrag des World Wildlife Fund haben wir aber ein Potenzial an erneuerbaren Energien von lediglich 700 TWh! Die umfassende Biosphärenkrise der Menschheit auf ein rein technisch zu bewältigendes Problem zu reduzieren ist eine der gefährlichsten Ideologien, da sie uns von der eigentlichen politischen Aufgabe dispensiert.« (Kern 2021)

In seinem Buch *Das Märchen vom grünen Wachstum* (Kern 2019) arbeitet Kern heraus, dass es entscheidend ist, eine solidarische Gesellschaft »auf einer wesentlich schmaleren materiellen Basis« aufzubauen.

Die Energiewende und das Biodiversitätsdesaster

In Bezug auf die Erneuerbaren ist eine Zwickmühle entstanden. Eine Energievollversorgung der Industriegesellschaft aus regenerativen Quellen ist nicht zu schaffen – und wenn sie zu schaffen wäre, so wäre dies mit enormen Verwerfungen und Kollateralschäden verbunden, die jedem ganzheitlichen ökologischen Ansatz hohnsprechen.

Im Rahmen des technoökologischen Musters droht eine industrielle Inbesitznahme von Naturräumen. Reinhard Kolb von der Hessischen Gesellschaft für Ornithologie und Naturschutz bemerkt: »Die Ausrichtung auf Windstrom zerstört, ohne ausreichend zu liefern.« (Zitiert nach osthessen-news.de ▹ Diskussion um Windräder – Naturschützer und Bürgerinitiative nehmen Stellung [online]. Zugriff am 25. Juni 2022) Derzeit gibt es rund 30.000 Windräder in Deutschland. Mit der gigantischen Aufrüstung, die man für eine energetische Vollversorgung auf Basis der Windkraft benötigt, wäre das Land ökologisch ruiniert. Oder um es mit einem Satz des Alpinisten und Umweltaktivisten Reinhold Messner auszudrücken: »Alternative Energiegewinnung ist unsinnig, wenn sie genau das zerstört, was man eigentlich durch sie bewahren will.«

Die vermeintlich sanften und ökologischen Formen der Energiegewinnung haben besondere Formen der Übergriffigkeit entwickelt. Sie liegen darin begründet, dass die neue Energieinfrastruktur – etwa mit Windrädern im Wald, im Meer oder an Küsten – in Bereiche vordringt, die bislang noch tabu waren und von den alten Industrien verschont wurden. Das macht die globalen und regionalen Zumutungen der auf fossilen Brennstoffen beruhenden Industrien nicht besser, zeigt aber, dass das expansive Grundmuster nicht überwunden ist. Der Ökokapitalismus entwickelt mit der Implementierung von neuen Formen der Energieproduktion auch neue Formen der industriellen Entgrenzung.

Das gilt weltweit. So ist die als umweltfreundlich gefeierte Energiequelle der Wasserkraft eine der größten Ursachen für die Zerstörung von Lebensräumen und der Artenvielfalt. Immer mehr Anlagen werden in Betrieb genommen, viele davon in den artenreichen Tropen. Derzeit sind dort zahlreiche neue Wasserkraftwerke in Planung oder schon im Bau. Die überfluteten Areale schaden nicht nur der Süßwasserbiodiversität, sondern sind für Landlebewesen verloren, schreiben die beiden Forschenden Ana Filipa Palmeirin und Luke Gibson in der Fachzeitschrift *Communications Biology*. Immer häufiger werden in entlegenen Gebieten Staudämme mit Turbinen errichtet, verbunden mit dem Bau von Straßen, Hochspannungsleitungen und Infrastruktureinrichtungen. Das hat massive Folgen für die Ökosysteme.

Die Autor:innen zeigen das am Beispiel von zwei Großkatzen, die ohnehin bedroht sind: dem Tiger in Asien und dem Jaguar in Mittel- und Südamerika. Bereits die existierenden Speicherseen haben zu einem Verlust von fast einem Viertel der äußerst geringen Population von Tigern geführt, die weltweit nur noch bei insgesamt 3.200 bis 3.500 Exemplaren liegt. Und weitere Wasserkraftprojekte in Tigerarealen werden vorbereitet. Was den Jaguar angeht, so sind dessen Bestände zwar deutlich höher, doch auch hier, so konstatieren die Forscher:innen, wird die Art empfindlich getroffen, wenn weitere Anlagen in ihren Lebensräumen erreichtet werden – allein in Brasilien sind Hunderte große Anlagen vorgesehen (siehe Robert Suchanek: Staudämme bedrohen Großkatzen [online] ▷ nd-aktuell.de, 4. Februar 2022. Zugriff am 5. Februar 2022).

Was Europa angeht, so hat der Verein Riverwatch zusammen mit anderen Umweltschutzorganisationen, darunter der WWF und die Stiftung Euronatur, eine aufschlussreiche Studie vorgelegt und spricht von einem »Wasserkraftsirrsinn«, denn in Europa sollen zu den bisher schon bestehenden insgesamt 21.387 Wasserkraftwerken weitere 8.785 hinzukommen, hauptsächlich in den Alpen und auf dem Balkan. Auch unberührte Wildflüsse werden dadurch zerstört. Mehr als ein Viertel dieser geplanten Kraftwerke sind in Schutzgebieten vorgesehen, der Großteil in Nationalparks und Natura-2000-Gebieten. Von der Staudammflut betroffen ist auch »das blaue Herz Europas«, jene Gewässer auf dem Balkan, die zu Europas letzten frei fließenden Flüssen gehören.

Inzwischen wehren sich die Menschen vor Ort. In dem Ort Kruščica in Bosnien-Herzegowina hat eine Gruppe von Frauen aus dem Ort mehr als 500 Tage und Nächte eine Brücke über den gleichnamigen Fluss besetzt und somit den Bau von zwei Wasserkraftwerken verhindert – gewalttätigen Räumungsversuchen und widrigen Wetterverhältnissen zum Trotz. Dafür erhielten die mutigen Frauen im Jahr 2019 den EuroNatur-Preis und den Goldman-Naturschutzpreis (Infos zum Thema unter riverwatch.eu und euronatur.org).

Die ökologischen Schäden sind beträchtlich. Das gilt auch für die Windkraft in unseren Breiten. Greifvögel, Fledermäuse und unzählige Insekten werden Opfer der Rotoren, besonders dann, wenn die Anlage in der Nähe von Gewässern und im Wald errichtet werden. Durch Rodungen, wie sie bei der Installation der Anlagen im Wald durchgeführt werden, wird das Ziel konterkariert, CO_2 natürlich zu binden. Die Abholzung bemisst sich nicht nur an der Grundfläche für die Windräder, sondern auch an weiteren Bedarfen, beispielsweise für Leitungen und den Platz für Zufahrtswege, das Schlagen von Schneisen und die Errichtung von »Waldautobahnen«, um die Anlagen und die Materialien für den Bau an den Zielort zu transportieren. Für die

Aufstellung eines Windrades sind insgesamt zehn Schwerlasttransporte nötig, die alle eigens polizeilich genehmigt werden müssen und die Straßensperren zur Folge haben. Der Turm besteht aus fünf Teilen, die einzeln transportiert werden müssen; auch die gewaltigen Rotorblätter werden gesondert transportiert, ebenso Nabe und Generator. Dazu kommt die wasserundurchlässige Versiegelung durch Tausende von Tonnen Beton für den Fundamentbau. Die Windräder mit ihrer inzwischen beträchtlichen Größe verlangen massive und tiefe Fundamente und verursachen entsprechende Schäden. Betroffen ist auch das Grundwasser, es besteht die Gefahr der Absenkung, der Zerstörung von Grundwasseradern und der Kontaminierung. Die Nabenhöhe der in Deutschland errichteten Anlagen hat sich in den vergangenen 25 Jahren auf jetzt mehr als 150 Meter verdoppelt, der Rotorendurchmesser sogar auf 130 Meter verdreifacht. Geplant oder im Bau sind Anlagen von 240 Meter Höhe und mehr.

Kulturlandschaften und Naturräume werden schwer beeinträchtigt. Dabei wird rücksichtslos vorgegangen: Gerodet wird beispielsweise auch im sagenumwobenen Reinhardswald in Nordhessen, einem schützenswerten Waldgebiet, das in ein Windindustriegebiet verwandelt werden soll. Das Regierungspräsidium Kassel hat dies genehmigt und führt gleichzeitig aus: »Der direkte Flächenentzug durch Voll- und Teilversiegelung führt zu einem Totalverlust von Lebensraum von Tieren.« Dies ist für die Behörde kein Grund, nicht zu genehmigen. Weiter heißt es im Beamtendeutsch: »Für Fledermäuse und Vögel besteht das Risiko betriebsbedingter Individuenverluste in Verbindung mit der Kollisionsgefahr an den sich drehenden Rotoren.« (Zitiert nach Ulrike Fokken: Der Wind, der Wald und das Auerhuhn [online] ▷ taz.de, 4. April 2022. Zugriff am 2. Mai 2022) Und in Baden-Württemberg, wo im Jahr 2021 nur insgesamt 28 Windräder aufgestellt wurden, will man nun ganz entschlossen zur Tat schreiten: Die Staatsforste sind zur Abholzung freigegeben, man will in der Schwäbischen Alb und im Schwarzwald kräftig roden, was klimapolitisch absurd ist. Durch die massiven Eingriffe in das Ökosystem verschlechtert sich auch der Zustand des nicht abgeholzten Waldes, weil die Temperaturregelung und die Kühlung durch den Wald nicht mehr richtig funktionieren.

Auch Offshoreanlagen bedeuten schwere Eingriffe in Naturräume. So vertreibt der Unterwasserlärm beim Bau und bei der Wartung der Anlagen die Schweinswale und andere Arten aus ihrem angestammten Lebensraum; Korrosionspartikel und Rostschutzmittel belasten das Wasser; Kabeltrassen werden durch das Küstenmeer angelegt, an der Nordsee sogar mitten durch den Nationalpark Wattenmeer; See- und Zugvögel werden massiv gestört. Und was jetzt passiert, reicht vielen noch nicht: Sie fordern, man müsse jetzt richtig ranklotzen und die Küsten konsequent mit Windkraftanlagen zubauen.[8] Groß denken – das ist ein Kennzeichen des technizistischen Musters, das als technoökologisches Muster im 21. Jahrhundert zu neuen Zerstörungen führt.

Martin Flade, der Herausgeber der von Ornithologen geschätzten Fachzeitschrift *Die Vogelwelt – Beiträge zur Vogelkunde*, bringt es aus Naturschutzsicht in einem mit beklemmendem statistischen Material angereicherten Beitrag der Zeitschrift auf den Punkt. Die Überschrift lautet: »Von der Energiewende zum Biodiversitäts-Desaster – zur Lage des Vogelschutzes in Deutschland«. Die Folgen eines unüberlegten und übereilten Ausbaus erneuerbarer Energien für die Vögel sind dramatisch und machen die Einhaltung von Biodiversitätszielen inzwischen unmöglich, so Flade. Die langfristigen Auswirkungen des Klimawandels auf die biologische Vielfalt sind »möglicherweise verheerend«. Doch ist es offenkundig widersinnig, »deshalb unsere Restnatur und biologische Vielfalt durch unüberlegte, übereilte und außer Kontrolle geratene Klimaschutz-Maßnahmen jetzt schon zu zerstören« (Flade 2012, S. 155). Flades Fazit:

> »Die dramatische Situation unserer Vogelwelt wie auch der gesamten Flora und Fauna zeigt es an: Eine weiter auf Wachstum basierende ›New Green Economy‹[9] ist eine Illusion, eine Sackgasse, die schnell die Belastungsgrenzen der Natur sprengt. Es gibt kein unbegrenztes Wachstum auf einem begrenzten Planeten.« (Ebd., S. 157)

Es genügt ein Blick in die Werbebroschüren der Windkraftindustrie oder ein Blick auf die Landschaften, die uns inzwischen umgeben: Monokulturen haben weithin die reichhaltige Kulturlandschaft verdrängt. Martin Flade hat seinen Beitrag in der *Vogelwelt*, der mit Fotos verschiedener bedrohter

Vogelarten versehen ist, bewusst auch mit einem realen Bild einer Industrieagrarlandschaft in Brandenburg garniert. Es zeigt öde Felder mit Grünroggen, daneben Mais, Biogasanlagen, Windräder und Hochspannungsleitungen – willkommen in der Gegenwart. In der Bildunterschrift heißt es dazu: »Das lässt der biologischen Vielfalt keine Chance.« Mittlerweile wird auf fast 20 Prozent der Äcker in Deutschland Mais als Bioenergiepflanze angebaut – auf Flächen, die ökologisch völlig verarmt sind.

Immer mehr breitet sich zudem die Unsitte aus, Fotovoltaikanlagen auf der grünen Wiese zu bauen und in Agrar- und Kulturlandschaften zu setzen. Der Grünflächenverbrauch ist weder ein Beitrag für den Klimaschutz, noch stellt er eine geeignete Form der Energiegewinnung dar. Die Verbauung des Kulturlandes mit Solarmodulen setzt jene Arten weiter unter Druck, die auf Weiträumigkeit angewiesen sind. Das gilt insbesondere für die Vogelarten des Offenlandes, die – darauf verweist BirdLife Österreich – in den vergangenen 20 Jahren im Schnitt rund 40 Prozent Bestandseinbußen hinnehmen mussten. Wer den Umwelt-, Natur- und Klimaschutz wirklich ernst nimmt, der wird dafür sorgen, dass vorhandene Grünflächen aufgewertet werden und ihr Pflanzen- und Artenreichtum vergrößert wird, statt sie zu überbauen.

Auch die Praxis, Solarmodule im großen Stil auf Ackerland zu stellen, muss beendet werden. Der Frankfurter Energieversorger Mainova beispielsweise wirbt mit »Ökostrom« und »grünen Solarparks« im Boitzenburger Land. Dahinter verbirgt sich einer der Megaparks für Solarzellen, mit denen vor allem in Ostdeutschland fruchtbare Böden überbaut werden. Natur und Landbau werden geschädigt, die betroffenen Regionen heizen sich weiter auf.

Aber auch da, wo die Sonne häufiger scheint und es wärmer ist, mutieren Solarpanels, die im großen Stil der Landschaft übergestülpt werden, zu einer rücksichtslosen Lösung. In Südspanien gibt es harte Auseinandersetzungen um große Fotovoltaikparks: In Andalusien sollen in der Nähe des Dorfes Lucainena auf 3.000 Hektar Solaranlagen erreichtet werden – ein Mammutprojekt, das im Rahmen des Green Deals der EU gefördert und von großen Energieversorgern umgesetzt wird. Die bislang noch weitgehend unberührte Landschaft wird damit ruiniert. Die Menschen vor Ort und eine Bürgerinitiative wehren sich.

Die *taz* berichtet über den Widerstand gegen den »Energiekolonialismus«: »Sie wollen die Energiewende nicht denen überlassen, die für die Klimakatastrophe verantwortlich sind.« Und weiter: »Die Solaranlagen verbrauchen eine Ressource, die in der Wüste ein seltenes Gut ist: Wasser. Alle paar Monate müssen die Solarpanels gewaschen werden, damit die Staubablagerungen […] nicht die Leistung einschränken.« (Reiner Wendler: Kampf gegen Solarpanels [online] ▹ taz.de, 24. Februar 2022. Zugriff am 25. Februar 2022)

Gehen wir wieder zurück in nördlichere Gefilde, dann ist es erschreckend zu sehen, wie die aufgeräumten und ausgeräumten Landschaften, zugestellt mit Windrädern, inzwischen nicht nur die Werbeprospekte von Energieversorgern zieren – sie wollen damit auf ihre vermeintlich klimaverträgliche »Ökostrom«-Produktion hinweisen –, sondern dass inzwischen auch eine Organisation wie Greenpeace keinerlei Hemmungen hat, mit Bildern für erneuerbare Energien zu werben, die Naturschutzaktive erschaudern lassen. So wird auf der Themenseite »Wind« auf der Greenpeace-Homepage der Windpark Altentreptow in Mecklenburg-Vorpommern gezeigt: Mächtige Windräder in einer trostlosen Industrieagrarlandschaft sind zu sehen (greenpeace.de ▹ Erneuerbare Energien ▹ Wind [online]. Zugriff am 19. Juli 2022). Es ist unübersehbar, dass die Technikrevolution der Energiewende Blütenträume reifen lässt, die inzwischen auch Organisationen wie Greenpeace und Naturschutzverbände wie den Bund Umwelt und Naturschutz Deutschland umkippen und zu Verfechtern der scheinökologischen Modernisierung werden lässt.

Ganz anders die Journalistin und Autorin Johanna Romberg, die sich der fortschreitenden Bedrohung der heimischen Flora und Fauna durch Windkraft voll bewusst ist. Ihr Ansatz ist eher kontemplativ. »Vom Glück, Vögel zu beobachten«, lautet der Untertitel ihres wunderbaren Buches *Federnlesen* (Romberg 2014). Aber sie kann das Beobachten nicht voll genießen. Sie beschreibt in dem Kapitel »Überflieger auf Kollisionskurs«, wie in den nächsten Jahren sogar der Mäusebussard massiv gefährdet ist, wenn die Landschaft mit Windkraftanlagen überzogen wird. Die expansive Wende hin zur Windkraft droht zum Sargnagel für Greifvögel wie den – seltenen – Schreiadler, für den – in unseren Breiten noch halbwegs häufigen – Rotmilan und selbst für den – bislang noch häufig vorkommenden – Mäusebussard zu werden.

Die kritischen Befunde in Bezug auf die »Erneuerbaren« lassen den schönen Begriff noch mehr im Zwielicht erscheinen, denn es zeigt sich ganz deutlich: Eine zerstörte Natur, eine ruinierte Landschaft und verschwundene Arten sind eben nicht »erneuerbar«.

Die fatale Offensive der Berliner Koalition

Die ökologischen Verbräuche durch eine rücksichtslos vorangetriebene Energiewende sind offensichtlich. Deutlich wird, dass der gordische Knoten der ökologischen Krise sich nicht von einem Teilbereich des Problems her lösen lässt. Das Problem liegt tief. Wer den Knoten durchschlagen will, muss das technizistische Muster und das Wachstumsparadigma in den Blick nehmen.

Das technizistische Silodenken bleibt bei dem Versuch stehen, für Teilbereiche eine technische Lösung zu finden. Die Folge sind ökologische Verschiebebahnhöfe. Reiches Anschauungsmaterial dafür liefert die Programmatik der gegenwärtigen Bundesregierung, der »Fortschrittskoalition« aus SPD, Bündnis 90/Die Grünen und FDP. Deren Koalitionsvertrag wurde zwar vor dem Ukrainekrieg niedergeschrieben, dennoch ist es wichtig, sich mit dem Ansatz der Koalition genauer zu beschäftigen, denn die Regierungsprogrammatik liefert ein Musterbeispiel des Technizismus.

Die Bundesregierung hat sich für den vermeintlichen Königsweg einer technologischen Offensive entschieden. Insbesondere sollen dabei die erneuerbaren Energien beschleunigt ausgebaut worden – mit Mitteln, die als aggressiv zu bezeichnen sind. Der Konflikt mit dem Natur-, Arten- und Landschaftsschutz wird »gelöst«, indem deren Schutzgüter hintangestellt werden: Vorrang haben der ins Feld geführte »Klimaschutz« und der mit den Weihen des überragenden Interesses der öffentlichen Sicherheit und der Versorgungssicherheit versehene Durchmarsch der erneuerbaren Energien. Unter anderem sollen Windkraftanlagen generell auch in Landschaftsschutzgebiete gebaut werden können. Umweltprüfungen und Beteiligungsrechte werden beschnitten, Genehmigungen beschleunigt. Die Zerstörung der verbliebenen Naturräume und Kulturlandschaften und das regionale Aussterben von Arten werden in Kauf genommen und sogar offensiv vertreten – ein konsequenter Natur-, Arten- und Landschaftsschutz wird als störende Bremse gesehen, die beseitigt werden soll; dafür will man sich auch auf EU-Ebene vehement einsetzen. Dass solch ein rabiates Vorgehen weder einen ökologischen Ansatz darstellt noch das Klima schützt, geschweige denn, dass es in der Lage wäre, Versorgungssicherheit zu gewährleisten, steht auf einem anderen Blatt. Inzwischen hat die Koalition ein entsprechendes Gesetzespaket auf den Weg gebracht, das den beschleunigten Ausbau von »Ökostrom« festschreibt.

Es ist auffällig, dass der Koalitionsvertrag mit einem PR-Wording um die Segnungen der technologischen Modernisierung kreist, während von Wirtschaftswachstum eher verschämt die Rede ist. Allerdings kann das nicht darüber hinwegtäuschen, dass das Wachstumsparadigma wie die zweite Seite einer Medaille zum technizistischen Paradigma gehört und in der Programmatik der Koalition immer präsent ist, indem auf die wirtschaftliche Kraft des Standorts und auf die Überlegenheit der Deutschland AG im internationalen Wettbewerb abgehoben wird, der mit der technoökologischen Erneuerung belebt werden soll. Es geht um die Entfesselung, um das Machen und das Schneller-Machen. Die Ampelparteien sind beherrscht vom Wording der »Beschleunigung«, von »mehr Tempo« und dem Auslösen einer »neuen Dynamik«. Es ist das Credo eines neokapitalistischen[10] Aufbruchs.

Angestrebt wird eine »Transformation«, die auf »Digitalisierung und Dekarbonisierung« sowie auf Tempo bei der Schaffung der entsprechenden Infrastruktur setzt. Die digitalisierte und dekarbonisierte Ökonomie soll für »klimaneutralen Wohlstand« sorgen und den Produktions- und Exportwirtschaftsstandort stärken. Die modernen Technologien der Green Economy, so wird suggeriert, seien in der Lage, die bestehenden ökologischen Probleme zu lösen, Ökonomie und Ökologie zu versöhnen und eine neue wirtschaftliche Dynamik zu entfalten. Unter anderem soll Deutschland zum »Leitmarkt für Elektromobilität« werden, bis 2030 sollen »mindestens 15 Millionen vollelektrische Pkw« auf den Straßen fahren (Zitate aus: Koalitionsvertrag 2021–2025 [online]) ▹ bundeskanzler.de ▹ Koalitionsvertrag 2021. Zugriff am 31. Januar 2021. Quellenangabe im Folgenden als: KV).

Der neue-alte Glaube an technische Lösungen ist enorm. Das fängt mit dem »digitalen Aufbruch« an. Unterstellt wird, dass ein schneller, effektiver und bürgernaher Staat ein »digitaler Staat« sein müsse. Bei der Kindergrundsicherung soll es eine »automatisierte Auszahlung« geben. Man will »Treiber eines starken Technologiestandorts« sein und »technologisch in der Spitzenliga spielen«, will mehr »Künstliche Intelligenz«, mehr »Quantentechnologien«, mehr »Robotik und weitere Zukunftstechnologien«, will führend bei biotechnologischen Verfahren im Gesundheitsbereich werden, will in der Raumfahrt und im »Bereich New Space« in der Konkurrenz um das All vorn mit dabei sein, selbstverständlich im grünen Gewand »unter Berücksichtigung der Vermeidung und Bergung von Weltraumschrott«. Und schließlich gelte es, »Leitmarkt für Wasserstofftechnologien« zu werden – beim »grünen« Wasserstoff soll es einen »schnellen Hochlauf« mit Priorität für »einheimische Erzeugung auf Basis Erneuerbarer [sic] Energien« geben.

Besondere Entschlossenheit demonstriert man in Sachen Energiewende: »Wir machen es zu unserer gemeinsamen Mission, den Ausbau der Erneuerbaren [sic] Energien drastisch zu beschleunigen und alle Hürden und Hemmnisse aus dem Weg zu räumen«, heißt es martialisch. 80 Prozent des Strombedarfs sollen bis 2030 aus erneuerbaren Energien stammen, wobei die Koalition von einem Wachstum der benötigten Strommenge von jetzt rund 570 Terawattstunden (TWh) auf 680 bis 750 TWh ausgeht. Immer mehr E-Autos, immer mehr Rechenzentren, immer mehr strombasierte Anwendungen fordern ihren Tribut.

Neben dem Vorhaben, »alle geeigneten Dachflächen« künftig für die Solarenergie zu nutzen, sollen als Produktionsraum für die Erneuerbaren vor allem auf Nord- und Ostsee zugegriffen werden sowie mehr Windenergieanlagen im ganzen Land installiert werden. Bei den Offshoreanlagen werden große Steigerungen angekündigt: auf mindestens 30 Gigawatt (GW) im Jahr 2030, 40 GW im Jahr 2035 und 70 GW im Jahr 2045.

Dazu will man entsprechende Flächen »in der Außenwirtschaftszone sichern«. Was »Außenwirtschaftszone« genannt wird, wo Bereiche zur Installation von Energieproduktionsanlagen zu »sichern« seien, ist ein Naturraum: Es handelt sich um das zwölf bis maximal 200 Seemeilen von der Küste entfernte Meeresgebiet. Dieses Ökosystem wird offenbar als eine Verfügungsmasse für die industrielle Stromproduktion betrachtet. Hier, draußen auf dem Meer, fürchtet man offenbar nicht die Widerstände, nicht die störenden Bürgerinitiativen, mit denen man an Land konfrontiert ist. Deshalb werden offshore auch konkrete Ausbau- und Strommengen-Produktionsziele genannt, was onshore nicht der Fall ist, wo offengelassen wird, welche Strommengen am Ende durch Windenergie bereitgestellt werden können.

Aber wiederum sind gewaltige Eingriffe und große Biotopschädigungen an der ohnehin bereits marginalisierten Restnatur zu erwarten, gelten doch auch hier das »Ziel eines beschleunigten Erneuerbaren-Ausbaus« und das Ziel der »Bereitstellung der dafür notwendigen Flächen«. Dazu gehören neben Windenergie- auch Freiflächen-Fotovoltaikanlagen. Selbst wenn der Wind kaum weht, gibt es kein Pardon: »Wir werden sicherstellen, dass auch in weniger windhöffigen Regionen der Windenergieausbau deutlich vorankommt, damit in ganz Deutschland auch verbrauchsnah Onshore-Windenergie zur Verfügung steht.«

In Wahrheit sind Flächen mit geringem Konfliktpotenzial mit dem Naturschutz praktisch nicht vorhanden – das zeigt auch eine Studie des Bundesamts für Naturschutz aus dem Jahr 2017. Es kommt deshalb zu einer Grenzüberschreitung der Ampelkoalition, die als Sündenfall zu bezeichnen ist und die zeigt, dass der Natur- und Artenschutz nur das lästige Anhängsel des Klimaschutzes ist. Die »Erneuerbaren [sic] Energien liegen im öffentlichen Interesse und dienen der Versorgungssicherheit«, so heißt es. Sie sollen bei der Schutzgüterabwägung deshalb Vorrang haben, es soll »unter gewissen Voraussetzungen« eine »Regelvermutung für das Vorliegen der Ausnahmevoraussetzungen des Bundesnaturschutzgesetzes« geben. »Wir werden uns für eine stärkere Ausrichtung auf den Populationsschutz [...] einsetzen.« Hier soll das ethisch scharfe Schwert des Beschädigungs- und Tötungsverbots, wie es im Bundesnaturschutzgesetzes formuliert ist und das sich auf jedes einzelne Individuum bezieht, außer Kraft gesetzt werden.[11]

Das Aufweichen des Beschädigungs- und Tötungsverbots widerspricht fundamental der Entwicklung hin zu wachsender Einfühlung gegenüber den Mitgeschöpfen und der belebten Natur, wie sie nicht nur in der Ökoszene, sondern inzwischen auch gesamtgesellschaftlich spürbar ist, etwa in Forderungen nach konsequenterem Tierschutz oder in der Bewegung hin zu vegetarischer und veganer Ernährung.

Das windige Gerede vom »Populationsschutz«, der angeblich auf anderen Wegen herzustellen sei, nachdem die Einzelexemplare vergrault oder vernichtet und flächendeckend Tatsachen geschaffen worden sind, wirkt wie ein Hohn in einer Zeit, in der jeden Tag etwa 150 Arten auf der Welt auf Nimmerwiedersehen verschwinden. Es steht zu befürchten, dass der Schweinswal und der Rotmilan diese Art von Politik nicht überleben werden. Wir brauchen nicht nur den Eisbären und seine Gefährdung als Emblem für Erhaltenswertes und gegen eine ökologisch destruktive Politik, sondern sollten auch Schweinswal und Rotmilan in unseren ökopolitisches Engagement mit aufnehmen und zum Symbol machen.

Erderwärmung und Artensterben müssen zusammengedacht werden. Darauf weist auch die Natur- und Umweltautorin Ulrike Fokken hin. Doch dieses Zusammendenken, für das sich auch der Weltklimarat und der Weltbiodiversitätsrat ausdrücklich starkmachen, findet nicht statt. Stattdessen gibt es eine Hierarchie mit einem »Klimaschutz first«, der auf Kosten des Artenschutzes durchdekliniert wird, ohne dabei die Klimaschutzziele zu erreichen.

Es ist ein Denken, das bereit ist, zerstörerische Grenzüberschreitungen als Kollateralschäden zu akzeptieren, und nicht begreift, dass sich die eine Grenzüberschreitung – das Freisetzen von viel zu großen Mengen an Treibhausgasen – aus der gleichen toxischen Quelle speist wie die andere – die Zerstörung der Biotope – und dass die eine Grenzüberschreitung nicht gutgemacht werden kann, wenn die andere dafür umso größer wird.

Ulrike Fokken spricht von einer »unfassbaren Realitätsverleugnung« gegenüber der umfassenden Krise der Ökosysteme. Sie fordert:

» [Die Koalition] muss die Klimapolitik mit dem noch viel größeren, lebenswichtigen, allumfassenden Thema verbinden, über das niemand spricht: mit dem Erhalt der biologischen Vielfalt. Auf die Biodiversitätskrise hat die Ampel keine Antworten. [...] SPD und FDP begreifen kaum die Dimension des Klimawandels

> und der politischen Entscheidungen, die sie mit den Grünen fällen müssen. Die Krise der Ökosysteme sprengt die Vorstellungskraft aller drei Parteien. (Fokken 2021)

Die Realitätsverleugnung ist eine Strategie, sich der umfassenden ökologischen Krise nicht zu stellen, und wenn, dann in einer unzureichenden und gefährlichen Weise – in Form einer »Destruction Leakage«: Die Destruktion wird von einem Feld auf ein anderes verschoben, statt die Zusammenhänge und die auf übergriffiges Wachstum gepolte kapitalistische Gesellschaft insgesamt in den Blick zu nehmen.

Komplikationen und Kollisionen mit der Realität sollen mit immer mehr Technik gelöst werden – ein typisches Muster des Technizismus. Die direkte Elektrifizierung mit grünem Strom funktioniert in der Grundstoffindustrie und bei der Produktion von Stahl und Zement nicht? Das Ziel klimaneutralen Fliegens ist derzeit nicht zu erreichen? Vögel und Fledermäuse kollidieren mit den Rotorblättern der Windräder? Alles technisch lösbare Probleme, so wird suggeriert. Dann wird die Elektrolyseleistung zur Herstellung von grünem Wasserstoff eben deutlich erhöht, dann gibt es halt »den Markthochlauf von synthetischen Kraftstoffen, die klimaneutrales Fliegen ermöglichen«, und dann werden technische »Antikollisionssysteme« (KV) installiert, die den Vogel- und Fledermausschlag verhindern.

In der Praxis jedoch überschreiten solche vollmundigen Ankündigungen die Grenzen der Physik, der Chemie und der Ökologie. Wir haben gesehen, dass die Rede vom »grünen« Wasserstoff wenig mit der Realität seines geringen Wirkungsgrades zu tun hat. Und auch beim synthetischen Kerosin, Johann Bessler lässt grüßen, stehen Aufwand und Ertrag in keinem Verhältnis. Das zeigt auch die als Modell gefeierte weltweit erste Anlage zur Produktion von synthetischem Kerosin, die in Werlte im Emsland eingeweiht worden ist, inklusive einer Videobotschaft der damaligen Bundeskanzlerin Angela Merkel. Zur Produktion verwendet werden Wasser und Strom, den Windräder aus dem Umland liefern, und Abfall-CO_2 aus einer Biogasanlage sowie CO_2 aus der Umgebungsluft. Das klingt gut, jedoch ist die Herstellung des E-Fuels völlig ineffizient und sehr teuer. Die Tageskapazität von drei großen Windkraftanlagen wird benötigt, um ein einziges Flugzeug, das mit dem synthetischen Kraftstoff betankt worden ist, ein paar Minuten lang fliegen lassen zu können, bevor es abstürzt. Und was den aufwendigen, mit Radar oder mit Kameras arbeitenden »künstlich-intelligenten« Kollisionsschutz angeht, so hat die zusätzlich installierte Hightech ihren Praxistest weltweit bislang nirgendwo bestanden, und sie ändert nichts an der zerstörerischen Standorte-Expansion der Windkraftanlagen, die Tiere in Naturräumen stören und vertreiben und diese Naturräume industrialisieren und entwerten.

»Technik hilft nicht, um die Krise der biologischen Vielfalt zu mindern. Im Gegenteil«, so fasst dies Ulrike Fokken zutreffend zusammen (Fokken 2021).

Ideologisch zu »Freiheitsenergien« überhöht

Es ist eine Illusion, dass der Hunger nach immer mehr Infrastruktur, nach mehr Digitalisierung und technischer Überformung aller Lebensbereiche und die Gier nach Rohstoffen aller Art – von metallischen Erzen über Baustoffe wie Sand oder Kies bis hin zu Biomasse wie Holz – gestillt werden könnte, ohne dass dies zu einem hohen Ressourcenverbrauch führte. Doch diese Einsicht ist bei der Politik nicht angekommen. Beschworen wird eine »Technikrevolution, die dies alles ökologisch neutralisieren soll«, wie das der wachstumskritische Ökonom Nico Paech (Einführung von Paech in Schumacher 2019, S. 14) einmal prägnant formuliert hat.

Der Glaube, dass es möglich sei, mit Innovationen den Ressourcenverbrauch abzukoppeln vom Wirtschaftswachstum, das sich dann immer weiter fortsetzen kann, wird offensiv weiterverbreitet. »Wenn wir auf die Idee des Wachstums verzichten, verzichten wir auf Fortschritt«, meint Robert Habeck unverdrossen. Die Mär vom ressourcenschonenden Wachstum wird in dem von Habeck vorgestellten Jahreswirtschaftsbericht 2022 ausgiebig erzählt. Letztlich bleibt aber das Wirtschaftswachstum, gemessen am Bruttoinlandsprodukt (BIP), auch unter grüner Führung des Wirtschaftsministeriums der zentrale Bezugspunkt – die Prognose für 2022 gab Habeck mit 3,6 Prozent an.[12]

Um diesen harten Kern werden allerdings, und das ist neu, verbale grüne Kränze geflochten. Es gelte, so heißt es im Bericht, auch andere Indikatoren als das BIP heranzuziehen, um Wohlstand, Wohlfahrt und Nachhaltigkeit zu messen und zu beschreiben. Diese Indikatoren sollen zeigen, wie sich Wachstum mit positiven Effekten in verschiedenen gesellschaftlichen Bereichen und beim Umwelt- und Klimaschutz verbindet. Eine ganze Reihe solcher Indikatoren werden aufgelistet, es sind vermeintliche Erfolgsmeldungen: etwa vom inzwischen etwas höheren Anteil erneuerbarer Energien am Endenergieverbrauch, von der höheren Endenergieproduktivität – gemeint ist die Wertschöpfung je eingesetzter Energieeinheit – oder von der leicht erhöhten Gesamtrohstoffproduktivität – gemeint ist der Wert aller Güter in Relation zur Menge der dafür eingesetzten Rohstoffe.

Dass die Produktivität sich verbessert, ist für sich genommen zwar kein Problem – rationelle und sparsame Techniken wird kein Mensch, der bei klarem Verstand ist, ablehnen. Das Problem ist die im Hintergrund wirksame Akkumulationslogik, die mit dem Produktivitätsfortschritt im Kapitalismus verbunden ist. Diese Logik führt zu einer Mengenausweitung, die Ressourceneinsparungen zur Makulatur macht. Es handelt sich um den sogenannten Reboundeffekt, mit dem Effektivitätsfortschritte durch Mehrverbrauch überkompensiert und der positive Effekt zunichtegemacht wird.

Es gilt, bei den politisch-ökologischen Erzählungen genau hinzuhören und die Narrative kritisch zu hinterfragen. Das gilt auch für die Behauptung, dass Elektroautos klimafreundlich unterwegs seien. Das ist, um den Alternativökonomen Helge Peukert zu zitieren, »absoluter Unsinn«. Er zeigt auf, dass bei der Herstellung eines Elektroautos fast doppelt so viele Emissionen freigesetzt werden wie bei der Produktion eines Diesel-Pkw, nämlich fast 20 Tonnen CO_2.[13] Bei 15 Millionen angepeilten Fahrzeugen bis 2030 ergibt sich daraus eine CO_2-Umweltbelastung von 300 Millionen Tonnen. Peukert verweist darauf, dass der Gesamtausstoß in Deutschland im Jahr 2020 etwa 739 Millionen Tonnen betrug und für 2030 laut Deutschem Klimaschutzgesetz 438 Millionen Tonnen angepeilt werden. Allein diese Zahlen zeigen, dass die klimafreundlichen Berechnungen in sich zusammenbrechen. Peukert hält, völlig zu Recht, den Ausbau der E-Mobilität für einen Irrweg und plädiert für »eine radikal unseren Ressourcenverbrauch und Emissionsausstoß begrenzende Postwachstumsökonomie«:

> »PKW müssten eigentlich weltweit so schnell wie möglich weitgehend verschwinden und durch in kurzer Taktung bis in die letzten Winkel fahrende Sammeltaxis [...] plus minimales Carsharing ersetzt werden. Weniger Feinstaub, weniger Raubbau an der Natur, weniger Lärm, weniger Verletzte und Tote, weniger Stress und Stau, weniger Kosten für Autobesitzer.« (Helge Peukert: Das E-Auto verschärft den Klimanotstand. In: oekosozialismus.net ▷ Zur Debatte [online]. Zugriff am 25. Februar 2022)

Genau hinzuschauen ist auch bei der Aussage der Ampelkoalitionäre, den Erneuerbarenanteil bis 2030 auf 80 Prozent steigern zu wollen. Das klingt enorm viel, aber die 80 Prozent beziehen sich nur auf den Strom, der zurzeit nur ein gutes Fünftel unseres Endenergieverbrauchs – ein Fünftel also von rund 2.500 Terawattstunden – ausmacht. Die Koalitionäre wissen, dass der Anteil des Stroms am Endenergieverbrauch in dem Maße steigt, in dem man bestimmte Bereiche dekarbonisiert, und gehen deshalb von einem Anstieg des Stromverbrauchs von derzeit etwa 505 bis 520 TWh auf 680 bis 750 TWh aus. Nimmt man das zum Maßstab, dann bedeuten die lautstark hinausposaunten 80 Prozent nicht einmal ein Viertel unseres Endenergieverbrauchs. Die klimapolitischen Ziele werden damit bei Weitem verfehlt. Habeck hat inzwischen angekündigt, dass der Strom bis 2035 nahezu zu 100 Prozent aus erneuerbaren Quellen stammen soll. Auch hier ist hinzuzufügen: 100 Prozent in Bezug auf den Strom bedeuten dann im Jahr 2035 nicht 100 Prozent in Bezug auf den Endenergieverbrauch, sondern umfassen maximal ein Drittel des gesamten Verbrauchs.

Die ideologische Überhöhung von Technologie und von bestimmten Techniken bietet kein geeignetes Fundament, um die Gesellschaft der Zukunft zu bauen. Dieses Denkmuster mündet in geistiger Konfusion. Deutlich wird dies, wenn Finanzminister Christian Lindner (FDP) vor dem Hintergrund des eskalierten Konflikts mit Russland die erneuerbaren Energien auf einmal als »Freiheitsenergien« bezeichnet und wenn die Ökonomin Claudia Kemfert, die als Energiewende-Guru gefeiert wird, mit dem Hinweis assistiert, diese

Energien seien »friedensstiftend«. Die Erneuerbaren werden mit leichter Hand für geopolitische Machtkonflikte instrumentalisiert und »gegen Putin« in Stellung gebracht.

Doch die Überhöhung entlarvt sich selbst, wenn der grüne Wirtschafts- und Klimaschutzminister Robert Habeck auf Flüssiggas-Einkaufstour geht und dabei in Katar einen tiefen Bückling vor dem Energieminister des autokratisch regierten Emirats macht. Das geschieht nicht zufällig, denn der Politik ist trotz allen Trommelns für die Erneuerbaren klar, dass eine Reduzierung der Gaslieferungen nach Deutschland und ein plötzlicher Stopp der Importe aus Russland fatale Folgen für den Wirtschaftsstandort hätten. Zunehmend interessant wird deshalb auch Flüssiggas; das »Liquefied Natural Gas« (LNG) wird vor dem Schiffstransport energieaufwendig gekühlt und verflüssigt, es muss nach der Ankunft in Importterminals wieder umgewandelt werden.

Es bleibt ein sehr harter geopolitischer Kern übrig – die Formel lautet: Putins Gas ist böse, die »Freiheitsenergien« der Erneuerbaren und Flüssiggas aus anderen Regionen und insbesondere aus den USA sind willkommen. Den energiepolitischen Kampfbegriff, den Lindner nur ins Deutsche zu übersetzen und etwas abzuwandeln brauchte, hatte seinerzeit Donald Trump als US-Präsident vorgeben: Er sprach von »freedom gas«, um für amerikanisches Gas zu werben, das in den USA mit der umstrittenen Methode des Frackings[14] gewonnen wird – eine Bezugsquelle, die nun auf einmal in der EU und in Deutschland hochwillkommen ist. An den Küsten in Norddeutschland werden drei feste und vier schwimmende LNG-Terminals für Flüssiggas errichtet.

Im Rahmen des technizistischen Musters werden die Spielkarten neu gemischt, es wird hin und her geschoben. Neue Techniken und neue Formen der Rohstoffausbeutung – wie das Fracking – führen zu neuen Problemen. Aber es ist das alte Spiel, das da weitergeht, und die alte Methode, Verschiebebahnhöfe zu eröffnen. Kohle, »russisches« Öl und demnächst auch »russisches« Gas werden vom Gleis genommen, »Freiheitsenergien«, Fracking und Flüssiggas werden aufs Gleis gesetzt.

Tunnelblick und monolineares Denken

Der Fokus auf Treibhausgase hat sich inzwischen nicht nur in der Umweltbewegung etabliert, sondern ist auch in der Politik angekommen. Den Ausstoß von Treibhausgasen drastisch zu reduzieren ist unerlässlich – und gleichzeitig nicht zu erreichen, wenn die CO_2-Reduktion zum einzigen relevanten Ziel wird, das verfolgt wird und alle anderen Ziele zur Seite drückt. Die Überproduktion von Treibhausgasen ist ein Ausdruck, aber nicht die Ursache und die Quelle der Zerstörungskaskade. Es ist falsch, die Krise monothematisch von einem Sachverhalt her zu denken und zu erklären. Es gibt keinen Zweifel, dass das muntere Verbrennen fossiler Energieträger so nicht fortgesetzt werden kann und darf. Doch um das Aussterben der Arten, die fortgesetzte militärische Aufrüstung, das Kriegführen, die Spaltung der Gesellschaft in Reich und Arm, in Technikmächtige und -ohnmächtige und um die Verwandlung des Planeten in eine Ödnis zu stoppen, braucht es mehr als die Versuche, mit einer »Dekarbonisierung« die Wirtschaft großtechnisch zu überwölben, ohne die aggressive Wachstumsorientierung aufzugeben.

Im Silodenken wird monokausal argumentiert. Der Klimawandel wird inzwischen für alle möglichen Phänomene unmittelbar verantwortlich gemacht – von kurzfristigen Wetterschwankungen bis zum Verschwinden des Komodowarans, der größten lebenden Echse, die auf den indonesischen Inseln lebt. Bei allen Beispielen – die Liste ließe sich endlos erweitern – ist genau hinzuschauen, welche Zusammenhänge es gibt. Beim Komodowaran liegen die Gründe für die Dezimierung der Bestände vor allem in der Beschneidung der Biotope, der Brandrodung, der Jagd und im Tourismus. Dass auch der Klimawandel den Lebensräumen, in denen der Waran zu Hause ist, in Zukunft zusetzen wird, ist wahrscheinlich. Aber das Beispiel zeigt, dass auch andere Ebenen und toxische Dynamiken betrachtet werden müssen – vor allem die unmittelbare Schädigung und Vernichtung von Ökosystemen –, die das Umweltdilemma ausmachen und die Teil einer Zerstörungskaskade sind, zu der auch der Klimawandel gehört, die damit aber nicht identisch sind.

Noch deutlicher wird dies bei einem anderen Beispiel: dem zerstörerischen Potenzial und den Schäden, die das Militär anrichtet. Es ist verfehlt, sich bei der Beschreibung der grundsätzlichen Problematik von Militär und Kriegsrüstung einseitig auf den hohen CO_2-Ausstoß zu konzentrieren. Aber genau dies geschieht, nachzulesen etwa in einem Antrag der Grünen-Fraktion im Deutschen Bundestag vom 3. Juli 2020 unter der Überschrift: »Beitrag der Bundeswehr gegen die Klimakrise stärken – CO_2-Ausstoß der Streitkräfte deutlich reduzieren und konsequent erfassen« (Bundestagsdrucksache 19/20787). Es trifft den Kern und ist mehr als Satire, wenn Kritiker diesen Antrag mit Sätzen wie »Krieg führen? Ja, warum denn nicht – aber bitte ökologisch und ohne CO_2« kommentiert haben.

Dass die Grünen dem Kriegführen bis zum Sieg keineswegs mehr ablehnend gegenüberstehen, haben sie im Jahr 2022 mit der vehement vorgetragenen Forderung bewiesen, der Ukraine schwere Waffen für einen erfolgreichen Krieg mit Russland zu liefern. Der Krieg ist primär nicht deshalb abzulehnen, weil dadurch CO_2 produziert wird – geschätzt wird, dass Rüstung und Militär weltweit für fünf bis sechs Prozent der Treibhausgase verantwortlich sind –, sondern weil es eine mörderische Form der Auseinandersetzung ist, die ethische Grundregeln außer Kraft setzt. Sie hat im 21. Jahrhundert auf dem Planeten nichts mehr zu suchen. Alle Maßnahmen, die das Blutvergießen verlängern, statt zu deeskalieren, sind strikt zurückzuweisen.

Auch was das Artensterben angeht, so ist der monolineare und monokausale Bezug auf den in der Tat viel zu hohen Ausstoß von CO_2 und anderen Klimagasen nicht ausreichend. Der Zusammenhang zum Klimawandel ist zweifellos vorhanden, und gleichzeitig ist die Kausalität komplexer. Es stellt sich heraus, dass die Erderwärmung zu Wanderungsbewegungen bei Tieren und Pflanzen führt. So tauchen Arten in unseren Breiten auf, die früher nur in südlicheren Gefilden heimisch waren. Beispielsweise ist inzwischen der Goldschakal eingewandert, ein kleiner Wildhund, der eigentlich in südlicheren Breiten lebt. Und viele Vogelarten brüten heute im Schnitt 25 Tage früher als noch vor hundert Jahren. Auch der Kuckuck, der im Frühjahr aus seinem Winterquartier in Afrika zurückkehrt, tut dies deshalb offenbar heute deutlich früher als noch vor 20 Jahren – sein Ruf erschallt demnach also nicht erst Mitte April, sondern schon im März, denn es ist für ihn als »Brutparasiten« wichtig, rechtzeitig zur vorgezogenen Brutzeit der anderen Vögel da zu sein. BirdLife Österreich hat ein Citizens-Science-Projekt gestartet, bei der auf einer Webseite gemeldet werden kann, wann der Ruf des bekannten, aber immer seltener werdenden Vogels ertönt (siehe birdlife.at ▹ Kuckuck-Meldeaktion).

Die Natur verändert sich, sie hat eine enorme Anpassungsfähigkeit. Diese Anpassung ist etwas anderes als die schnelle Dezimierung und Ausrottung unzähliger Arten, die wir derzeit erleben. Andere Faktoren als der Ausstoß von Treibhausgasen kommen dazu – immer wieder stoßen wir auf die Zerstörung von Lebensräumen als Ursache –, die sich aber aus der gleichen Quelle speisen: aus der antiökologischen Destruktionskraft einer auf falsche Wachstumspfade setzenden Gesellschaft.

Wichtig sind die Zusammenschau und der Durchblick, hinter dem aggressiven Verfeuern gigantischer Mengen von Kohle und Erdöl auf der einen und der aggressiven Inbesitznahme und Schädigung von Naturräumen auf der anderen Seite die gleichen Muster zu erkennen: Es sind die Triebkräfte der Gier, des »Immer mehr« und »Immer schneller« und eines suchtähnlichen »More, more« (vgl. Rosa 2010).

Wenn wir die bornierte Weltsicht, die sich auch im technoökologischen Muster zeigt, aufbrechen wollen, ist es wichtig, an einem umfassenden Begriff von Nachhaltigkeit festzuhalten. Nachhaltigkeit umfasst zweifellos auch das Ziel der Klimaneutralität, aber es gilt, einen größeren Bogen zu spannen. Ohne Frage muss bei Umweltbilanzen der Aspekt des Ausstoßes von Treibhausgasen berücksichtigt werden, der durch unseren Lebensstil und unsere Art zu produzieren verursacht wird – und die Antwort muss ehrlich ausfallen, was oft nicht der Fall ist, weil »Klimaneutralität« oder »Nullemissionen« einfach behauptet werden, ohne dass dies einer kritischen Überprüfung standhalten würde. Wenn jedoch Umweltbilanzen von vornherein auf Treibhausgasbilanzen enggeführt werden, dann sind Antworten wie die der EU-Kommission vorprogrammiert, die feststellt, dass die Atomkraft wegen ihrer im Vergleich zu Kohle und Öl besseren CO_2-Bilanz nachhaltig sei. Und beim Tunnelblick, der sich auf den Ausstoß und die Berechnung von CO_2-Mengen fokussiert, kommt es im Rahmen einer wachstumsorientierten Marktgesellschaft schnell zu einer verrechnenden Ökonomisierung. Nicht von ungefähr heißt das Konzept der EU-Kommission »Green Deal«. Da wird gedealt und eingepreist, und der Unfug des Zertifikatehandels blüht. Das Emissionsrecht wird zu einer modernen grünen Handelsware. Mit einer stringenten ökologischen Politik hat das wenig zu tun.

Die zu hohen Treibhausgasemissionen sind Teil der umfassenden Krise. Wenn Ökobilanzen erstellt werden, dann sind eine ganze Reihe wichtiger Faktoren zu berücksichtigen. Die menschengemachte Veränderung der Ressource Luft, in die zu viel Kohlendioxid geblasen wird – im Jahr 1750 lag die CO_2-Konzentration bei 278 ppm, im Jahr 2020 aber bei 413 ppm –, ist einer davon. Jedoch ist es erforderlich, ökologische Verbräuche umfassender zu betrachten und den Zugriff auf natürliche Ressourcen durch menschliches Tun im Kontext und nach verschiedenen Richtungen hin zu beleuchten: Es geht neben den CO_2-Emissionen um den Energie- und Rohstoffverbrauch, um Umweltschäden durch übernutzte oder falsch genutzte Böden, um den Ausstoß von Giften und Schadstoffen, um Radioaktivität und Müll, um verschwendetes Wasser und verschmutzte Luft, um Lärm, um Flächenverbrauch, um zerstörte Biotope, um versiegelte und verschandelte Landschaften – und es geht auch um soziale Faktoren und die Arbeitsbedingungen sowie, last, but not least, auch um den Einsatz von Gewalt, um die Produktion von Waffen und um Krieg als Mittel der Durchsetzung der eigenen Politik und der eigenen wirtschaftlichen Interessen.

Umwelt als Mitwelt und Empathie für das Lebendige

Es ist klar, dass ohne den menschlichen Zugriff auf Ressourcen, ohne Energieumwandlung, ohne technische Hilfsmittel und ohne die Produktion und den Handel mit Gütern und Lebensmitteln ein auskömmliches Leben nicht möglich ist. Die Verwertung und Verarbeitung von natürlichen Ressourcen sind lebensnotwendig. Jedoch hat sich mit dem Kolonialismus, der vor rund 500 Jahren einsetzte, und mit dem Siegeszug des Kapitalismus, der vor rund

300 Jahren begann, das Modell einer übergriffigen Weltaneignung entwickelt. Dies gilt, wie wir spätestens seit Karl Marx' Kapitalismusanalyse wissen, für die Ausbeutung des Menschen durch den Menschen, es gilt aber auch für die maßlose Ausbeutung natürlicher Ressourcen, also für einen Aspekt, der für Marx und die sozialistische Tradition weniger wichtig war als für uns Heutige, denen die Grenzen des Wachstums inzwischen bewusst sind.

Der Mensch oder – um es weniger allgemein zu sagen – die Technikmächtigen als diejenigen, die die Verfügungsgewalt über die Technik und die Produktionsmittel haben, setzen sich in eine Herrscherrolle über die Natur und sehen die Umwelt als Verfügungsmasse an, ein Subjekt-Objekt- und Herr-Knecht-Verhältnis entsteht. Ein solcher ausbeuterischer Anthropozentrismus muss überwunden werden. Um das zu unterstreichen, kann es sinnvoll sein, statt »Umwelt« den Begriff »Mitwelt« zu verwenden und damit eine andere Justierung vorzunehmen, die den Menschen als Teil der Natur begreift und nicht als absoluten Herrscher und die Tieren, Pflanzen und der gesamten nicht menschlichen Natur einen Wert zumisst, unabhängig von ihrer Eigenschaft als mögliche »Ressource«, ein Begriff, der ja von vornherein darauf abzielt, die Verfügbarkeit für die Versorgung der Menschen anzuzeigen.

Ich halte aber wenig von einer Relativierung, die die Sonderstellung des Menschen auf der Welt negiert. Diese Sonderstellung ist ja nicht zu verwechseln mit einer ausbeuterischen Herrschaft, sondern legitimiert sich aus der besonderen Verantwortung des Menschen für das Bebauen und Bewahren der Erde. In diesem Sinne bleibt der Begriff »Umwelt« durchaus sinnvoll.

Es kann andererseits keinen Zweifel daran geben, dass sich die Gewichte in Richtung Mitwelt verschieben müssen und eine Sicht der Umwelt als beliebig auszubeutende Verfügungsmasse überwunden werden muss. Der Mitweltgedanke bricht mit einem einseitigen technizistischen Muster und dem Modell einer Weltaneignung, das die natürliche Umwelt ausschließlich in Kategorien der Verwertbarkeit und Nützlichkeit wahrnimmt. Zweifellos sind der Einsatz von Technik und Umwelttechnik, von erneuerbaren Energien, das Erstellen von Ökobilanzen oder ein Verrechnen von Umweltbelastungen wichtig, aber es muss klar sein, dass zur ökologischen Ganzheitlichkeit mehr gehört und andere Kategorien wichtig sind.

Die Natur ist eine Ressource für den Menschen, aber sie entzieht sich gleichzeitig der ständigen Verrechnung, Berechnung und Nutzbarmachung und hört damit auf, nur eine Ressource zu sein. Andere Naturerfahrungen und ein anderes In-Beziehung-Treten zur Natur müssen Raum bekommen – und dieser Raum wird heute immer enger. Ich meine Kategorien wie die Schönheit der Natur und die Empathie, die Liebe zur Natur und zum Lebendigen und das im Menschen verankerte soziale Bestreben, Leben zu schützen und zu bewahren.

Die Schönheit eines Schmetterlings oder die Freude über den Ruf des Kuckucks lassen sich am Ende nicht in Zahlen ausdrücken, sein Verschwinden von dieser Erde und das Fortschreiten in einer immer kälteren Welt können wir beweinen, aber wir kennen den immensen Preis letztlich nicht, den wir zu zahlen haben.[15]

Irritierend ist die Empathielosigkeit, die im technizistischen Rahmen festzustellen ist. Windkraftlobbyisten greifen zu polemischen Hinweisen, um Bedenken zu zerstreuen und lächerlich zu machen. »Vogelkiller Windkraft? Erschießt alle Katzen!«, schreibt Volker Quaschning spöttisch, um auszuführen: »Wenn Sie … eine Katze beseitigen, retten Sie damit mehr Vögeln das Leben als durch eine Windkraftanlage jemals sterben werden.« (volker-quaschning.de ▹ Vogelkiller Windkraft? Erschießt alle Katzen! [online]. Zugriff am 28. Februar 2022) Der Vogeltod durch Katzen und Glasscheiben wird als panzerbrechendes Argument benutzt, um der Windkraft die Absolution zu erteilen. Doch die Argumente bleiben zynisch. Einfühlung gegenüber der in ihren Lebensräumen immer mehr bedrängten Kreatur wird als Argument nicht geduldet, alles ist stattdessen darauf ausgerichtet, die Windkraft reinzuwaschen. Dass Glasscheiben vogelsicher gemacht werden und dass dies naturschutzrechtlich auch abgesichert werden sollte, versteht sich aus Naturschutzsicht von selbst, genauso wie es notwendig erscheint, den massiven Anstieg bei der Zahl von Hauskatzen als Problem zu erkennen. Aber die verächtlich-unbarmherzige Grundhaltung gegenüber dem Lebendigen ist bedrückend, denn es geht um eine umfassende Sicht, die die belebte Umwelt als zu respektierende Mitwelt begreift und die zu lösenden Probleme als Teil eines Ganzen.

Was die von Quaschning angeführten Zahlen angeht, so stellt der Naturschutzbund Deutschland (NABU) – deutlich kompetenter als der Ingenieur und ohne Polemik – in einem Beitrag über das große Vogelsterben fest: »Die Gefahr der Kollision von Vögeln mit Windkraftanlagen nimmt deutlich zu, da auch die Windräder zunehmen. Man muss von über 100.000 von Windkraftanlagen pro Jahr getöteten Vögeln ausgehen, darunter etwa 12.000 Mäusebussarde und 1.500 Rotmilane.« In absoluten Zahlen gesehen, sind das zwar viel weniger als die »Millionen Vögel, die Katzen, Glasscheiben oder dem Verkehr zum Opfer fallen«, betroffen sind aber, so stellt der NABU fest, eher größere und seltenere Arten. »Für einige dieser Arten können Windkraftanlagen daher bereits heute bestandswirksame Auswirkungen haben.« (nabu.de ▹ Wer ist schuld am großen Vogelschwund? [online]. Zugriff am 25. Februar 2022)

Die Umweltbewegung ist dann stark, wenn in ihrem Engagement nicht die Gegensätze, sondern das Verbindende im Vordergrund steht, wenn Klima-, Natur- und Artenschutz sowie Wachstums- und Beschleunigungskritik in eins fallen und das Engagement vor Ort sich mit dem globalen Thema des bedrohten Planeten verbindet. Klimapolitisches Engagement muss zur Mitweltpolitik werden. Ein Beispiel dafür sind die Proteste gegen die Rodung wertvollen Waldes und die Versiegelung von Flächen mit Beton und Asphalt im Dannenröder Forst in Nordhessen; die Betonierung geschieht für den Bau der A49, einer Autobahn, auf der in einigen Jahren mehrheitlich Elektroautos fahren werden, und einen Teil von ihnen werden auch die Beschäftigten in Elon Musks Fabrik in Grünheide produziert haben. Der Klimabewegung, die die Proteste initiiert hat und die mit Fridays for Future seit einigen Jahren auf den Plan getreten ist, kommt dabei das Verdienst zu, die Umweltbewegung aus ihrem jahrelangen – wenn nicht jahrzehntelangen – Dornröschenschlaf wieder erweckt zu haben.

Kapitel zwei

Die Überhöhung des Digitalen

Wenn wir vom technizistischen Muster, von feuchten Technikträumen und von ideologischer Überhöhung von Technik sprechen, dann müssen wir an dieser Stelle auch vom technologischen Lebenselixier des Neokapitalismus[1] im 21. Jahrhundert sprechen: Die Rede ist von der Digitalisierung, die als Allheilmittel für praktisch alle Menschheitsprobleme gesehen wird. Die Framing-Maschine läuft auch hier auf Hochtouren und vermittelt uns: Die digitale Technologie ist nicht nur enorm leistungsfähig und smart und beglückt uns mit künstlicher Intelligenz, sondern ist auch sauber und ressourcenschonend.

Mit der weltweiten Digitalisierung hat eine technizistische »Superideologie«[2] die Herzen und Hirne der Produzenten und Konsumenten erobert, und es ist kaum noch möglich, sich der digitalen Technikwelt zu entziehen. Die Verführungskraft der digitalen Anwendungen und Angebote hat der Technikgläubigkeit, die zwischenzeitlich erlahmt und von der Nach-68er-Ökobewegung als Ideologie enttarnt wurde, einen neuen Schub verliehen. Wurde die Computerisierung anfänglich noch skeptisch beäugt, so ist die kritische Haltung spätestens mit dem Aufkommen des Internets in den 90er-Jahren des 20. Jahrhunderts und mit den heute unverzichtbar erscheinenden mobilen Anwendungen in den Nullerjahren des 21. Jahrhunderts an den Rand gedrängt worden, der Technikkult in den 20er-Jahren des 21. Jahrhundert hat immense Ausmaße angenommen.

Dabei verbündet sich die Green Economy mit ihrer technoökologischen – das heißt letzten Endes scheinökologischen – Ausrichtung mit der Digitalisierung. Die elektrische Energie, im 20. Jahrhundert ein Energieträger von vielen, wird nicht zuletzt wegen der Digitalisierung zum Treibstoff des 21. Jahrhunderts gemacht, mit stromverbrauchenden Anwendungen geht die flotte Fahrt voran auf der Wachstumsautobahn: vom exponentiell zunehmenden Datenverkehr bis zur Massenproduktion von E-Autos, die – zum Stolz ihrer Besitzer – mehr und mehr zu fahrenden Computer werden.

Die umfassende Digitalisierung gibt der kapitalistischen Beschleunigung die moderne technische Form. Die Rechen- und Speicherkapazitäten explodieren, sie verdoppeln sich alle zwei Jahre, aus der Datenmasse M wird M' (vgl. Tocha 2018, S. 172 ff.). Die Digitalisierung ist ein Wachstumstreiber und ein Turbo mit einem immer größer werdenden ökologischen Fußabdruck. Gleichzeitig hat sie eine lähmende Funktion. Wie Mehltau legt sich der digitale mediale Überbau praktisch über die gesamte Ökonomie und über alle Lebensbereiche; den scheinbar unpassenden Begriff des »Mehltaus« – also einer Pilzerkrankung, die Pflanzen befällt und zerstört – wähle ich deshalb, weil die Digitalisierung ein zerstörerisches Potenzial hat, das über die gesamte analoge Welt kommt, sie ausbeutet und in eine Art Krankheitsstarre versetzt.

Diese Starre ist offensichtlich und zunächst psychisch, physisch und individuell zu besichtigen: in der Onlineabhängigkeit, in der körperlichen Bewegungslosigkeit beim medialen Datenkonsum, im Austrocknen der sozialen Kompetenzen einer beziehungsarmen Gesellschaft, die über Maschinen miteinander kommuniziert, in der Prüderie des Digitalen, die die Sinnlichkeit der direkten Kommunikation ersetzt.

Die digitale Technologie zeigt in allen Bereichen, in denen sie eine immer größere Rolle spielt, ihre Ambivalenz. Die mit ihr verbundenen Widersprüche lassen sich nicht auflösen, solange die Haltung der »Anbetung«[3] gegenüber der Digitalisierung insgesamt nicht aufgegeben wird.

Festzustellen ist: Den Gestaltern der kalten Datenwelt, den Konstrukteuren und Vermarktern der so stur schematischen, weil binären Digitaltechnik, fehlt es an der nötigen Nüchternheit. Technophilie und Technikbegeisterung verbinden sich mit einem Glauben an die Technik als Problemlöserin, der wundersame Fähigkeiten zugeschrieben werden. Dies sind typische Kennzeichen des technizistischen Musters, das nach Dominanz strebt.

Besinnung auf die richtige Zweck-Mittel-Relation

In der Überhöhung des Digitalen zeigt sich eine Umwertung der Zweck-Mittel-Relation. Computer, die elektronische Datenverarbeitung, das Internet und die digitalen Instrumente der Kommunikation sind moderne Helfer, und wir sollten auf sie nicht verzichten. Aber es ist wichtig, sie als Werkzeuge zu betrachten, genauso wie der Hammer ein Werkzeug ist, um einen Nagel in die Wand zu schlagen. Die Digitaltechnik ist hilfreich, um Arbeitsprozesse effizienter und das Leben einfacher zu machen. Die Grenzen der Werkzeugfunktion der Technik müssen gewahrt werden. So verstanden, können die Vorteile der Digitaltechnik genutzt werden, ohne sie in den Himmel zu heben. Diese Vorteile zeigen sich in vielen Lebensbereichen – auch beim Schreiben eines Sachbuchs wie diesem: Dazu gehören der moderne Rechner, an dem das Werk entsteht, und die Internetverbindung. So lassen sich etwa Begriffe, die für die eigene Argumentation wichtig sind, rasch nachschlagen und online überprüfen; um den sprachlichen Ausdruck zu verbessern, können mühelos Synonyme und sinnverwandte Wörter gefunden werden; die Materialbeschaffung ist deutlich einfacher geworden, weil die benötigten Bücher in der Bibliothek nicht mehr mühsam mit Karteikarten gesucht werden müssen, sondern die Titel heute vom heimischen Rechner aus bei der Deutschen Nationalbibliothek bestellt werden können. Die Arbeit des Gedankens jedoch kann am Ende keine binäre Rechneroperation, keine künstliche Intelligenz, keine Suchmaschine übernehmen.

Digitale Arbeitserleichterungen werden gern angenommen. Doch wie bei anderen Technologien auch muss es ein Bewusstsein für die Grenzen der Technik und die Grenzen ihrer Problemlösungskompetenz geben. Zur Mündigkeit jedes Einzelnen und zum Wesen der Demokratie gehört es, dass es Menschen sind, die entscheiden und verantwortlich handeln. Was wie eine Binse klingt, droht außer Kraft gesetzt zu werden. Das ist dann der Fall, wenn die digitalen Instrumente ihren Charakter als Hilfsmittel verlieren und sie zum Zweck erklärt werden. Die Protagonisten von Big Data träumen von einer Welt, in der datenbasierte Systeme und Computeralgorithmen entscheiden und handeln – das selbstfahrende Auto, an dem so viele derzeit fieberhaft arbeiten, ist dabei noch das harmloseste Beispiel.

Zu den technikbegeisterten Blütenträumen gehören die Vorstellungen von einer »Supermedizin«, die in der Lage sei, den schweren Krankheiten ihren Schrecken zu nehmen. Eine solche Medizin begreift den Menschen als Datenansammlung und als Datenmaschine, die es zu entschlüsseln gelte. Es gibt dann ein Konzept für die Reparatur, aber kein Konzept für die Verletzlichkeit, für die Gebrechlichkeit und am Ende auch nicht für das Todgeweihtsein des Menschen.

In der Medizin und in der Pflege sind, wie auch in anderen Bereichen, dringend die personalen Ansätze zu stärken. Eine persönliche Betreuung und eine funktionierende Arzt-Patient-Beziehung sind entscheidende Bausteine für eine qualitativ hochwertige Medizin. In der Versorgungsroutine zeigt sich in den hochtrabenden Digitalisierungskonzepten aber ohnehin nur eine eher bescheidene Praxis sowie eine kaum kaschierte Mängelverwaltung: Die Videosprechstunde und die Telemedizin ersetzen den Arztbesuch, weil es auf dem Land zu wenige Ärzte gibt; digitale Gesundheitsanwendungen ersetzen die persönliche Beratung; Pflegeroboter und das mit Technik vollgestopfte »Smart Home« im Alter sollen den Mangel an Pflegekräften und Bezugspersonen bemänteln.

Selbstverständlich können Computeralgorithmen in der Medizin sinnvoll sein, etwa um Bilddateien diagnostisch auszuwerten. Dabei muss die zuarbeitende Funktion solcher Verfahren klar sein. Die Technik ist ein Werkzeug, das im Prozess des Sehens, Urteilens und Handelns unterstützt. Die Diagnose stellt am Ende der Arzt oder die Ärztin, deren Kompetenz ausschlaggebend ist. Auf der anderen Seite stehen mündige Patienten: Ein Deskilling, also ein Verlust der Fähigkeit zu beurteilen, zu entscheiden und zu handeln, darf es auf keiner der beiden Seiten geben.

Die Politik meint inzwischen, dass es ausreichend sei, das Zauberwort »Digitalisierung« nur auszusprechen, und dass es darum gehen müsse, möglichst viele Bereiche zu digitalisieren, dann würden Probleme wie von Zauberhand gelöst. Diese völlig inhaltsleere Betrachtungsweise muss zurückgewiesen werden, denn es bleibt völlig unklar, warum etwa die umfassende Verwendung von digitalen Medien an Schulen – Stichwort: Tablet statt Buch – zu einer kompetenteren Vermittlung von Inhalten, zu besseren Lernergebnissen und mehr Bildungsgerechtigkeit führen soll.

Die Manager in den Unternehmen, darauf weist die Autorin Marie-Luise Wolff (Wolff 2020) nachdrücklich hin – sie ist selbst Managerin und Vorstandsvorsitzende des Energieunternehmens Entega AG in Darmstadt –, haben derzeit kaum ein wichtigeres Thema als die Digitalisierung, die sie vorantreiben möchten und der sie eine wundersame Vermehrung der Innovationen zutrauen. Investorengeld fließt in Unternehmen, die in digitale Tools investieren und die schnelles Geld versprechen. Investitionen in analoge, nachhaltige und langsame Lösungen gelten als altmodisch. Übersehen wird, dass die Digitalisierung keine wirkliche Innovation in Bezug auf Produkte und Dienstleistungen darstellt, sondern ein neuer, technologisch aufgeladener medialer Überbau ist – dies aber mit einem totalitären Anspruch.

Zu den Illusionen, der die Anbeter der digitalen Transformation unterliegen, gehört die Fiktion, man benötige am Ende überhaupt keine analogen Produkte und Dienstleistungen mehr, oder wenigstens gehe der materielle Verbrauch deutlich zurück, sodass sich damit auch ökologische Probleme lösen ließen. Auch die menschliche Arbeit könne ersetzt werden. Das Analoge, so suggeriert die Superideologie, werde immer unwichtiger und werde zum Anhängsel des Digitalen.

Jedoch sind diese Annahmen falsch. Denn *erstens* kann die Produktion nur in Teilbereichen digitalisiert werden. Auch die Dienstleistungen, der Dienst am Menschen und die Beziehungsarbeit, die in Zukunft in der Arbeitswelt eine immer größere Rolle spielen werden, können durch Maschinen und Technik nicht einfach umfassend ersetzt werden, denn der Mensch ist und bleibt ein analoges Wesen. Von Computern und lernenden Algorithmen gesteuerte künstliche Intelligenzen können helfen, darauf verweist die Praktikerin Marie-Luise Wolff, repetitive Prozesse zu übernehmen, etwa Konteneingangsprüfungen, massenhafte Datenzuordnungen in digitale Ordner oder Datenbanken. In der Regel fallen Teiltätigkeiten weg, nicht ganze Berufe (vgl. ebd., S. 188).

Wolff verwendet abweichend vom sonstigen Sprachgebrauch den Plural der »künstlichen Intelligenzen«, um deutlich zu machen, dass es das digitale Superhirn, die große menschenähnliche künstliche Intelligenz im Singular nicht gibt und nicht geben kann, sondern nur operative digitale Hilfsmittel für verschiedene Prozesse (vgl. ebd., S. 195 ff.). Damit betont sie den dienenden Charakter dieser rechnergesteuerten Hilfsmittel – und das ist unbedingt erforderlich, um die Zweck-Mittel-Relation angemessen auszudrücken.

Zweitens sind die entscheidenden Produkte, die wir zum Überleben benötigen, analog: von der Kleidung über das Haus bis zur Nahrung. Ein Sinnspruch der Umweltbewegung lautet: »Erst wenn der letzte Baum gerodet, der letzte Fluss vergiftet, der letzte Fisch gefangen ist, werdet ihr merken, dass man Geld nicht essen kann.« Diesen Satz möchte man in abgewandelter Form den Apologeten der großen digitalen Transformation ins Stammbuch schreiben: »Erst wenn die Digitalisierung auf die Spitze getrieben ist, werdet ihr merken, dass man Bits und Bytes nicht essen kann.«

Und *drittens* sinkt der materielle Verbrauch nicht deshalb, weil die Informationstechnologie voranschreitet. Die digitale Modernisierung verschiebt die ökologischen Probleme, aber sie beseitigt sie nicht. Wo Software ist, ist immer auch Hardware und handfester Verbrauch von Ressourcen und Energie. Immer mehr Software und immer mehr digitale Anwendungen zu entwickeln bedeutet auch, ökologische Verbräuche zu steigern. Immer größere Rechenzentren treiben den Strombedarf in Deutschland und weltweit hoch. Der wachsende digitale Datenverkehr benötigt bereits jetzt mehr als doppelt so viel Energie wie die weltweite zivile Luftfahrt. Zudem werden immer größere Mengen bestimmter Bodenschätze wie Grafit, Kobalt oder Lithium benötigt, deren Förderung ausgesprochen CO_2-intensiv ist; die begrenzten Ressourcen werden ausgebeutet, bis nichts mehr zu holen ist. Das ist altes Denken, so wie beim Öl.

Die Macht der Monopole

Die Anbetung der Digitalisierung ist umso unverständlicher, als die historische Entwicklung dieser Technologie im 21. Jahrhundert eine fragwürdige Richtung genommen hat. Nachdem sich in den 1970er-Jahren die elektronische Datenverarbeitung und damit die Fähigkeit durchsetzte, immer mehr Informationen mit Rechnern zu bearbeiten, waren die 1990er-Jahre vom Aufkommen des Internets bestimmt, die 2000er-Jahre vom Aufkommen des mobilen Internets. Danach gab es einen Siegeszug großer Plattformen und von mächtigen digitalen Monopolen, die weltweit tätig sind. Die Rede ist von Alphabet (Google), Amazon, Apple, Meta (Facebook) und Microsoft. Die Big Five sind zur mächtigen globalen Wirtschaftselite geworden, ihr Weltmonopolstatus kann von etwaigen Konkurrenten praktisch nicht mehr eingeholt werden. »Die Wiedergeburt von Monopolen durch die Digitalisierung im 21. Jahrhundert«, stellt Wolff zutreffend fest, »ist ein gesellschaftlicher Rückschritt und das Ergebnis fehlender regulierender Eingriff fast überall auf der Welt.« (Ebd., S. 251)

Die Plattformkonzerne reißen immer mehr analoge Leistungen an sich, verschaffen sich Zugang zu allen Lebensbereichen. Die analoge Sektor der Wirtschaft erscheint hilflos. Amazon beherrscht den Onlinehandel in der westlichen Welt, der digitale Marktplatz – der eigentlich öffentlich sein müsste – ist in einer mächtigen privaten Hand. Folgen dieses Extraktivismus, des An-sich-Reißens und der Kommerzialisierung aller Operationen des Lebens sind eine Zerstörung des dezentralen Dienstleistungssektors und von gewachsenen Märkten sowie verödete Innenstädte (vgl. S. 60).

Techunternehmen forschen das Verhalten der User am Rechner aus, sammeln persönliche Daten, verkaufen jeden Klick. Den Nutzern wird inzwischen die Verantwortung für den Schutz ihrer Daten zugeschoben. Doch Selbstmanagement und Einwilligungserklärungen sind keine Lösung des Problems: »Der Datenschutz muss auf eine ganz andere [...] Ebene gehoben werden« (S. 243), betont Wolff. Die Datenschutzgrundverordnung der EU bleibt bürokratisches Stückwerk. Dass Speicherung und Verkauf privater Nutzerdaten nicht längst grundsätzlich ein Riegel vorgeschoben wird, dass die Nichtspeicherung von Nutzerdaten nicht als Regel ohne Ausnahme durchgesetzt wird, dass digitale Dienstleister sich nach wie vor schamlos bedienen können, zeigt das regulatorische Versagen der Politik. Eine Digitalisierung, die von mächtigen privaten Interessen gesteuert wird und nicht dem Gemeinwohl verpflichtet ist, ist gefährlich.

Abzulehnen sind die Versuche zu erzwingen, dass bestimmte Prozesse und Dienstleistungen künftig nur noch online und per Computer abgewickelt und in Anspruch genommen werden können, von der Terminvereinbarung mit dem Bürgeramt bis hin zur elektronischen Abgabe der Grundsteuererklärung. Unterschiedliche Kommunikationswege müssen offengehalten werden. Der Onlinezwang grenzt Bevölkerungsgruppen aus – es muss ein Grundrecht auf die analoge Welt geben.

Ganz grundlegend müssen wir uns klarmachen, dass die Digitalisierung niemals das Ziel der wirtschaftlichen und gesellschaftlichen Entwicklung sein kann. Die global durchgesetzte Digitalisierung ist eine Metaebene, die über der Realwirtschaft schwebt, mit der Tendenz, alles zu durchdringen und auszubeuten, ohne in der Lage zu sein, die realen Probleme der Gesellschaft zu lösen.

Wenn also von der Bewältigung von Problemen und von gesellschaftlichen Zielen die Rede ist, dann ist das unkritische »Digital first«, dem nicht nur die FDP huldigt, zurückzuweisen, denn es muss um die Bewältigung der existenziellen Herausforderungen gehen, um Strategien gegen die fortschreitende Umweltzerstörung und gegen den Klimawandel, um den Erhalt des Friedens und militärische Abrüstung, um gemeinwohlorientierte Politik, die in der Lage ist, die Spaltung zwischen Arm und Reich zu überwinden, um eine gute Pflege und eine gute Gesundheitsversorgung für alle. Wenn digitale Helfer dazu beitragen können, diese Ziele zu erreichen, dann sind sie willkommen. Das ist die rationale Rolle, die der Digitalisierung zukommt. Nicht mehr und nicht weniger.

Fragwürdige Utopien der digitalen Gesellschaft

Die Apologeten der Digitalisierung und die Technikgläubigen entwickeln fragwürdige Utopien einer digitalen Gesellschaft, in der sich wesentliche Menschheitsprobleme vermeintlich in Wohlgefallen auflösen. Als Beispiel für die vielen, die diese Klischees bedienen, nenne ich hier Richard David Precht und sein Buch *Jäger, Hirten, Kritiker – Utopie für die digitale Gesellschaft* (Precht 2018). Wenn ich bei diesem Beispiel verweile, so nicht deshalb, weil ich diese Publikation für ein sehr bedeutendes Werk halten würde, sondern weil darin argumentative Klischees enthalten sind, die weit verbreitet sind. Sie führen letzten Endes in die Irre und zeigen die Dilemmata feuchter Technikträume.

Prechts These: Der technische Fortschritt ermögliche es, die Menschen von der Notwendigkeit zu befreien, unter Zwang arbeiten und einer Erwerbs- und Lohnarbeit nachgehen zu müssen. »Intelligente Maschinen« könnten immer mehr Arbeit übernehmen. Der Mensch könne so endlich zum Gestalter seines Lebens werden. Der Traum, das Arbeitsvolumen allgemein drastisch zu reduzieren, von dem im 19. Jahrhundert der Marx-Schwiegersohn Paul Lafargue geträumt habe – nachzulesen in seiner Schrift *Das Recht auf Faulheit* –, könne so heute Wirklichkeit werden. Nötig dazu sei ein hohes »bedingungsloses Grundeinkommen« (BGE) von mindestens 1.500 Euro für alle. Jeder Mensch könne sich so frei entfalten, und er könne morgens Jäger, abends Hirte und nachts Kritiker sein, wie Precht in Anlehnung an ein Diktum von Karl Marx formuliert.[4]

Das klingt gut – dennoch lese ich solche Thesen mit Unbehagen. Das fängt damit an, dass Precht wie viele andere en passant und mit leichter Hand den traditionellen Sozialstaat, der in jahrzehntelangen Auseinandersetzungen erkämpft worden ist, abwertet und herunterschreibt. Das Sozialsystem breche zusammen, wenn Computer und Roboter die Tätigkeiten von Menschen erledigten (ebd., S. 130). »Der Sozialstaat«, schreibt Precht, »stammt aus einer Zeit, als viele Menschen in sozialversicherungspflichtigen Berufen arbeiteten.« (S. 140) Diese Zeit sei heute vorbei, es sei nötig, statt der Beitragszahlungen in der Sozialversicherung zu einer Steuerfinanzierung zu kommen, um die für das BGE nötigen Mittel bereitzustellen. Die digitale Ökonomie werde viele Menschen arbeitslos machen oder, positiv ausgedrückt, von der Existenzangst und vom Zwang zur Erwerbsarbeit befreien. Das BGE schaffe dann die materiellen Grundlagen für eine Gesellschaftsutopie, die den Menschen »als freies Individuum begreift« (S. 149).

Dass, wie Precht suggeriert, die Zahl der sozialversicherungspflichtig Beschäftigten sinkt, ist nicht zutreffend – sie hat zuletzt in Deutschland einen Höchststand erreicht. Die Versuche, das Rentensystem zu delegitimieren und sturmreif zu schießen, zeigen leider inzwischen Wirkung. Private Versicherungskonzerne drängen weiter, diesen Markt zu übernehmen. Deshalb ist es – genau andersherum, als Precht das vorschwebt – erforderlich, insbesondere die umlagefinanzierte Rentenversicherung zu stärken. Das Umlageverfahren ist nicht nur der Beschaffung der Mittel auf dem Kapitalmarkt überlegen, sondern auch der Steuerfinanzierung, denn die würde zu einer Sozialpolitik nach Kassenlage führen.

Prechts Finanzierungsvorschlag für das BGE geht aber genau in diese Richtung und verbindet beides: Er will, dass nicht mehr wie bisher die Beitragszahler für eine umfassende soziale Absicherung sorgen, sondern dass der Staat diese Aufgabe über Steuern finanzieren solle und dafür einfach das Finanzkapital anzapfen könne.

Precht behauptet allen Ernstes, dann sei das Beibringen der Mittel für das Grundeinkommen – allein in Deutschland wäre dafür jedes Jahr eine Billionensumme nötig – ein vergleichsweise kleines Problem, denn angesichts der Billionen, mit denen der Finanzkapitalismus hantiere, könne eine Finanztransaktionssteuer, die nicht einmal besonders hoch sein müsse und mit der alle Finanzaktionen belegt werden könnten, die Mittel bereitstellen: »Bezahlen müssen […] nicht die normalen Erwerbstätigen, sondern Menschen, Firmen, Banken und Institutionen, die mit weit mehr Geld ausgestattet sind, als sie ausgeben können, und damit an der Börse spielen. Ihre Riesengewinne werden ein bisschen kleiner, und manches blitzschnelle Geschäft lohnt sich nicht mehr; [sie] werden es überleben.« (S. 146)

Das bedeutet: Der aufgedrehte Finanzkapitalismus, bei dem es darum geht, aus Geld mehr Geld zu machen, ist also die Grundlage der Finanzierung des BGE. Das Kasino wird nicht etwa geschlossen, sondern ganz im Gegenteil: Es soll laufen, damit etwas abfällt. Das hat nichts mehr zu tun mit dem Leitziel einer gemeinwohlorientierten Ökonomie, zu der auch eine beschränkte Rolle von vorzugsweise genossenschaftlich orientierten Banken und Finanzdienstleistern gehört und in der es darum gehen muss, sinnvolle und nachhaltige Gebrauchswerte und Dienstleistungen bereitzustellen, statt einer entfesselten Wachstumswirtschaft zu huldigen.

Precht fehlt wie anderen die Einsicht, dass es in einer kapitalistischen Ökonomie nicht einfach so ist, dass der technische Fortschritt allen zugutekommt und dass dann Computer und Roboter, wie von magischer Hand gesteuert, »für uns arbeiten« (S. 121), sodass wir selbst diese Arbeit nicht mehr verrichten müssen. Übersehen wird, dass wir ja gar nicht die Herren des Verfahrens sind. Die Verfügungsgewalt über die Maschinerie, die Technik, die Hard- und Software und über die Produktion ist vielmehr in privaten Händen, die Ergebnisse der Produktion werden eben nicht einfach sozialisiert. Ein Elefant steht im Raum, er wird aber übersehen: die Frage der Vergesellschaftung. Denn damit der technische Fortschritt unmittelbar der Allgemeinheit dienen kann, ist eine Vergesellschaftung der Produktionsmittel und der im Produktionsprozess zunehmend eingesetzten Digitaltechnik erforderlich.

Im Rahmen einer Ordnung, in der die wirtschaftliche Tätigkeit zwar einerseits so stark globalisiert ist wie nie in der Geschichte zuvor, in der das Kommando über die Produktion, die Technologie und die Produktentwicklung aber nach wie vor privatisiert und von immer mächtigeren Monopolen sowie vom privaten Profitinteresse und vom Shareholder-Value beherrscht wird, sind Vorstellungen und Utopien von einer Digitalisierung, die sozial und gesamtgesellschaftlich heilsam und wirksam ist und die das Leben für alle besser macht, schöne Worte, wenn die Frage der Vergesellschaftung nicht mit der nötigen Eindeutigkeit gestellt wird. Um es in den Worten von Marie-Luise Wolff zu sagen: »Die Digitalkonzerne wollen nicht unser Bestes – es geht ihnen ausschließlich um die immer tiefere und weitgehendere Ausbeutung unseres Verhaltens.« (Wolff 2020, S. 245)

Wenn Roboter und intelligente, digital vernetzte Maschinen die Arbeit übernehmen, so wie Precht sich das vorstellt, dann fällt diese moderne Maschinerie ja nicht einfach vom Himmel, sondern es muss Menschen geben, die sie konzipieren, bauen und installieren und in der Praxis zur Anwendung bringen. Wir hätten in einer solchen Gesellschaft eine drastische Zweiteilung: zum einen die Kaste der Technikexperten, die Avantgarde der Gesellschaft, zum anderen die Masse, die keine Arbeit mehr hat, der sie für ein Entgelt nachgehen könnte, und die mit dem bedingungslosen Grundeinkommen ruhiggestellt wird.

Schöne neue Welt

Mich erinnert diese zweigeteilte Technokratie fatal an Aldous Huxleys *Schöne neue Welt,* eine negative Utopie, mit der der Autor eine Welt beschreibt, in der sich im Jahr 632 nach Ford ambitionierte Produktionsformen durchgesetzt haben. Der technische Fortschritt hat alle Schmerzen und das Unglück besiegt, die unteren Kasten werden mit Konsum, Sex und der Droge »Soma« ruhiggestellt. Wissenschaft und Technologie sichern das materielle Auskommen. Die Kaste der »Alpha-Plus-Menschen«, die die Geschicke lenkt, wird von der Bevölkerung wie Idole verehrt. Das Engineering ist auf die Spitze getrieben und umfasst als Social Engineering auch die Produktion von Menschen, die als Embryos im Reagenzglas gezüchtet, von Anfang an in Kasten eingeteilt und ihr ganzes Leben lang ruhiggestellt werden. In dieser vollkommenen Welt gibt es keine Liebe, keine Courage, keine schöpferischen und künstlerischen Gedanken. Menschen, die dieser modernen Zivilisation nicht angehören, sind Außenseiter und als »Wilde« in Reservate abgeschoben. Dies sind Menschen, die von Müttern geboren werden, in Familien aufwachsen, die religiöse Rituale pflegen und Sprachen sprechen, die im Weltstaat ausgestorben sind, die altern, gebrechlich sind und Gefühle haben.

Seine Dramatik entfaltet der Roman aus der Konfrontation des Wilden mit der seelenlosen Welt: Ein Mensch aus einem Reservat, der noch einige »alte« Eigenschaften aufweist, als das Leben noch nicht genormt war, wird in die Zivilisation der neuen Welt gebracht. Ihre unerbittliche seichte Wellness behält am Ende die Oberhand, der Wilde kann in dieser Welt nicht überleben.

Brave New World, so der Originaltitel des 1932 veröffentlichten Werks, ist Weltliteratur mit bleibender Bedeutung. Huxley kritisiert darin scharf den Glauben, dass der wissenschaftliche und technologische Fortschritt in eins fällt mit dem Glück der Menschheit. Er hat seiner negativen Utopie ein Motto des russischen Religionsphilosophen Nikolai Berdjadew vorangestellt. Es ist eine Warnung vor totalitären Utopien:

> »Utopien erweisen sich als weit realisierbarer, als man früher glaubte. Und wir stehen heute vor einer auf ganz andere Weise beängstigenden Frage: Wie können wir ihre endgültige Verwirklichung verhindern? ... Utopien sind machbar. Das Leben hat sich auf die Utopien hinentwickelt. Und vielleicht beginnt ein neues Zeitalter, in dem Intellektuelle und Gebildete Mittel und Wege erwägen werden, die Utopien zu vermeiden und zu einer nichtutopischen, einer weniger ›vollkommenen‹ und freieren Gesellschaftsform zurückzukehren.« (Berdjadew zitiert nach Huxley 2012, S. 7)

Prechts Vision fällt genauso unter Berdjadews warnendes Verdikt wie die Polemik zum Lob der Faulheit von Lafargue. Entworfen werden da Dystopien, also Utopien, die in Wahrheit gar keine sind, die alles andere als eine schöne Zukunft verheißen, sondern negative Entwicklungen beschrieben – eine Dystopie bezeichnet eine negative Utopie. Faulheit als Tugend zu rühmen, wie Lafargue das tut und worauf sich Precht bezieht, führt in eine Sackgasse. Es kann nicht um den propagierten Ausstieg aus der Arbeitswelt gehen, sondern ein anderes Zielbild ist entscheidend, nämlich die Tugend der Entschleunigung (vgl. Tocha 2018, S. 169 ff.). Entschleunigtes Arbeiten hat sehr viel mit dem Ziel einer freien bewussten Tätigkeit zu tun, von der Marx spricht, und »mit Sorgsamkeit und dem vertieften und konzentrierten Einlassen auf etwas« (ebd., S. 179), ja sogar auch mit kontemplativer Versenkung – und das ist etwas ganz anderes als Faulheit.

Die Zukunftsbilder der durchdigitalisierten Gesellschaft, wie Precht und andere sie propagieren, spiegeln die Sehnsucht nach dem genormten Glück einer technisch fortgeschrittenen Gesellschaft. Sie träumen von einer Zivilisation, die mit Green Engineering unsere Probleme löst, in der Strom grün und das Leben bequem ist, in der intelligente Maschinen für uns arbeiten und die Schmerzen erträglich gemacht worden sind. Es ist eine Zivilisation, in der das bedrohliche Wilde immer mehr beschädigt und beseitigt wird, in der die Wildnis und die wilde Natur keine Rolle mehr spielen und in immer kleinere Reservate abgedrängt wird und irgendwann ganz verschwunden ist.

Wir brauchen die Skills und die Empathie der vielen

Ist das bedingungslose Grundeinkommen das neue Soma? Das Misstrauen gegen das Konzept wird nicht kleiner, wenn man weiß, dass fast die gesamte amerikanische Techelite hinter dem Konzept des BGEs steht. Denn damit wären die Techgiganten ganz aus der Sozialverantwortung entlassen, mit dem »Staatskonsumgeld« wären die Bedürftigen versorgt. Den Techunternehmen stünde dann eine große Reservearmee zur Verfügung, die bei Bedarf zu Niedriglöhnen herangezogen werden könnte – die Grundeinkommensbezieher sollen ja weiter arbeiten dürfen; die Notwendigkeit, sie gut zu entlohnen, entfiele dann (vgl. Wolff 2020, S. 192 f.).

Wir benötigen die Fähigkeiten und die Empathie der vielen, die Skills aller in der Gesellschaft, um die Fülle der Aufgaben zu bewältigen, die nicht einfach liegen bleiben können. Was wir nicht brauchen, ist eine Zweiteilung in gefragte Technikalphas auf der einen und BGE-Bezieher auf der anderen Seite, deren professionelle und emotionale Fähigkeiten verkümmern, die einem Deskilling ausgesetzt sind und nicht benötigt werden. Wer an der gesellschaftlich notwendigen und sinnvollen Arbeit teilhat und Anerkennung über die Entlohnung findet, der entwickelt seine Fähigkeiten, und das ist eine Quelle der Selbstbestätigung und der eigenen Wertigkeit: sei es als Pfleger, der sich um die Kranken und Alten kümmert, sei es als Ärztin, die hilfreiche Therapien auf den Weg bringt, als Sozialarbeiter, der sich um Menschen am Rande kümmert, als Lehrkraft, die Kindern die Schönheit der Musik vermittelt, als Müllwerker, der auch Fachkraft für Kreislaufwirtschaft ist, als Landwirt, der im ökologischen Landbau gesunde Lebensmittel produziert, als

Forstwirtin, die auch dem Artenschutz und der Hege der Natur verpflichtet ist, als Architekt, der energiesparende Häuser entwirft, als Handwerker, der aufbaut und repariert, als Bankerin, die Kunden seriös berät, als Schriftsteller, der gute Bücher schreibt, als Künstlerin, die ihr Publikum nachdenklich macht – ja, und auch als IT-Fachmann und -Fachfrau, die Anwendungen entwickelt, die den Alltag einfacher machen.

Dass gut und angemessen entlohnte Arbeit eine unverzichtbare Basis für die Integration und das Funktionieren des Gemeinwesens ist, zeigen übrigens auch die Geflüchteten: Wirklich angekommen und angenommen sind sie dann, wenn sie auf diesem Weg ihren Beitrag leisten können und die Gesellschaft ihnen etwas zutraut: Die Teilhabe an der gesellschaftlich notwendigen Arbeit führt, das zeigen auch empirische Studien, zu einem anderen Selbstverständnis und Selbstvertrauen und einer positiv besetzten Rolle in der Gesellschaft.

Es gilt: Wir brauchen die Diversität, und wir brauchen alle Skills, analoge und digitale, und wir brauchen die soziale und emotionale Intelligenz genauso wie die technische. Wir brauchen pfiffige Tüftler:innen, freundliche Dienstleister, begeisternde Pädagog:innen, empathische Kümmerer. Wer einseitig auf die digitale Entwicklung setzt, für den wird es ein böses Erwachen geben, wenn Gesellschaft und Ökonomie innerlich austrocknen.

Kapitel drei

Höher, schneller, mehr und größer – bedrohliche Zuspitzungen im Neokapitalismus

Wenn wir die Möglichkeiten katastrophaler Zuspitzungen betrachten, auf die sich das Weltsystem hinbewegt, dann sind die Gefährdungen heute weit mehr als literarische Schreckensbilder. Sie sind längst im Bewusstsein vieler Menschen angekommen. Eine Studie, bei der 10.000 junge Menschen zwischen 16 und 25 Jahren aus zehn Ländern befragt wurden, hat ergeben, dass 75 Prozent Zukunftsängste haben, 56 Prozent glauben sogar, dass die Menschheit »dem Untergang geweiht« sei. Die Angst vor dystopischen Entwicklungen ist keineswegs irrational, denn die Gefährdungen sind greifbar geworden.

Wir erleben im 21. Jahrhundert eine Eskalation. Es ist spürbar: Die Friedensdividende des geplünderten Planeten ist aufgezehrt. Und immer klarer wird: Das Maß und die Bodenhaftung sind verloren gegangen. Ein Absturz aus den immer beängstigenderen Höhen hätte immer schlimmere Folgen. Treiber dieser Eskalation sind das technizistische Muster und die Logik ständiger Mehrung.

Dieses Muster des »Immer mehr«, der fortgesetzten Steigerung und Expansion, das trotz aller vordergründigen ökologischen Einsicht immer weiter als Grundlage dient, fasse ich konzeptionell – wie andere Autor:innen – mit dem Terminus »Wachstum« zusammen, sodass die Mehrungslogik auch als »Wachstumsparadigma« oder »Wachstumsmuster« bezeichnet werden kann. Sehr erhellend ist darüber hinaus aber die Benennung als »Akkumulation«, denn die Akkumulation bezeichnet den kritischen Kern sehr direkt – die Anhäufung und das Horten und damit auch die Gier auf der einen und den Geiz auf der anderen Seite. Das Konzept der Akkumulation hat wichtige Bezüge zur religiösen, philosophischen und ethischen Tradition: Die Akkumulationslogik firmiert in der alten Lasterlehre als »avaritia« als eine der sieben Hauptsünden und bezeichnet Habgier und Geiz in einem; auch das mittelhochdeutsche »gitsen« oder »gizen« steht für »begierig sein« und zugleich für »geizen«.

Auch die zeitgenössische kritische Theorie beschäftigt sich mit der psychischen und gesellschaftlichen Wirkung der Akkumulation und analysiert die Ursachen des Akkumulationsmusters. Der Sozialpsychologe Erich Fromm spricht in seinem epochemachenden Werk *Haben oder Sein* vom »Habenmodus«, der dem »analen Charakter« entspricht und auf Besitz und verdinglichtes Horten ausgerichtet ist. Der »Seinsmodus« dagegen befähigt zur Aktivität und zum lebendigen Aufeinanderbezogensein, er steht für die Reife eines Menschen und einer Gesellschaft (Fromm 1976). Und bei Karl Marx und anderen sozialistischen Theoretikern geht es um nichts anderes: um eine Kritik der Verdinglichung und der Akkumulation, genauer: um die Kritik an der Akkumulation des Kapitals. Hier eröffnet der kritische marxistische Akkumulationsbegriff ein vertieftes Verständnis der Zusammenhänge.[1]

Der Begriff des Wachstums ist offener. Mit Wachstum können auch positive Entwicklungen gemeint sein, etwa wenn wir an das Wachstum eines Kindes oder das Wachstum von Pflanzen denken. Allerdings zielt der Terminus, wenn von Wachstum im ökonomischen Zusammenhang der Produktionsausweitung sowie im konsumkritischen und postmateriellen Zusammenhang die Rede ist, ebenfalls auf die negative Seite von Wachstum ab, sodass Wachstumskritik und Akkumulationskritik in eins fallen.

Das Wohlstandsmodell des reichen Nordens der Welt ist in die Krise geraten. Dieses Akkumulationsmodell mit seiner chronischen Wachstumsabhängigkeit ist bedroht, es ist sogar, stellt der kritische Ökonom Niko Paech fest, »unrettbar« geworden. Er sieht eindeutige Grenzen überschritten, gesetzt durch »die Verknappung jener Ressourcen, aus deren schonungsloser Ausbeutung sich das Wirtschaftswachstum bislang speisen konnte, nämlich fossile Rohstoffe, Seltene [sic] Erden, Metalle und Flächen«. In dem immensen

Konsum- und Mobilitätsniveau und der Abhängigkeit von überregionalen Versorgungsketten sieht Paech eine »unbeherrschbare Verflechtung« und den »Keim für viele Sollbruchstellen« (Paech 2012, S. 7 f.). Und weiter:

> »Der zu schwindelerregender Höhe aufgetürmte Wohlstand ist ein Kartenhaus. Es beschwört eine fatale Unvereinbarkeit herauf: Zunehmende Fallhöhe trifft auf zunehmende Instabilität. Je höher das Stockwerk, desto tiefer der Fall, wenn alles zusammenstürzt.« (Ebd., S. 8)

Die Eskalation durch ungebremste Akkumulation, chronische Wachstumsabhängigkeit und fortschreitende Plünderung verschärft spiegelbildlich die krisenhaften Zuspitzungen. Sie spiegeln zudem das Versagen des technizistischen Paradigmas.

Wenn wir die dystopischen Entwicklungen betrachten, so ist *erstens* die Klimakrise zu nennen. Dem fortschreitenden Industrialismus, der immerwährenden Ausweitung der Produktion und der Energieumwandlung entspricht die Anhäufung klimaschädlicher Gase in der Atmosphäre. Die Technik der Ausbeutung fossiler Kraftstoffe und ihrer Verbrennung ist am Ende. *Zweitens* ist eine für die Menschheit lebensgefährliche Rückkehr des »Modells Krieg« zu beklagen, mit einer wachsenden Zahl heißer Kriege und immer höheren Ausgaben für Kriegsrüstung und Militär. Mit dem Mehr an Waffen und den immer mächtigeren und technisch ausgefeilteren Möglichkeiten der Schädigung des Gegners wächst die Gefahr, dass Kriege eskalieren, bis hin zu einem atomaren Weltkrieg als größter denkbarer Katastrophe. Und *drittens* ist ein Desaster anzuführen, das ich als »Schöne-neue-Welt-Katastrophe« oder »Entfremdungskatastrophe« bezeichnen möchte. Gemeint ist damit die Dystopie eines entkernten und entsinnlichten Lebens mit einer Expansion der vom Menschen geschaffenen künstlich-technischen Welten einerseits und einem eskalierenden Artensterben andererseits.

Dystopische Zuspitzung (I): die Klimakrise

Was die Klimakrise angeht, so hat der weltweite Ausstoß des klimaschädlichen Gases CO_2 einen historischen Höchststand erreicht. Er lag im Jahr 2021 laut Internationaler Energieagentur bei 36,3 Milliarden Tonnen.

Dies geschieht trotz allen Wissens um die Zusammenhänge. Der Weltklimarat IPCC legt seit 1990 Sachstandsberichte vor, zuletzt war es der sechste Bericht, veröffentlicht 2021 und 2022 in drei Teilen, der sich zu den physikalischen Zusammenhängen, den drohenden Gefahren und den Strategien zur Minderung des Klimawandels unmissverständlich geäußert hat. Ohne konsequente Maßnahmen, so der IPCC, droht eine Erwärmung um mehr als drei Grad Celsius. Das Ziel des Pariser Klimaschutzabkommens aus dem Jahr 2015, auf das sich 197 Staaten geeinigt hatten – nämlich die Erderwärmung im Vergleich zum vorindustriellen Zeitalter auf deutlich unter zwei Grad Celsius zu begrenzen –, wäre damit Makulatur.

Inzwischen ist wertvolle Zeit verstrichen, und bei weiteren Verzögerungen im Handeln wird sich »das Fenster der Gelegenheit schließen, eine lebenswerte und nachhaltige Zukunft für alle zu sichern«, betont der IPCC. Schon jetzt sind die Folgen der Erwärmung spürbar: Hitzewellen, eine Häufung extremer Wetterereignisse wie Starkregen und Stürme, Konflikte um Süßwasser und ein Anstieg des Meeresspiegels. Besonders betroffen wird künftig der globale Süden sein. Mehr als 3,3 Milliarden Menschen leben in Regionen, die durch den Klimawandel besonders verwundbar sind und wo Menschen und Ökosysteme »am wenigsten in der Lage sind, damit umzugehen«. Auch für Südeuropa zeichnen sich weitreichende Folgen ab: Dürren, Wassermangel sowie Überflutungen an Flüssen, aber auch Gesundheitsprobleme durch Hitzewellen. Der IPCC sieht Möglichkeiten der Anpassung an den Temperaturanstieg und der Schadensbegrenzung – doch spätestens bei einer Erwärmung von drei Grad ist dies kaum noch möglich.

Was die Gegenmaßnahmen angeht, so macht der IPCC nicht den Fehler, sie auf technische Mittel zu reduzieren. Er stellt vielmehr eine Verbindung zum Naturschutz, zur Artenvielfalt und zu intakten Ökosystemen her und unterstreicht die Fähigkeit der Natur, das Klima zu stabilisieren, indem sie Kohlenstoff absorbiert und speichert. 30 bis 50 Prozent der Ökosysteme, und zwar Land- und Meeresflächen, sollten weltweit vor starken menschlichen Eingriffen geschützt werden. Derzeit sind nur 15 Prozent der Land- und acht Prozent der Wasserflächen geschützt. Zudem ist ein klimafreundlicher Umbau der Städte dringlich (vgl. de-ipcc.de ▹ IPCC-Berichte).

Dystopische Zuspitzung (II): Aufrüstung und Krieg

Besonders deprimierend und bedrohlich ist die Kriegslogik, die sich im 21. Jahrhundert neu ausbreitet und mit einer Anhäufung von so vielen Waffen verbunden ist, wie das nie zuvor in der Geschichte der Fall war – als hätte es die mörderischen Auseinandersetzungen der Weltkriege des 20. Jahrhunderts nicht gegeben. Die Rückkehr des »Modells Krieg«, die Renaissance einer tödlichen Logik, muss als größte dystopische Gefahr der Gegenwart bezeichnet werden. Auch die Kriegslogik steht auf den maroden tönernen Füßen des Akkumulationsmusters und des technizistischen Musters. Deren toxische und destruktive Kraft wird in der Kriegslogik überdeutlich. Sie läuft am Ende auf das Recht des militärisch Stärkeren hinaus.

Bei den Rüstungsausgaben gibt es nur eine Richtung: nach oben. Dies ist nicht erst seit dem Ukrainekrieg der Fall. Der inzwischen verstorbene Theo Sommer, der frühere *Zeit*-Chefredakteur, hat sein Erstaunen darüber zum Ausdruck gebracht. Er fragte mit Blick auf die Zahlen des Jahres 2020, was die Staatengemeinschaft mitten in der Pandemie getan habe – und stellte irritiert fest: »Es ist heller Wahnsinn. Sie rüstet auf.« Sein Fazit: »Das sollten wir uns eigentlich sparen.« (Theo Sommer: Die Welt könnte etwas weniger irre werden [online] ▹ zeit.de, 2. März 2021. Zugriff am 20. März 2022) Laut dem Stockholmer Friedensforschungsinstitut sind die globalen Militärausgaben zuletzt immer weiter angestiegen und haben sich binnen 25 Jahren verdoppelt. Schließlich haben sie im Jahr 2021 die Zwei-Billionen-Dollar-Grenze überschritten, erreichten die schwindelerregende Höhe von 2,113 Billionen Dollar. Der Löwenanteil – um hier die zehn Länder mit den höchsten Militärausgaben zu nennen – entfällt mit einem großen Abstand auf die USA mit einem Rüstungsbudget von 801 Milliarden Dollar, gefolgt von China mit 293 Milliarden, Indien mit 76,6 Milliarden, Großbritannien mit 68,4 Milliarden, Russland mit 65,9 Milliarden, Frankreich mit 56,6 Milliarden, Deutschland mit 56,0 Milliarden, Saudi-Arabien mit 55,6 Milliarden, Japan mit 54,1 und Südkorea mit 50,2 Milliarden. Die größten Steigerungsraten im Jahresvergleich von 2021 zu 2020 verzeichnen China (plus 4,7 Prozent), die europäischen NATO-Länder (plus 3,1 Prozent) und Russland (plus 2,9 Prozent).

Nach dem Angriff Russlands auf die Ukraine im Jahr 2022 gibt es trotz dieser waffenstarrenden Ausgangslage einen weiteren fatalen Schub hin zu noch viel mehr Rüstung. Dem Bellizismus Wladimir Putins und der russischen Führung wurde keine deeskalierende, sondern die bekannte militärische Antwort gegeben, die nur eine Richtung kennt: noch mehr Waffen.

Ein Jahr nach Sommers Zwischenruf hat die Bundesregierung unter dem SPD-Kanzler Olaf Scholz und mit Unterstützung der einstmals für Gewaltfreiheit streitenden Partei der Grünen, die sich inzwischen mit der Forderung nach mehr Waffenlieferungen in das Kriegsgebiet Ukraine profiliert, eine beispiellose Aufrüstung der Bundeswehr angekündigt: Über ein Sondervermögen von 100 Milliarden Euro soll es eine »Nachrüstung« der Bundeswehr geben und darüber hinaus der Verteidigungsetat um 40 Prozent erhöht und dauerhaft auf mehr als zwei Prozent des Bruttoinlandsprodukts gebracht werden.

Scholz nannte unter anderem das Ziel, insbesondere gemeinsam mit Frankreich die nächste Generation von Kampfflugzeugen und Panzern zu bauen. Keine Hemmungen gibt es auch, wenn es um die sogenannte nukleare Teilhabe geht. Die als veraltet geltende Tornado-Luftwaffenflotte soll durch hochmoderne F-35-Tarnkappenbomber des US-Rüstungskonzerns Lockheed Martin ersetzt werden, die im Konfliktfall US-Atomwaffen ins Ziel bringen sollen. Bis es so weit ist, will man, so Scholz, den Eurofighter weiterentwickeln und zur Electronic Warfare befähigen.

Bei den »Masters of War«, den Tod produzierenden Rüstungsfirmen, deren Abgesang Bob Dylan in einem berühmten Protestsong im Jahr 1963 angestimmt hatte, knallen die Sektkorken. Der militärisch-industrielle Komplex ist mächtiger denn je. Es wird nach allen Technologien gegriffen, es werden alle Register gezogen und alle Waffen produziert, die die Möglichkeit von Hightechfeldzügen und eine immer mächtigere und ausgefeiltere Bedrohung und Schädigung des Feindes versprechen. Das Spektrum wird größer: Es geht um computergesteuerte konventionelle Bewaffnung, um Drohnen, um Satelliten- und Antisatellitenwaffen, um das Instrumentarium zur Cyberwarfare, die Kriegsführung im virtuellen Raum, und es geht um die nach wie vor gigantische atomare Bewaffnung mit ihren Overkill-Kapazitäten. Die Entwicklung geht weiter, man greift nach den Sternen. Es ist das Ziel, sich die Dominanz im Weltraum zu sichern, und es dürfte nicht mehr lange dauern, bis die »Battlestars« aus Science-Fiction-Filmen um die Erde kreisen: Raumstationen, die als Kommandoplattformen dienen und mit tödlichen Raketen und Antisatellitenwaffen ausgestattet sind.

Das Militär ist ein Techniktreiber. Auch das Internet, das den Computer von der Rechenmaschine in ein Kommunikationsmittel zur schnellen Datenübertragung verwandelte, wurde vom Militär initiiert. Das amerikanische Verteidigungsministerium hatte im Jahr 1969 ein Projekt gestartet, das sicherstellen sollte, dass bei einem Atomschlag die Computersysteme des Militärs verbunden bleiben und die Daten weiterhin transportiert werden können. Deshalb hat das Netz viele Knoten und ist nicht hierarchisch angelegt. In den 1970er- und 1980er-Jahren befassten sich dann Informatiker an Hochschulen mit der Internettechnologie und entwickelten sie, bevor in den 1990er-Jahren die massive kommerzielle Nutzung des Netzes einsetzte.

Rüstung ist nicht neutral und nicht friedenserhaltend. Niemand sollte sich auf die Abschreckungswirkung monströser Waffen verlassen, wie sie in Europa nach 1945 für ein »Gleichgewicht des Schreckens« gesorgt hat. Ein kalter Krieg ist zwar besser als ein heißer Krieg, doch eine Friedensordnung ist nicht zu vereinbaren mit Hochrüstung und mit Machtblöcken, die sich feindselig gegenüberstehen. Der Politologe Ekkehart Krippendorff, der sich mit Kriegsursachenforschung befasst hat, sieht eine »Logik der Unvernunft« am Werk und hat schon 1985 herausgearbeitet, »dass Rüstungswettläufe mit einer statistischen Wahrscheinlichkeit von 82 Prozent zu Kriegen führen« (Krippendorf 1985, S. 9).

Wer sich für den Frieden einsetzt und gegen das Kriegführen streitet, muss die fortgesetzte Aufrüstung zum Krieg zum Thema machen und fundamental infrage stellen – so wie der große Naturwissenschaftler und Friedensstreiter Albert Einstein das getan hat:

> »Solange es Heere gibt, wird jeder ernste Konflikt auch zum Kriege führen. Ein Pazifismus, der die Rüstungen der Staaten nicht aktiv bekämpft, ist und bleibt ohnmächtig: Möge das Gewissen und der gesunde Sinn der Völker lebendig werden, dass wir eine neue Stufe des Völkerlebens erreichen, von der aus der Krieg als eine unbegreifliche Verirrung der Verfahren erscheint.« (Albert Einstein in einem Brief vom 8. August 1931)[2]

Nach 1945 und der Katastrophe des Zweiten Weltkriegs hatte es den Anschein, dass endlich eine Besinnung einsetzte, dass es so nicht weitergehen kann und darf. Die Völker schlossen sich zu den Vereinten Nationen (UN) zusammen, verbunden in der Entschlossenheit, »künftige Geschlechter vor der Geißel des Krieges zu bewahren«, wie es in der Präambel der UN-Charta heißt. Die Ziele der Vereinten Nationen sind essenziell: den Weltfrieden zu sichern, die Einhaltung des Völkerrechts zu gewährleisten und die Menschenrechte zu schützen. Die Allgemeine Erklärung der Menschenrechte wurde im Jahr 1948, drei Jahre nach der UN-Gründung, verkündet, wobei zu diesen Rechten nicht nur politische Rechte, sondern auch soziale Grundrechte wie das Recht auf soziale Sicherheit, der Zugang zu Bildung und Arbeit und zur Gesundheitsfürsorge gehören, was heute gern übersehen wird.

Es ist kein Zufall, dass vor dem Hauptgebäude der UNO in New York ein Symbol der Gewaltlosigkeit steht: Es ist die Skulptur »Non Violence« des inzwischen verstorbenen schwedischen Künstler Carl Fredrik Reuterswärd. Er schuf das starke Motiv, einen Revolver mit verknotetem Lauf, nach der Ermordung des friedensbewegten Musikers John Lennon.

Es ist bedrückend, dass die Ächtung der Gewalt und der Kriege, dass der Pazifismus und das Umschmieden und Untauglichmachen der Waffen heute wieder zunehmend als weltfremd abgetan werden. Der Bellizismus ist nach dem Fall der Mauer und der Auflösung des Warschauer Pakts nicht verschwunden, sondern mittlerweile wieder in der Offensive, die Waffenarsenale werden immer größer. Parallel dazu hat die Zahl der militärischen Konflikte und der heißen Kriege zugenommen. Was die vergangenen gut 30 Jahre angeht, so sind insbesondere die Kriege im Irak, in Jugoslawien, Somalia, Afghanistan, Libyen, Syrien, Jemen und der Ukraine zu nennen. Von den Kriegen der USA und des Westens war dabei nur der Golfkrieg im Jahr 1991, bei dem die USA eine Kriegskoalition anführten, völkerrechtlich legitimiert – durch die Resolution 678 des UN-Sicherheitsrates. Der Irakkrieg im Jahr 2003 war es nicht mehr, genauso wenig wie das militärische Vorgehen der NATO gegen Restjugoslawien im Jahr 1999 – der Bombardierung Belgrads fielen 2.500 bis 3.500 Menschen zum Opfer. Damit fand erstmals nach 1945 ein völkerrechtswidriger »Weltordnungskrieg« in Europa statt, mit dem die Herauslösung des Kosovo aus Serbien durchgesetzt wurde. Krieg ist als Mittel der Politik wieder hoffähig gemacht worden, und der Angriffskrieg der Russischen Föderation gegen die Ukraine fügt dieser Gewalt- und Unrechtspolitik ein weiteres und besonders trauriges Kapitel in Europa hinzu, bei dem Russland meint, das Vorgehen spiegeln und besonders dreist fortsetzen zu können frei nach dem Motto: Der Nachbar hat seine Frau geschlagen, also tue ich es auch.

Dass Kriege begrenzt und eingedämmt werden, dass ein Interessenausgleich mit anderen Mittel angestrebt wird, dass Konflikte friedlich gelöst werden können: Dieses Vertrauen schwindet und befeuert die dystopische Angst, dass am Ende die Logik der Unvernunft obsiegt und ein dritter Weltkrieg entfesselt werden kann, was die Selbstvernichtung der Menschheit bedeuten könnte.

Dystopische Zuspitzung (III): die Entfremdungskatastrophe

In der Rüstung zeigt sich die gewaltige Kraft der Technik als eine zerstörerische Kraft und als eine fehlgeleitete menschliche Fähigkeit, den Feind zu ruinieren. Die Vorherrschaft von Technik und Technologie wirkt darüber hinaus auch auf einer anderen Ebene bedrohlich, auch wenn es hier nicht um die Schädigung und Vernichtung eines Gegners geht. Das Paradigma des

Technizismus führt nämlich dazu, dass wir mehr und mehr in einer binären, einer künstlichen Welt leben. »Die von der Technik erzeugten Produkte«, schreibt Papst Franziskus, »schaffen ein Netz, das [...] die Lebensstile konditioniert, und lenken die sozialen Möglichkeiten in Richtung der Interessen bestimmter Machtgruppen.« (Laudato si', S. 85) Es ist kaum noch möglich, sich im Alltag der Logik des immer dominanter werdenden Technizismus zu entziehen.

Es ist eine düstere Vorstellung, sich vor Augen zu führen, wie in einer beziehungsarmen Gesellschaft Menschen allein in ihrem Smart Home sitzen, von modernster Technik umgeben. Alles ist digital miteinander verbunden. Die Jalousien fahren nach unten, wenn es dunkel wird, der intelligente Kühlschrank setzt zur Neige gehende Vorräte automatisch auf die digitale Einkaufsliste, die Waschmaschine und die Heizung werden per Klick angesteuert, ein Roboter saugt den Staub weg. Alexa, die künstlich-intelligente Freundin, ist die Zuhörerin und legt die Liebeslieder auf. Wer alt ist, sorge sich nicht: Der Pflegeroboter greift unter die Arme. Die Fotovoltaikanlage auf dem Dach kann manchmal, wenn die Sonne scheint, Strom produzieren und ihn für das Elektroauto vor der Tür abgeben, manchmal auch Strom in das Verbundnetz liefern. Wenn sie nichts liefert, ist das kein Grund zur Sorge, alles ist perfekt ausgerechnet und geht auf. Gesteuert wird mit Apps und per Computer. Alles ist vernetzt, alle Geräte kommunizieren miteinander.

Doch der Mensch, die Bewohnerin, der Bewohner des Smart Homes, bleibt ohne Kommunikation, unberührt, einsam, verlassen. Die Geräte bleiben unnahbar, das Heim ist tot. Die Welt der Einfühlung und Empathie ist weit weg. Das Leben ist aufgeräumt und ausgeräumt. Es ist ein Leben, »in dem alles elektrifiziert, globalisiert, digitalisiert und desinfiziert ist«, wie es Niko Paech formuliert (Einführung von Paech in Schumacher 2019, S. 18). Das Verhältnis zur Mitwelt ist gestört, und die belebte Sphäre um uns herum ist öde und verarmt. Die gestaltete Umwelt dominiert, die Wildnis ist bis auf klägliche Reste verschwunden. Die Landschaften, geprägt von industrieller Landwirtschaft, sind von Schnellstraßen durchzogen, der Blick fällt auf Windkraftanlagen und Hochspannungsleitungen. Der unverbesserliche Romantiker, der die blaue Blume sucht, der Ausschau nach Schmetterlingen und

Wildblumen hält, wird bitter enttäuscht. Wir haben es endlich geschafft, »eine unersetzliche und unwiederbringliche Schönheit auszutauschen gegen eine andere, die von uns geschaffen wurde« (Laudato si', S. 31).

Die Entfremdung, die gestörte Beziehung zur belebten Mitwelt, lässt menschliche Fähigkeiten verkümmern. Dies betrifft die Empathiefähigkeit, aber auch handfestes biologisches Wissen. Der Krise der Biodiversität entspricht eine Erosion der Artenkenntnis. Wo keine Schmetterlinge mehr sind, muss ich auch keine unterschiedlichen Schmetterlingsarten mehr kennen. Und ihren Verlust werde ich nicht beklagen, denn ich kannte sie nicht und war ihnen nicht nahe. In einer Querschnittsstudie wurde unlängst untersucht, wie viele Vogelarten Berliner Schülerinnen und Schüler der siebten Jahrgangsstufe kennen. Das Ergebnis ist ernüchternd: Visuell erkannten sie im Schnitt zwei Vogelarten, akustisch keine einzige (siehe link.springer.com ▹ Silke Sturm et al.: Die Artenkenntnis von Berliner Schüler_innen am Beispiel einheimischer Schüler).

Kritisches Erbe: Die Grenzen des Wachstums anerkennen

Summarisch festzuhalten ist: Die Logik einer scheinbar bis ins Unendliche möglichen Akkumulation und Expansion, das Wachstumsparadigma und das technizistische Muster führen zu dystopischen Zuspitzungen, die sich inzwischen immer deutlicher abzeichnen. Auch die grüne Modernisierung kann sich dieser Logik nicht entziehen, sie verbleibt im Rahmen der herrschenden Ordnung. Die technoökologischen Teilantworten und damit verbundenen Blütenträume bieten keinen Ausweg aus der Krise.

Das Unbehagen über die unheilvolle Entwicklung steht auf der einen Seite, auf der anderen Seite ist es verblüffend, wie ungebrochen – und sogar wieder neu erstarkt – der fehlgeleitete Glauben an die Wirksamkeit der überkommenen Antworten und an die Parolen des »Immer mehr« ist: immer mehr Energieumwandlung, immer mehr Technik, immer mehr Digitalisierung und immer mehr Rüstung. Die Situation ist verfahren. Sie verlangt nach Antworten.

Angesichts der Konfusion ist es hilfreich, sich geistige Unterstützung zu holen und die Analysen jener Klassiker heranzuziehen, die die Mechanismen einer Wachstums- und Plünderungsökonomie schonungslos durchleuchtet und ihre zerstörerischen Entwicklungstendenzen deutlich benannt und vor dystopischen Entwicklung gewarnt haben – und die gleichzeitig klarsichtig skizziert haben, welcher Weg beschritten werden muss. Wir brauchen diese »gefährliche Erinnerung«, um aktuelle Entwicklungen besser verstehen zu können. Gefährlich ist diese Erinnerung für die Protagonisten des »Weiter so«.

Zu nennen ist hier zunächst das fundamentale Werk *Die Grenzen des Wachstums*, auf das ich genauer eingehen möchte, weil es eine unverzichtbare Folie zur Betrachtung der Gegenwart ist.

Der *Bericht des Club of Rome zur Lage der Menschheit,* so der Untertitel, erschien im Jahr 1972 und machte weltweit Furore. Der Report ist heute vor allem wegen seiner Kritik am Wachstumsparadigma bekannt. Übersehen wird dabei aber gern, wie stark die Studie gleichzeitig Kritik am technizistischen Paradigma übt. Beides ist entscheidend dafür, dass die Studie und ihre Thesen in den 50 Jahren seit ihrem Erscheinen nichts von ihrer grundsätzlichen Bedeutung eingebüßt haben.

Der Club of Rome, ein Netzwerk mit Persönlichkeiten aus Wissenschaft, Wirtschaft, Politik und Kultur aus mehr als 30 Ländern, hatte damals das Massachusetts Institute of Technology (MIT) mit der Studie beauftragt. Der Report wurde von einem 17-köpfigen internationalen Forscherteam unter Leitung des damals 28-jährigen MIT-Ökonomen und -Ingenieurwissenschaftlers Dennis Meadows[3] erstellt.

Die Studie bedient sich schon in dieser Pionierzeit des Computers einer Fülle von rechnergestützten Simulationen und Hochrechnungen, die eine unheilvolle Tendenz aufzeigen: Grenzenloses Wachstum auf einem begrenzten Planeten ist unmöglich. Beim Versuch, die Wachstumsziele dennoch immer weiterzuverfolgen, stößt das »Weltsystem« – gemeint ist damit die menschliche Zivilisation im Ökosystem Erde – an Grenzen, die unüberwindbar sind und schließlich früher oder später zum Zusammenbruch des Weltsystems führen.

Der Club of Rome hat danach Folgeberichte und Aktualisierungen zur Lage der Welt veröffentlicht, so im Jahr 2013 den Report *Der geplünderte Planet* oder im Jahr 2017 *Wir sind dran. Was wir ändern müssen, wenn wir bleiben wollen.* Doch die Nachfolgepublikationen – die jüngste stammt aus dem Jahr 2022 – haben nicht mehr die argumentative Kraft und Klarheit des Ursprungswerks; sie schwenken zu sehr auf die Linie eines »ressourcenschonenden Wachstums« ein. Es lohnt sich deshalb, bei der viel konsequenteren Analyse des Originals zu verweilen, das zur Initialzündung für die sich in den 1970er-Jahren entwickelnde Umweltbewegung wurde.

Meadows untersucht in seinem »Weltmodell« fünf entscheidende Größen des Weltsystems und ihre Wechselwirkungen genauer. Ausgangspunkt sind *erstens* das enorme Bevölkerungswachstum und *zweitens* das noch rapidere Wirtschaftswachstum und die beschleunigte Industrialisierung. Im Fokus des Wachstums des Bruttosozialprodukts steht dabei das zur exponentiellen Produktionsausweitung eingesetzte Industriekapital, das sich in den Hochrechnungen als »Industrieproduktion pro Kopf« niederschlägt. Meadows beschreibt die Kapitalakkumulation wie folgt:

> »Größeres Kapital bewirkt eine höhere Produktion; ein Teil der Produktion wird zur Investition, und höhere Investition bedeutet mehr Kapital. Das dadurch entstehende höhere Kapitalvolumen führt zu noch höherer Produktion.« (Meadows, 1994, S. 31)

Um etwas über das weitere Wachstum von Bevölkerung und Industriekapital und die Grenzen dieses Wachstums auszusagen, ist die Betrachtung weiterer Kenngrößen notwendig. Meadows bezieht also *drittens* die Fragen der Nahrungsmittelproduktion und der Ernährung aller Menschen mit ein, was sich in den Hochrechnungen als »Nahrungsmittel pro Kopf« widerspiegelt, *viertens* die Ausbeutung der nicht regenerierbaren Rohstoffe und *fünftens* die Zerstörung des Lebensraumes und die Umweltverschmutzung.

Der in den 1970er-Jahren gebräuchliche Begriff der »Umweltverschmutzung«, der heute weitgehend verschwunden ist, bezieht die Tatsache mit ein, dass eine Steigerung des Bruttosozialprodukts, ein wachsender Energieverbrauch und eine stark wachsende Umweltbelastung Hand in Hand gehen.

»Wirtschaftliche Entwicklung«, schreibt Meadows, »ist im Grunde nichts anderes als die nutzbringende Anwendung von mehr Energie zur Steigerung der Produktivität menschlicher Arbeit.« (Ebd., S. 59) Analog zur zunehmenden Energiefreisetzung durch den Menschen komme es zu Freisetzungen von Schadstoffen und zu Wirkungen, die unerwünscht seien – und damit schließlich zu einer bedrohlichen »Umweltverschmutzung«.

Diese Erkenntnis ist heute denjenigen ins Stammbuch zu schreiben, die von einer unbegrenzten, CO_2-freien und umweltunbedenklichen Energieproduktion aus erneuerbaren Quellen träumen. Denn selbst wenn die regenerativen Energien uneingeschränkt und endlos zur Verfügung stünden – was nicht der Fall ist –, dann wäre gerade das ein gewaltiges Problem. Denn mit den riesigen, »sauber« erzeugten Strommengen würde etwas unternommen: Eine riesige Maschinerie würde weiter und noch intensiver befeuert, die maschinelle Produktion ausgeweitet, mehr E-Autos hergestellt, die Digitalisierung forciert; mit der uneingeschränkt zur Verfügung stehenden Energie würden mehr Ressourcen verarbeitet und vernutzt. Die Folgen wären unerwünschte Wirkungen, wachsende Umweltverschmutzung und zunehmende Rohstoffverknappung. Solche Zusammenhänge herauszuarbeiten und in Bezügen zu denken ist die Stärke des Club-of-Rome-Berichts – eine Fähigkeit, die der heutige Technizismus plattzumachen bestrebt ist.

Es spricht für den Report, dass er bereits im Jahr 1972 klar auf den exponentiell anwachsenden CO_2-Gehalt als Folge der Verbrennung fossiler Brennstoffe hinweist. Die Größenordnung der Parts per Million (ppm) an Kohlendioxid in der Atmosphäre, die der Report für das Jahr 2000 nennt, ist erstaunlich nah an der Realität: Meadows gibt einen Wert von 380 ppm an – de facto waren es zur Jahrtausendwende 370 ppm. Bei der Freisetzung von Kernenergie geht es dagegen um ganz andere unerwünschte Wirkungen, nämlich die radioaktive Strahlung und wachsende Mengen an radioaktivem Abfall.

Es wäre aber ein Missverständnis, dem Report zu unterstellen, es gehe darin primär um Voraussagen, was wann wie passieren wird, oder um Prognosen, wie groß eine freigesetzte Schadstoffmenge zu einem bestimmten Zeitpunkt ist oder wie lang bestimmte Rohstoffe noch verfügbar sind. Zwar werden solche Aussagen tatsächlich auch gemacht, doch das geschieht im Rahmen eines dynamischen Modells und mit unterschiedlichen Simulationen, beiden denen auch damit gerechnet wird, dass etwa die Vorkommen an Chrom oder Kohle deutlich höher sein können, als es zum Zeitpunkt der Bestandsaufnahme absehbar war. Deshalb geht auch die häufig zu hörende Kritik am Report, seine Autor:innen hätten die tatsächlichen Rohstoffreserven viel zu gering eingeschätzt, an der Sache vorbei. Letzten Endes geht es dem Report um das Herausarbeiten von Entwicklungstendenzen und die Benennung der Grenzen, an die die Menschheit stößt, wenn bestimmte Trends anhalten.

Dies wird immer wieder in Kernsätzen zusammengefasst, etwa mit der Formulierung:

> »Unsere Erde ist nicht unendlich. Je mehr sich die menschliche Aktivität den Grenzen der irdischen Kapazität nähert, um so sichtbarer und unlösbarer werden die Schwierigkeiten.« (S. 74)

Solche Aussagen sind das Ergebnis der Betrachtung von fünf Sachverhalten, ihrer Entwicklung und ihrer Wechselwirkungen: Bevölkerung, Kapital, Nahrungsmittel, Rohstoffe und Umweltverschmutzung. Den Wissenschaftlern ist klar, dass sie mit der Beschränkung auf fünf global bedeutsame Untersuchungsgegenstände vereinfachen, doch ihre Reflexion der Dynamik des Weltsystems ist deutlich ambitionierter als der heute übliche Ansatz, der sich weitgehend auf den CO_2-Ausstoß und das Ziel der Reduktion des Verfeuerns fossiler Brennstoffe beschränkt. Der Report zeigt: Selbst wenn es gelingen sollte, die Grenze in einem der fünf Teilbereiche zu verschieben, dann handelte man sich unter den Bedingungen eines endlichen Systems sofort das Problem ein, dass man umso schneller auf fundamentale Grenzen der anderen Teilbereiche stößt.

Das Forscherteam rekonstruierte zunächst die Werte der fünf Untersuchungsbereiche für das Jahr 1900 und setzte die Werte dann in Beziehung zur Entwicklung bis 1970, bevor mit den vorliegenden Wachstumsraten verschiedene Szenarien bis zum Jahr 2100 simuliert wurden. Der in allen Szenarien immer wiederkehrende Zeitstrahl des Reports verläuft also vom Jahr

1900 bis zum Jahr 2100. Der zusammenfassende Befund ist eine deftige Warnung, denn wenn nicht massiv gegengesteuert werde, dann gelte:

> »Das Grundverhalten des Weltsystems ist das exponentielle Wachstum von Bevölkerungszahl und Kapital bis hin zum Zusammenbruch. [Das Grundverhalten] bleibt unverändert, ob man nun davon ausgeht, dass sich nichts Wesentliches verändert, oder ob man beliebig viele technologische Veränderungen einführt.« (S. 178)

Wenn Technik das Wachstum anheizt

Das Fazit des Reports, dass Technik und Technologie die Grenzen des Wachstums nicht aufheben können, hat von Anfang an für Diskussionen und auch zu verschnupften Reaktionen der Technikgläubigen geführt. Doch gerade die kritische Technikeinschätzung der MIT-Forscher, die sich in einem wichtigen und umfangreichen Kapitel ihres Reports mit der Rolle des technologischen Fortschritts im Weltsystem befassen, ist für die Gegenwart sehr bedeutsam.

Diese Einschätzung muss den Technizisten von heute in den Ohren klingen. Den Analytikern, die mit den damals am meisten fortgeschrittenen technischen Hilfsmitteln gearbeitet haben, kann dabei niemand den Vorwurf machen, sie seien antimodernistische Technikfeinde. »Wir sind selber Technologen« (S. 139), unterstreicht Meadows.

Der Report wendet sich gegen eine »unreflektierte Ablehnung der segensreichen Wirkungen der Technologie« (S. 140), also etwa Techniken zur Wiederverwendung von Abfallstoffen. Die Forscher lehnen jedoch gleichzeitig einen »blinden« und »unreflektierten Glauben« (S. 140) an Technologie und an technische Maßnahmen ab. Blind und unreflektiert ist dieser Glauben laut Meadows dann, wenn nicht verstanden wird, dass der Einsatz von Technik mit einer Begrenzung, einem Stoppschild für das rasante Wachstum verbunden sein muss, statt mit immer mehr Technik das Wachstum weiter anzuheizen. Er schreibt:

»Der technologische Optimismus [ist] nicht nur die übliche, sondern auch die gefährlichste Reaktion gegenüber den Aussagen, die das Weltmodell liefert. Die Technologie kann Symptome beheben, ohne die ihnen zugrunde liegenden Ursachen zu beseitigen. Der Glaube an die Technologie kann unserer Aufmerksamkeit vom Hauptproblem, dem exponentiellen Wachstum innerhalb eines begrenzten Systems, ablenken und wirklich wirksame Maßnahmen zu seiner Lösung verhindern.« (S. 139)

Die Dynamik des Erdsystems zeigt, dass technische Lösungsversuche die Periode des Wachstums von Bevölkerung und Industrie verlängern, sich aber als ungeeignet erweisen, die Grenzen des Wachstums zu beseitigen. In einem Szenario (vgl. ebd., S. 118–120) simulieren die Forscher beispielsweise, was passieren würde, wenn mit einem Einsatz ambitionierter Technologien die Grenzen verschoben würden, die durch Energie- und Rohstoffknappheit gesetzt sind.

Dabei gehen sie bewusst von Annahmen aus, die »sehr viel optimistischer sind, als sie der Wirklichkeit entsprechen« (S. 118). Sie simulieren in ihrem Weltmodell, dass die Technik der Energiefreisetzung durch gesteuerte Kernspaltung – die Atomkraft galt damals als energetische Wunderwaffe so wie heute die Erneuerbaren – die Grenzen deutlich erweitert, die durch die beschränkten Vorräte an natürlichen Brennstoffen gesetzt sind. Sie nehmen weiterhin wie die »Optimisten unter den Technologen« (S. 118) an, dass die großen Energiemengen, die zur Verfügung stehen, es ermöglichen, bisher nicht zugängliche Rohstoffe zu entdecken und nutzbar zu machen, »zum Beispiel Materialien vom Grund der Ozeane, magere Erze, sogar normales Gestein zu verarbeiten« (S. 118); und sie unterstellen, dass mithilfe der Atomkraft aus dem Abfall die Metalle zurückgewonnen werden können und die Wiederverwendung und Ersetzung der Rohstoffe möglich werden, sodass man schließlich »nur noch ein Viertel der aus Lagerstätten gewonnenen Rohstoffmengen benötigt« (S. 119).

Obwohl es nun zu keiner Rohstoffverknappung mehr kommt, tritt die Katastrophe verschärft auf. Der Grund: Infolge der im Überfluss vorrätigen Rohstoffmengen steigen die Produktion der Industrie und an Nahrungsmitteln sowie der Grad der Dienstleistungen stark an – doch wenn nicht gleichzeitig die Schadstofferzeugung pro Einheit an Industrieprodukten verringert wird, schnellt die Umweltverschmutzung noch oben; die Bevölkerung erreicht eine Maximalhöhe, fällt dann aber rasch ab. »Rohstoffe in unbeschränkten Mengen«, so das Fazit von Meadows zu diesem Szenario, »sind offensichtlich nicht geeignet, das Wachstum im System unserer Erde aufrechtzuerhalten.« (S. 120)

Nötig ist also eine Kontrolle der Umweltverschmutzung, doch auch dies, das zeigt ein weiteres Szenario (vgl. S. 120–122), führt nicht aus dem Dilemma. Bevölkerungszahl und Industrieproduktion steigen zunächst weiter, genauso wie der landwirtschaftliche Ertrag pro Hektar – bis »maximal auf den siebenfachen Wert des Jahres 1900«. Kulturland wird »von den Städten und der Industrie verschlungen, ein anderer Teil erodiert, besonders infolge der intensiven Anbaumethoden«. Dies führt zu einer Ernährungskrise, die Sterberate steigt.

Das Wachstum ist am Ende mit einer katastrophalen Verfallserscheinung verbunden. Weitere Simulationen (vgl. S. 124–129) verdeutlichen, dass dies sogar auch dann gilt, wenn es gelingen sollte, sowohl die landwirtschaftlichen Erträge zu erhöhen, für einen hohen Lebensstandard der Weltbevölkerung zu sorgen, als auch wirksame Maßnahmen der Geburtenkontrolle einzuführen. Auch in diesem Fall werden die destruktiven Kräfte – entfesselt durch Produktions- und Ertragssteigerungen – irgendwann zu stark: »Die Überbeanspruchung des Bodens führt zur Erosion und zu sinkender Nahrungsmittelproduktion«, die Rohstoffvorräte werden ausgeschöpft, die Umweltverschmutzung lässt sich schließlich nicht mehr wirksam kontrollieren.

Ob wirkliche Welt sich so verhält wie das Modell, wissen die Forschenden letzten Endes nicht, aber sie unterstreichen: »Bei den vielen Begrenzungen, die das Weltmodell aufzeigt, gibt es keinen Zweifel mehr über die zahlreichen katastrophalen Möglichkeiten, denen es zustrebt.« (S. 128) Es geht ihnen nicht darum, wie Wahrsager eine bestimmte Katastrophe sicher vorherzusagen, sondern darum, die Entwicklungstendenz, das Zustreben hin zur katastrophalen Zuspitzung aufzuzeigen.

Festzuhalten ist insbesondere die Einsicht, dass der Teufelskreis mit technischen Maßnahmen nicht verlassen werden kann:

> »Technologische Lösungsversuche haben zwar die Periode des Wachstums von Bevölkerung und Industrie verlängert, [erweisen] sich aber offensichtlich als ungeeignet, die endgültigen Grenzen des Wachstums zu beseitigen. […] Wenn wir technologische Maßnahmen simulieren, die geeignet sind, irgendeine Beschränkung des Wachstums aufzuheben oder einen Zusammenbruch zu verhindern, wächst das System gegen die nächste Grenze, übersteigt sie ebenfalls und bricht wieder zusammen.« (S. 128 f.)

Wir sind im 21. Jahrhundert mit zahlreichen Versuchen konfrontiert, die Grenzen des Wachstums mit immer mehr Technik immer weiter hinauszuschieben. Dazu gehören die scheinbar endlosen Ertragssteigerungen der Intensivlandwirtschaft, ein aggressiver werdender Kampf um Rohstoffe und Energieträger – unter anderem mit dem Vordringen in die Arktis sowie mit Tiefseeölbohrungen und der Methode des Frackings – sowie das ungenierte Erobern des Weltalls durch private Unternehmen. Es ist davon auszugehen, dass dieses Handeln fatale »Nebenwirkungen« haben wird; Meadows plädiert wie der von ihm zitierte Ökologe Garret Hardin richtigerweise dafür, nicht von technologischen »Neben«-Wirkungen zu sprechen, sondern von Effekten, »die ich nicht erwarten konnte und an die ich lieber gar nicht denken möchte« (Hardin zitiert nach Meadows 1994, S. 132). Die Computerdurchläufe des Reports zeigen einige der langfristigen Wirkungen neuer Technologien auf, soweit sie zum Zeitpunkt der Veröffentlichung absehbar waren.

Es gibt viele Beispiele dafür, dass bestimmte Effekte der technischen Aneignung und Überformung des Ökosystems Erde durch den Menschen in ihrer schädlichen Wirkung lange Zeit gar nicht erkannt und nicht ernst genommen wurden, weil sie als »Nebenwirkungen« abgetan wurden. Das prominenteste Beispiel ist der Ausstoß von Kohlendioxid. Zwar hat man seit Jahrhunderten gewusst, dass beim Verfeuern von Holz und fossilen Brennstoffen CO_2 entsteht, hielt dies aber für unproblematisch, da CO_2 kein Gift ist, sondern Teil der Luft. Doch dass dieses Gas, wenn sich sein Anteil in der Atmosphäre stark erhöht, einen bedrohlichen Treibhauseffekt mit Überhitzung der Erde auslöst, wenn nicht gegengesteuert wird, kam erst ab Mitte der 70er-Jahre des 20. Jahrhunderts allmählich ins Bewusstsein. Andere Beispiele für unerwünschte Wirkungen, die gern verdrängt, bagatellisiert oder gar nicht erst wahrgenommen werden, sind die schlichten Fakten:

- Die Digitalisierung verschlingt Unmengen an elektrischer Energie.
- Erneuerbare Energien tragen erheblich zur Umweltzerstörung bei.

Die MIT-Forscher:innen beschreiben nüchtern, zahlenbasiert und rechnergestützt, wie die Belastbarkeit und die quantitativen Grenzen der Erde überschritten werden und welche Folgen das hat. Darüber hinaus wird die Dynamik auch in einprägsamen Bildern und Beispielen verdeutlicht. So zeigt das Beispiel der Geschichte des Walfangs, wie zerstörerisch der Einsatz von immer mehr Technik wirken kann:

> »Die Geschichte des Walfangs zeigt in einem kleinen Bereich, was dabei herauskommt, wenn ein begrenzter Lebensraum immer stärker ausgebeutet wird. Die Walfänger haben einen Grenzwert nach dem anderen erreicht und stets versucht, diese Begrenzungen durch den Einsatz noch größerer technologischer Hilfsmittel zu durchbrechen. [...] Das Endergebnis dieser Haltung, die Wachstum um jeden Preis verlangt, kann nur die totale Ausrottung aller Walarten und der Walfänger selbst sein.« (S. 137)

»Der Walfang«, schlussfolgert Meadows, »steht grundsätzlich vor der gleichen Entscheidung, die sich auch der wachsenden Gesellschaft als Ganzes aufdrängt« (S. 137): Es gilt, innerhalb gesetzter Grenzen zu leben, anstatt weiteres Wachstum erzwingen zu wollen. Inzwischen wurden beim Walfang Konsequenzen gezogen – seit den 1980er-Jahren gibt es ein Verbot des kommerziellen Fangs bedrohter Walarten –, beim Wachstumsfetisch, der Technisierung und der Militarisierung der Gesellschaft stehen die Ampeln jedoch weiter auf einem trügerischen Grün.

Die 50 Jahre alte Publikation *Die Grenzen des Wachstums* argumentiert modellhaft vereinfachend – das räumen die Autor:innen auch ein. Dennoch bleibt das Werk bis heute ein unverzichtbares Grundlagenwerk. Dazu tragen vor allem die fünf folgenden Einsichten bei.

Die bleibenden Erkenntnisse des Reports

Erstens:
Technik soll nicht eingesetzt werden,
um das Wachstum weiter anzuheizen.

Technik kann nur dann eine gute Rolle spielen und Teil der Lösung sein, wenn »technologische Maßnahmen mit den Änderungen kombiniert werden, die den Wachstumstendenzen entgegenwirken« (S. 147). Ein Weltsystem ohne die Tendenz zum Zusammenbruch und mit der »Kapazität, die materiellen Bedürfnisse der Weltbevölkerung zu befriedigen« (S. 142), kann es nur in einem weltweiten Gleichgewicht geben, sprich: mit einer Stabilisierung der Bevölkerung und einem Stopp der rasanten Akkumulation des Industriekapitals. Zwar würden die negativen Einflussfaktoren – »die Umweltverschmutzung, die Erschöpfung natürlicher Rohstoffe und die Hungersnöte« (S. 141) – bei den Versuchen, die Probleme zu lösen, durchaus in den Blick genommen, aber der Versuch, Belastungen durch technologische Lösungen zu reduzieren und die unheilvolle Dynamik des Weltsystems damit zu überwinden, führt nicht zum Ziel, unterstreicht Meadows, weil die vermeintlichen Lösungen weiterhin im Dienst des Wachstums von Bevölkerung und Kapital stehen und dieser Logik untergeordnet sind: »Auf längere Sicht werden das Überschreiten von Grenzwerten und auch der Zusammenbruch des Systems [mit technologischen Lösungen] nicht verhindert.«

Technologische Maßnahmen wirken dann positiv, wenn sie eingebettet sind in eine Gleichgewichtslogik, die die alte Akkumulationslogik überwindet, wenn sie also kombiniert werden mit Maßnahmen zur Einschränkung des Wachstums: Dann ergänzen sie die Wachstumsbeschränkungen, um in Zukunft die Balance sichern zu helfen. Zu diesen technologischen Maßnahmen, die in diesem Rahmen für die zukünftige Existenz der Menschheit unverzichtbar sind, »gehören die Wiederverwertung von Abfällen, Kontrolle der Umweltverschmutzung, verlängerte Nutzungsdauer von Investitionsgütern und anderen Kapitalarten sowie Melioration[4] von unfruchtbaren oder erodierten landwirtschaftlichen Flächen« (S. 148).

Die Technik und ihre vermeintlichen Wunderwaffen sind kein Allheilmittel, sondern entscheidend sind die Stabilisierung von Bevölkerung und Kapital sowie »eine Kombination von Maßnahmen, durch die bei einem ansehnlichen Lebensstandard eine größere Stabilität erreicht werden« kann. Meadows fasst die Essentials des Zustands weltweiten Gleichgewichts (S. 141 ff.) zusammen und nennt zuallererst eine konstante Bevölkerungszahl sowie eine stationäre Wirtschaft[5] mit konstantem Kapital, die sich reproduziert, aber nicht wächst. In der Sprache des Reports wird die Stabilisierung des Kapitals als ein Zustand bezeichnet, in dem die Investitionen nur so hoch sind wie die »Kapitalabnutzung«, also der Verschleiß des investierten Kapitals und der zur Produktion nötigen Maschinerie, die im Laufe der Zeit erneuert werden muss. Der Verbrauch an Rohstoffen und die Schadstofffreisetzungen sollen deutlich reduziert werden. Dies kann nur gelingen, wenn »die Wertmaßstäbe der Gesellschaft stärker in Richtung von Dienstleistungen wie Erziehung und Gesundheitswesen [verschoben werden] und von den Gebrauchsgütern [ablenken]« (S. 147). Außerordentlichen Wert legt der Report auf eine gerechte und ausreichende Nahrungserzeugung für alle: »Deshalb wird die Nutzung des Kapitals in der Landwirtschaft so verändert, dass Verbesserungen des Kulturlandes und Maßnahmen zu seiner Erhaltung Vorrang erhalten.« (S. 149)

Wir werden später noch sehen, dass diese Hinweise im *Bericht des Club of Rome* auch heute für die anstehende Konversion der Gesellschaft wertvolle Impulse darstellen.

Zweitens: Es bedarf eines grundlegenden Wertewandels.

Die Forderung, Wertmaßstäbe zu ändern, ist zwar nicht das eigentliche Thema des Reports, er erörtert vielmehr ausführlich die Rolle von Technik als Wachstumstreiberin und benennt klar die veränderte Rolle, die Technik in einer Gesellschaft der Zukunft einnehmen muss. Doch klar wird dabei, dass eine Gesellschaft im wirtschaftlichen und ökologischen Gleichgewicht niemals nur mit technischen Maßnahmen geschaffen werden kann, sondern notwendig sind »nichttechnologische Maßnahmen« (S. 140). Von Erfolg gekrönt sein kann das Unternehmen nur bei einer grundlegenden »Änderung der Wert- und Zielvorstellungen des einzelnen, der Völker und auf Weltebene«, schreiben die Vertreter des Club of Rome in ihrer kritischen Würdigung am Ende des Reports. »[Erforderlich ist] eine geistige Umwälzung kopernikanischen Ausmaßes.« (S. 174f.)

Es bedarf anderer kultureller Leitbilder und Leitziele. »Die zur Überwindung der natürlichen Widerstände gegen die Wachstumsprozesse eingesetzten Mittel haben sich als so erfolgreich erwiesen«, schreibt Meadows, »dass sich das Prinzip des Kampfes gegen Grenzen geradezu zu einem Kulturidol entwickelt hat und die Menschen nicht lernten, Grenzen zu erkennen und mit ihnen zu leben.« (S. 136) Grenzen zu akzeptieren ist keine technisch zu lösende Frage, sondern ein kulturelles Lernziel. Technischer Fortschritt, das ist Meadows klar, ist aber auch im anzustrebenden Stadium des Gleichgewichts »notwendig und begrüßenswert«. Dass die lange Kette menschlicher Erfindungen und erhöhter Produktivität »bis jetzt zu Überbevölkerung, Zerstörung der Umwelt und zu größerer sozialer Ungleichheit geführt hat«, ist ein Teufelskreis. Er muss durchbrochen werden und kann durchbrochen werden, betont der Report und zeigt schlussendlich doch Optimismus: »Es gibt keinen Grund, warum höhere Produktivität nicht zu einem höheren Lebensstandard, zu mehr Freizeit und zu einer besseren Umwelt für alle führen sollte, wenn diese Ziele das Wachstum als Wertmaßstab einer Gesellschaft ersetzen.« (S. 159) Dadurch kann die Lebensqualität anders definiert werden, im Stadium des Gleichgewichts – ohne Wachstum von Bevölkerung und Kapital – gibt es ein Wachstum anderer Art: »Jede menschliche Tätigkeit, die keine großen Mengen unersetzbarer Rohstoffe benötigt oder Schadstoffmengen freisetzt und den Lebensraum schädigt, könnte ohne Beschränkung und praktisch unendlich zunehmen.« Das gilt besonders für jene Beschäftigungen, die viele als besonders befriedigend erleben: sich bilden, musizieren, sich wissenschaftlich betätigen oder soziale Kontakte pflegen.

Auch diese Einsichten sind für die gegenwärtige Diskussion bedeutsam, und sie bauen Brücken zu einem veränderten, postmateriellen Begriff von Lebensqualität.

Drittens:
Ökonomisches Wachstum ist mit einer quantitativen und stofflichen Ausweitung verbunden, die bei hohen Anstiegsraten und einer maßlosen Energieumwandlung zur Plünderung des Planeten und in die Krise führt.

Deshalb ist die heute gängige Vorstellung von einem »grünen« ökonomischen Wachstum, von einem »sanften« und »qualitativen« Wachstum eine ungute Vermischung von Begrifflichkeiten, obwohl es wie eh und je um Produktionswachstum und um Kapitalakkumulation geht, wobei nun aber ein grünes Label aus dem Hut gezaubert und behauptet wird, es gehe doch jetzt auf einmal nur noch um Qualität. Der Report beharrt darauf, Wachstum als Mengensteigerung zu sehen und in Verbindung mit den materiellen Grenzen des Planeten zu bringen. Weil die Bilanz der ständigen Steigerung der Quantität nicht einfach als Steigerung der Qualität umgedeutet werden kann, fällt sie kritisch aus: Die so stark nach oben weisenden Kurven brechen in der Computersimulation irgendwann ab. Das exponentielle Wachstum führt die Menschheit an und in Abgründe.

Technologische Entwicklungen und neue Techniken lehnen die MIT-Forscher, wie wir gesehen haben, nicht ab, aber sie geben ihnen, anders als es heute etwa in Bezug auf die erneuerbaren Energien üblich ist, keinen Bonus, sondern sie fragen nüchtern: »Wenn [eine] neue Entwicklung sich erfolgreich auswirkt und natürliche Wachstumsgrenzen beseitigt, welche anderen Wachstumsgrenzen treten dann in Erscheinung?« Und: »Sind die dann entstehenden Lasten den Lasten vorzuziehen, welche die Neuentwicklung beseitigt?« (S. 140)

Der Report vergibt also kein grünes Label für das Wachstum von Produktion und Verbrauch. Auch diese Nüchternheit ist in den aktuellen Diskussionen sehr hilfreich, wenn wir die mannigfaltigen Versuche sehen, eine eben nicht ressourcenschonende Ökonomie und den damit verbundenen Lebensstil grün umzufärben und ihnen das Etikett »grünes Wachstum« umzuhängen.

Dieser humorlose Ansatz des Reports sorgt gerade heute für besonderen Furor. Es wird gesagt, es gebe doch inzwischen eine Antwort auf die in

Die Grenzen des Wachstums im Jahr 1972 aufgeworfenen Fragen, und es sei doch völlig überholt, Nullwachstum zu fordern: Das nachhaltige, qualitative, grüne Wachstum sei die Antwort, dieses Wachstum könne für die Versöhnung von Ökonomie und Ökologie sorgen. Doch umgekehrt wird ein Schuh daraus: Die ökonomische Basis und ihre Kenngrößen dürfen nicht vernachlässigt werden, indem sie mit Vorstellungen eines smarten ökologischen Überbaus zugedeckt und unsichtbar gemacht werden. Die Blütenträume einer sanften Ökonomie können nur dann reifen, wenn sie die harte ökonomische Basis aufbrechen und verändern und das Wachstumsdogma infrage stellen. Voraussetzung dazu ist, dass die Green Economy sich zunächst kritischen Rückfragen stellen und sie es sich gefallen lassen muss, dass ihre Effekte, ihre unerwünschten Wirkungen und ihre expansiven Entwicklungstendenzen in den Blick genommen werden.

Viertens:
Die Untersuchung hat eine konsequente globale Ausrichtung.

In Zeiten von wieder wachsenden Systemkonkurrenzen, angesichts von nationalen Egoismen, aber auch angesichts eines selbstgefälligen Zentrismus der EU, der sich für den Nabel der Welt hält, angesichts einer neuen Feindbildpflege ist es immer wieder eine gute Übung, die Welt als gemeinsamen Lebensraum und als Einheit zu betrachten. In diese Logik passt es, wenn die Autor:innen des Reports ihre Kenngrößen von vornherein global konfigurieren. Wenn sie also in ihren Hochrechnungen konsequent von »Nahrungsmitteln pro Kopf« und von »Industrieproduktion pro Kopf« ausgehen, dann sind das globale Rechengrößen, umgerechnet auf jede Erdenbürgerin und jeden Erdenbürger – alle Menschen gleichermaßen sind gemeint. Es wird vorausgesetzt und gar nicht mehr diskutiert, dass alle das Gleiche haben sollen und jeder und jedem der gleiche Verbrauch zusteht. Das gemeinsame Ziel, der harmonische Gleichgewichtszustand im Mensch-Umwelt-System, kann nur erreicht werden, wenn sich die Schere zwischen Arm und Reich schließt. Dies darf aber »kein Sprungbrett für eine noch raschere Entwicklung« sein, wie die Vertreter des Club of Rome in ihrem Nachwort zum Report schreiben (S. 173), sondern muss Ausgangspunkt für eine gleichmäßigere Verteilung von Wohlstand und Einkommen auf der ganzen Erde sein. Dabei ist klar, dass die Länder des Südens Entwicklungschancen brauchen, ohne dabei die Fehler der reichen Länder zu wiederholen. Die industriell entwickelten Nationen tragen die Hauptverantwortung, »weil sie das Wachstumssyndrom erzeugt haben und noch immer an der Spitze des Fortschritts stehen«. Sie sind in der Pflicht, »das Wachstum ihrer Produktion zu verlangsamen und gleichzeitig Kapazität dafür freizumachen, [wirtschaftliche] Anstrengungen der Entwicklungsländer zu unterstützen« (S. 173 f.).

Fünftens:
Das rapide Bevölkerungswachstum muss gestoppt und in einen Gleichgewichtszustand gebracht werden, der allen Menschen ein Auskommen sichert.

Das Ziel, dass die Bevölkerung nicht wachsen soll, mag für manche heikel erscheinen. Doch es resultiert gerade aus dem konsequent durchgehaltenen Ansatz der Autor:innen, dass jedem Menschen auf der Welt das Gleiche an materiellen Ressourcen zusteht. Dies ist etwas völlig anderes als der selbstgefällige Wohlstandschauvinismus, der »Überbevölkerung« nur im Süden der Welt verortet, obwohl es vom ökologischen Fußabdruck her gesehen gerade die reichen Länder des Nordens sind, die »überbevölkert« sind und sich zu viel aus dem Ressourcentopf der Erde herausnehmen (vgl. Kern 2019, S. 37 f.). Meadows geht davon aus, dass jeder Mensch 0,4 Hektar zu seiner Ernährung benötigt. Durch intensive Anbaumethoden lässt sich der Ertrag zwar steigern, doch irgendwann ist die Grenze des bestellbaren Landes und des verfügbaren Frischwassers erreicht. Außerdem verschlingen die stark wachsenden Städte Raum, sodass weniger Fläche für den Landbau zur Verfügung steht. Und zudem sind massive Umweltschäden und Bodenerosion Folge der immer intensiveren Landwirtschaft. Deshalb lassen sich der Ertrag und die Nahrungsmittelproduktion nicht beliebig steigern. Ernährungskrisen wären die Folge, so Meadows, wenn das Bevölkerungswachstum ungebremst verläuft.

Deshalb stehen wir heute vor der Aufgabe, die Weltbevölkerung, deren Zahl heute rund bei acht Milliarden Menschen liegt, mit nicht repressiven

Maßnahmen und einer gerechtigkeitsorientierten Politik, die die Grundbedürfnisse aller Menschen deckt, zu stabilisieren. Es ist davon auszugehen, dass eine Bevölkerungszahl von mehr als zehn Milliarden Menschen – die Vereinten Nationen erwarten diese Zahl für das Jahr 2050 – dies verunmöglichen wird.

Das alte Kulturidol ist heute weiter wirksam

Wenn wir nun die Wirklichkeit der 20er-Jahre des 21. Jahrhunderts betrachten, dann zeigt sich, dass die alte Auseinandersetzung um die Grenzen des Wachstums in voller Wucht weitergeht und die Grundfrage nach wie vor falsch beantwortet wird. Wir erleben, wie das alte Kulturidol des Höher, Schneller, Weiter und Mehr weiter wirksam ist und weiter versucht wird, Grenzen nicht zu akzeptieren, sondern überspringen zu wollen. Neue Technologien werden offensiv in eine aufdringliche Wachstumsökonomie eingepasst.

Allenthalben sind Entfesselungskünstler, Tempomacher und Ganz-hoch-Hinauswollende am Werk. Ihnen wird nach wie vor zu bereitwillig das Feld überlassen. Das alte Kulturidol der Grenzüberschreitung treibt faule Blüten. Zu diesen faulen Blüten gehören die Expansion in den Weltraum, die Verkehrswende verkehrt, die ungebremste Gier nach Energie und Rohstoffen mit immer expansiveren und umweltschädlichen Formen der Gewinnung der Ressourcen und das Regime der Beschleunigung.

Mehr als 50 Jahre nach der US-amerikanischen Apollo-Mission ist wieder ein neuer Wettlauf zum Mond im Gang, eine Art neuer Goldrausch ist entstanden. Bei den aktuellen Robotermissionen, die neben der EU und den USA eine ganze Reihe von Ländern planen – genannt werden Russland, China, Indien, Japan, Südkorea, Mexiko und die Vereinigten Arabischen Emirate –, geht es um das Geschäft, um eine »lunar economy«. Ziel ist es, Claims für Bodenschätze abzustecken und die spätere Besiedlung des Erdtrabanten vorzubereiten.

Der Wettbewerb um das All ist voll entbrannt. Die kommerzielle Raumfahrt und die Herstellung von Satelliten versprechen beste Geschäfte. Die

New-Space-Branche hat inzwischen nicht nur Dollarzeichen, sondern auch Eurozeichen in den Augen. Deutsche Start-ups sind mit dabei, wenn es darum geht, eigene mit Satelliten bestückte Raketen ins Weltall zu schießen.

Die Flut von künstlichen Erdtrabanten droht das All in Erdnähe zu verstopfen und zu vermüllen. Laut statista kreisten im Jahr 2021 insgesamt knapp 4.600 der unbemannten Flugkörper um die Erde, doch allein Elon Musk ist der Krösus: Sein Unternehmen SpaceX katapultiert bereits Satelliten wie am Fließband in die Erdumlaufbahn, am Ende sollen es 42.000 sein, die er in eine Erdumlaufbahn bringen will. Dazu kommen Zehntausende weiterer Satelliten, die Unternehmen wie OneWeb, Amazon sowie die China Satellite Network Group in Umlaufbahnen bringen wollen. Inzwischen bewegen sich eine Million Objekte als Weltraumschrott um die Erde.

Eine der Anwendungen, für die die Satelliten benutzt werden, ist das autonome Fahren: Autos werden per Satelliteninternet vernetzt, um die Konnektivität, die Verbindung der Fahrzeuge durch technische Kommunikationssysteme herzustellen. Auf diese Anwendungen stürzen sich die Automobilhersteller, befeuert von der Politik. Selbstverständlich will auch die Berliner »Fortschrittskoalition« da den Fuß in der Tür haben und Deutschland »zum Innovationsstandort für autonomes Fahren« (KV) machen. Einmal mehr zeigt sich das Dilemma der technikgläubigen Wachstumsgesellschaft, die nicht in der Lage ist, eine echte Verkehrswende zu organisieren, und stattdessen eine technologiegetriebene Verkehrswende verkehrt ins Werk setzt.

Denn es kann keinen Zweifel geben, dass es nicht darum gehen kann, die mit fossilen Kraftstoffen betriebenen Abermillionen von Kraftfahrzeugen durch Abermillionen E-Autos, durch fahrende Computer und durch selbstfahrende Fahrzeuge zu ersetzen, die aus dem Orbit über Satelliten miteinander verbunden sind. Eine solche Transformation ist eine Verschlimmbesserung, ist die Fortsetzung eines falschen Wegs. Es geht auch nicht darum, wie viele das meinen, das immer weiter wachsende Verkehrsaufkommen nun endlich komplett der Bahn aufzuhalsen, was zu einer ungeheuren Expansion des Schienenverkehrs führen würde. Zu bedenken ist hier unter anderem, dass die Bahn, die mit der Botschaft für sich wirbt, sie fahre im Fernverkehr mit »100 Prozent Ökostrom«, keineswegs wirklich eine grüne Weste trägt. So wird – um zwei von vielen kritischen Punkten zu nennen – mit dem Zukauf von Ökostromzertifikaten das Einspeisen von Atom- und Kohlestrom verdeckt; zudem führt die Hochgeschwindigkeitsphilosophie zu einem erhöhten Energie- und Landschaftsverbrauch.

Es geht, wenn wir die Grenzen des Wachstums im Blick behalten, um etwas ganz anderes, nämlich darum, die aufgedrehte Mobilität selbst in den Blick zu nehmen – es geht um Verkehrsvermeidung. Wer das Verkehrsaufkommen betrachtet, sieht aber das Gegenteil, nämlich große Steigerungsraten im Personenverkehr und riesige Zuwächse bei den inländischen Güterverkehrsleistungen: Diese stiegen von 1991 bis 2019 um 75 Prozent, der Lkw-Verkehr erhöhte sich dabei um fast 103 Prozent.

Wozu das alles? Diese Frage wird von den Machern und Beschleunigern nicht beantwortet. Klar ist nur: In der aufgedrehten globalisierten Ökonomie scheinen weite Wege keine Rolle zu spielen. Der Irrsinn hat Methode. Immer mehr Bestandteile eines Produkts werden von Subunternehmen hergestellt, die Entfernung spielt offenbar kaum eine Rolle; die Just-in-time-Produktion verlangt es, dass der Transport synchron zur Herstellung vor sich geht, die Straße und die Lkw werden zum rollenden Lager. Wer sich die Mühe macht, die Transportwege aller Bestandteile eines Erdbeerjoghurts zusammenzurechnen, bis er im Supermarktregal landet, kommt auf mehr als 9.000 Kilometer, denn die Erdbeeren, die Bakterienkultur, der Zucker, die Milch sowie die Verpackungsmaterialien haben teilweise lange Anfahrtswege zum Hersteller hinter sich. Und die herbeigeschafften Komponenten eines Neuwagens haben bei der Übergabe des Autos an den Kunden mehr Kilometer hinter sich, als das Fahrzeug im gesamten Fahrbetrieb jemals erreichen wird.

Beängstigend sind das weltweite Energiewachstum, die erheblichen Anstiege bei Produktion und Verbrauch. Wenn darauf verwiesen wird, dass die Energiewende doch dafür sorge, dass immer mehr Energien aus erneuerbaren Quellen eingesetzt würden, so ist dies nicht nur wegen der beschriebenen Zerstörungswirkungen der Energiegewinnung aus Quellen wie der Windkraft oder der Wasserkraft keine befriedigende Antwort auf die anstehenden Fragen, sondern auch deshalb, weil der eigene Anspruch, die fossilen Brennstoffe zu ersetzen,[6] nicht einmal ansatzweise eingelöst wird. Denn die zunehmende Produktion von »Ökostrom« ist in eine umfassende Akkumulationsdynamik eingebunden, denn dieser Strom wird nicht alternativ – die fossilen Energieträger ersetzend – erzeugt, sondern kommt additiv und on top auf einen immer höher werdenden Sockel dazu. Trotz des Anstiegs bei der Stromproduktion aus regenerativen Quellen ist es in den letzten zehn Jahren nicht gelungen, den Anteil der Erneuerbaren am Gesamtenergiemix wesentlich zu steigern. Der Quote wuchs laut REN21, einem weltweiten Netzwerk für erneuerbare Energien, lediglich um 2,5 Prozentpunkte, von 8,7 auf 11,2 Prozent. Die Gründe sind das enorme Wachstum und die große Nachfrage auf dem Energiemarkt insgesamt. Auch die fossilen Energieträger sind mitgewachsen, was die absolute Menge angeht. Deshalb ist der Anteil fossiler Energie zuletzt weltweit praktisch gleich geblieben: Er lag 2009 bei 80,3 Prozent und im Jahr 2019 bei 80,2 Prozent. Eine Rolle spielt auch das »parasitäre« Verhältnis der Erneuerbaren zu den Fossilen: Die entsprechenden Anlagen werden mithilfe fossiler Energie erstellt – die Abkoppelung ist nicht gelungen.

Laut Internationaler Energieagentur wird der globale Energiebedarf bis zum Jahr 2040 insgesamt um ein Viertel steigen, ohne Effizienzmaßnahmen noch deutlich mehr. Der BP Energy Outlook gibt eine ähnlich hohe Gesamtsteigerungsrate an und verzeichnet von 2020 bis 2040 bei Öl und anderen Flüssigbrennstoffen eine Steigerung von 4,7 Gigatonnen (Gt) Öläquivalent auf 4,9 Gt, bei Erdgas von 3,4 auf 4,6, bei der Wasserkraft von 1,0 auf 1,2, bei den anderen erneuerbaren Energiequellen von 0,8 auf 2,7 und bei der Nuklearenergie von 0,7 auf 0,8; lediglich bei der Kohle gibt es einen leichten Rückgang von 3,8 auf 3,6 Gt.

Es hat den Anschein, dass es einen Ausstieg aus der Förderung fossiler Rohstoffe erst dann geben wird, wenn die Ressource immer knapper wird und irgendwann nicht mehr zur Verfügung steht. Bis dahin aber wird mit drastischen Methoden versucht, neue Quellen zu erschließen. Zunehmend wird auch mit der Frackingmethode Gas aus Gestein gefördert, das in Tiefen von bis zu 1.000 Metern liegt. Dabei wird ein Chemikaliengemisch in das Gestein gepresst, sodass das Schiefergas freigesetzt wird und an die Oberfläche geleitet werden kann. Bei dieser Gasbohrtechnik ist die Gefahr hoch, dass giftige Flüssigkeiten aus undichten Leitungen entweichen, der Boden verseucht und das Grundwasser kontaminiert wird. Zudem setzt Fracking viel klimaschädliches Methan frei.

Die Techniken werden aggressiver und expansiver: So dringt man auch in die Tiefsee vor, um das Erdöl in den Lagerstätten unter dem Meeresgrund auszubeuten. Im Blick sind inzwischen auch die Manganknollen in der Tiefsee. Sie enthalten seltene Erden und damit Metalle, die für die Digitalisierung und für »grüne« Hightech benötigt werden. Wenn die Manganknollen tatsächlich unter Wasser industriell abgebaut werden, sind schwerste Schäden an den Meeresökosystemen vorprogrammiert.

Der Neokapitalismus des 21. Jahrhunderts

Das Weltsystem entfernt sich trotz aller grünen Rhetorik immer weiter von einem System im harmonischen Gleichgewicht, das der Club of Rome postuliert hat und dessen Verwirklichung er uns als überlebenswichtige Aufgabe aufgegeben hat. Der Neokapitalismus des 21. Jahrhunderts färbt sich grün ein, doch wenn man bilanziert und wesentliche Erscheinungsformen nennt, so wird deutlich, dass damit keine Richtungsänderung verbunden ist.

Ich möchte schlagwortartig zusammenfassen, welche kritischen Entwicklungen den Neokapitalismus kennzeichnen, bevor ich zwei seiner Erscheinungsformen genauer beleuchte: das Regime der Beschleunigung und die Vereinnahmung des grünen Denkens. Den Begriff »Neokapitalismus« verwende ich dabei summarisch für die Gesellschaftsformation des 21. Jahrhunderts und bezeichne diese Formation synonym auch mit den Termini »grüner Kapitalismus«, »Ökokapitalismus« oder »grüner Neokapitalismus«.

Kennzeichen der kritischen Entwicklung:

- Produktions- und Konsumsteigerung mit materiellem Wachstum und erhöhtem Ressourcenverbrauch
- wachsende Ungleichheit und wachsende Kluft zwischen Arm und Reich
- immer mehr Energieumwandlung
- steigender CO_2-Ausstoß
- eskalierendes Artensterben

- Einsatz von immer mehr Digitaltechnik
- starke Technikgläubigkeit, Dominanz des technizistischen Musters
- Ausbildung eines technoökologisches Musters und Postulierung einer Green Economy
- die sogenannte Energiewende als ein zentrales Projekt der neokapitalistischen Modernisierung, mehr Energieumwandlung aus erneuerbaren Quellen und Versuch einer Dekarbonisierung
- ständige Erschließung neuer Märkte
- globalisierte arbeitsteilige Produktion, weite Transportwege, hohes Verkehrsaufkommen und Leitbild des »Alles ist überall verfügbar«
- Etablierung von Großstrukturen
- Eroberung von bislang weitgehend unerschlossenen Räumen als Wirtschafts- und Extraktionsgebiete, etwa durch Tiefseebergbau und kommerzielle Raumfahrt
- härter werdende geopolitische Auseinandersetzungen und Verfestigung von großen Machtblöcken
- Hochrüstung mit immer neuen Rekorden bei den Ausgaben für Rüstung und Militär
- Renaissance des »Modells Krieg«
- enorme Beschleunigung
- Vereinnahmung grünen Denkens

Die Akkumulation, die Expansion und die Extraktion – das Herausziehen und Ausbeuten von Menschen und Wirtschaftsräumen, von Ländern, von Bodenschätzen und natürlicher Umwelt – sowie das Wecken der Kräfte der Beschleunigung stehen seit jeher für den Kapitalismus, jene Gesellschafts- und Wirtschaftsform, die seit rund 300 Jahren ihren Siegeszug gefeiert hat, der sich aber immer mehr als Pyrrhussieg entpuppt. Allerdings ist es bei der Betrachtung des Kapitalismus wichtig, unterschiedliche historische Etappen und unterschiedliche Ausprägungen wahrzunehmen, die voneinander abweichen. So unterscheidet sich der Manchesterkapitalismus des 19. Jahrhunderts stark von den wohlfahrtsstaatlichen Modellen in der zweiten Hälfte des 20. Jahrhunderts, und der angloamerikanische Kapitalismus hat eine andere Ausprägung als der Rheinische Kapitalismus der alten Bundesrepublik.

Wenn wir die Phasen nach 1945 betrachten, so erlebte der Kapitalismus nach der Katastrophe des Faschismus und des Zweiten Weltkriegs eine erstaunliche Wandlung, nämlich eine sozial gebändigte Phase. Mit dem New Deal in den USA – einem Politikprogramm, mit dem der damalige US-Präsident Franklin D. Roosevelt Sozialreformen durchgesetzt hat – gab es eine solche Politik teilweise auch schon früher. In dieser Ära wurden kapitalistische Anmaßungen zurückgedrängt und soziale Verwerfungen gemildert. Die entwickelten Länder legten das Augenmerk darauf, möglichst viele am gesellschaftlichen Reichtum zu beteiligen und die Schere zwischen Arm und Reich nicht zu groß werden zu lassen.

Doch seit dem Ende des 20. Jahrhunderts geht es zunehmend um den Shareholder-Value, den Unternehmens- und Börsenwert und die Kapitalmehrung für Aktionäre. »Deregulierung«, »Privatisierung« und »Abbau von Marktschranken« heißen die Zauberworte – so sind in Großbritannien Gewerkschaften zerschlagen und der öffentliche Sektor und der Gesundheitsdienst beschnitten worden, und in der Bundesrepublik wurden nicht zuletzt mit der Agenda 2010 Sozialleistungen abgebaut.

Die neokapitalistische Gesellschaftsformation baut auf dem neoliberal entfesselten Kapitalismus der 1990er- bis 2010er-Jahre auf. Ich spreche deshalb von »Neo«-Kapitalismus, weil sich zeigt, dass die nach 1945 zunächst gemäßigte Ordnung sich wieder in Richtung eines archaischen Kapitalismus entwickelt hat, der eigentlich überwunden schien. Das zeigen die vertiefte Kluft zwischen Kapital und Arbeit, der Einfluss der Finanzmärkte und Investoren, die Spaltung der Erwerbstätigen und der Belegschaften und die sich immer weiter öffnende Schere zwischen Arm und Reich. Der Neokapitalismus ist das Produkt einer Restauration des Kapitalismus, die sich in der neoliberalen Phase vollzogen hat und mit der die »sozialdemokratische« Ära beendet worden ist. Diese Ära mit einer sozial mäßigenden Politik haben nicht nur Sozialdemokraten gestaltet, sondern sie war von einem weitgehenden gesellschaftlichen Konsens getragen. So ist auch die letzte große Sozialleistung, die in Deutschland eingeführt worden ist – die Pflegeversicherung –, nicht von der SPD, sondern vom CDU-Politiker Norbert Blüm während der Kanzlerschaft Helmut Kohls ins Werk gesetzt worden. Und umgekehrt wurde neoliberale Politik auch von Sozialdemokraten gemacht, wenn wir an die Agenda 2010 des SPD-Kanzlers Gerhard Schröder oder an die Politik des Labour-Premierministers Tony Blair in Großbritannien denken.

Das Regime der Beschleunigung

Der Kapitalismus hat sich durch den Neoliberalismus restituiert und ist im 21. Jahrhundert zum Ökokapitalismus geworden. Ihn zeichnet ein besonderes Mischungsverhältnis verschiedener Zutaten aus. Dazu gehören eine grüne Einfärbung, aber auch ein besonders starker Schub an gesellschaftlicher Beschleunigung.

Wenn wir zunächst den Ursachen dieses Beschleunigungsschubs nachgehen, der sich in der neoliberalen Phase entwickelt hat – ich folge hier weitgehend der Analyse, die der Gesellschaftsethiker Friedhelm Hengsbach unter dem Titel *Die Zeit gehört uns. Widerstand gegen das Regime der Beschleunigung* (2014) vorgelegt hat –, dann stoßen wir auf den Aufstieg der Finanzmärkte zum hegemonialen Sektor einer globalen Wirtschaft. Davon ausgehend, hat sich ein »imperiales Temporegime«, eine Kaskade der Beschleunigung auch in anderen gesellschaftlichen Teilsystemen und hinein in das tägliche Leben entwickelt. Die Finanzmärkte sind deshalb so beschleunigungstreibend, weil sie sich von den Bremswirkungen der Realwirtschaft völlig gelöst haben. Die Realwirtschaft und ihre Gütermärkte, die Knappheit von Produktionsfaktoren wie Arbeit, technische Kompetenz, Grundstücke und Anlagen wirken als Beschleunigungsbremse, während die Finanzmärkte durch subjektive, in die Zukunft gerichtete Erwartungen gesteuert werden.

Die Expansion des Finanzkapitals und die Loslösung der Finanzmärkte von der Realwirtschaft haben dabei eine Vorgeschichte: nämlich die Aufkündigung des Bretton-Woods-Währungssystems im Jahr 1973. Danach öffnete sich die Schere zwischen Finanzkapital und Realwirtschaft. Inzwischen übersteigen in der Eurozone die finanziellen Vermögenswerte die Wirtschaftsleistung nahezu um das 800-Fache. Mit dem Abkommen von Bretton Woods, einem Ort in den USA, war ein internationales Währungssystem installiert worden, das unter anderem die jederzeitige Einlösbarkeit der Leitwährung – des US-Dollars – in eine festgesetzte Menge Gold und eine feste Bindung der Wechselkurse vorsah. Die Preisgabe dieser Rückkopplungen, eine fortschreitende Deregulierung, eine expansive Geldpolitik und die unbeschränkte Kredit- und Geldschöpfungsmacht der Banken führten zum Aufstieg eines Finanzmarktkapitalismus, in dem mächtige Finanzakteure mehr und mehr Kontrolle in börsennotierten Unternehmen übernommen haben. Die Unternehmensmanager haben die Aufgabe, die kurzfristigen Ertragsinteressen der Kapitaleigner zu bedienen. Es geht um den Shareholder-Value, also den Wert für den Aktionär, in dessen Interesse unternehmerisch zu handeln ist. Die Marktkapitalisierung, der Börsenwert eines Unternehmens, ist dabei genauso zu steigern wie der Unternehmenswert, bei dessen Ermittlung Verfahren angewandt werden, mit denen künftig zu erwartende Cashflows auf die Gegenwart zurückgerechnet werden; Maßstab der Profitabilität im Dienste der Kapitaleigner werden also ein virtueller Wert und ein Verfahren, das sich von der Realwirtschaft abgelöst hat, das die Unternehmen der Realwirtschaft aber enorm unter Druck setzt. Die Interessen der Belegschaft oder die Frage nach der gesamtgesellschaftlichen Nützlichkeit spielen in diesem Spiel keine Rolle. Die Entwicklung schreitet fort. Investmentkonzerne wie Blackrock, State Street und Vanguard verwalten ein Billionenvermögen und bedienen sich weltweit auf den Aktienmärkten. Auch in Deutschland wird ein Großteil der Aktien etwa der Deutschen Bank, von Daimler und Siemens von institutionellen Investoren gehalten.

Die Hegemonie der Finanzmärkte macht das System einerseits anfällig für Marktblasen und Krisen. Das hat die Finanzkrise von 2008 eindrucksvoll gezeigt, macht sich aber auch in einer wachsenden Inflation bemerkbar; andererseits beschleunigt sie das Wachstum und erhöht den Ausbeutungsdruck, sie steigert die Extraktion der Realwirtschaft.

Im Tempowahn der Finanzsphäre geht es inzwischen um Bruchteile einer Sekunde. Der Megaschub der Beschleunigung, der die Finanzmärkte erfasst hat, zeigt sich im Hochfrequenzhandel. Die Zeitspanne, um Wertpapiere zu kaufen und zu verkaufen, wird immer kürzer, und die Menge der Transaktionen kann gesteigert werden, wenn Hochleistungscomputer innerhalb von Mikrosekunden und aufgrund von Algorithmen Handelsentscheidungen treffen. Digitaltechnik und Geschwindigkeit sind das Lebenselixier. Hochfrequenz-IT und eine schnelle Datenübertragung sind unerlässliche Werkzeuge. Eine um einen Kilometer kürzere Leitung bringt einen Zeitgewinn von einer Millisekunde – für Highspeedhändler fast eine Ewigkeit, und deshalb platzieren sie ihre Computer möglichst nah an den Börsenrechnern, denn Tempovorsprung generiert Gewinn.

In der Ursachenkette der Beschleunigung sind die börsennotierten Unternehmen ein entscheidendes Glied: Sie sind die Ersten, die von den Investoren und Analysten veranlasst werden, den Erfolg des Unternehmens ausschließlich am Shareholder-Value auszurichten. Die Unternehmensmanager agieren in diesem Sinne. Auf der anderen Seite stehen die Träger des Arbeitsvermögens, die ihre Arbeitskraft gegen ein Entgelt zur Verfügung stellen und deren Verhandlungsmacht deutlich geringer ist als die der kapitalmächtigen trilateralen Gruppe auf der anderen Seite: Zu dieser Gruppe gehören die Geldanleger, die Fonds und ihre Manager sowie die in Richtung hohe Rendite steuernden Unternehmensmanager. Das Entgelt der schwächeren anderen Seite, der Arbeitenden, entspricht nicht dem Wert der von ihnen hergestellten Güter, der Überschuss wird einbehalten. Hier zeigt sich die klassische Struktur des Kapitalismus.

Wo Finanzinvestoren die Kontrolle übernehmen, wächst die Gefahr einer Spaltung der Belegschaft. Im Fokus sind gut dotierte und technisch hochgerüstete Wissensarbeiter, die als Träger der Wertschöpfung angesehen werden, während die Restbelegschaft als Kostenfaktor gilt, der nicht in die Verwertungslogik passt. Auch dies ist eine Folge des mächtigen Impulses, der von den Kapitalmärkten ausgeht und zunächst an große Aktiengesellschaften weitergegeben wurde. Er überträgt sich aber auch auf andere Unternehmen der Realwirtschaft weit über den Kreis der börsennotierten Unternehmen hinaus.

Politik und Unternehmen, das ist Hengsbachs kritischer Befund, haben den zerstörerischen Beschleunigungsdruck nicht gebremst, sondern ihn weitergegeben. Er prangert an, dass die staatlichen Organe in Deutschland sich dem Druck der Finanzmärkte und der Industrie- und Handelskonzerne ausgeliefert haben. Das Leitbild kurzatmiger Beschleunigung und des Schneller-und-besser-sein-Wollens spiegelt sich auch in den Vorstellungen vom Wettbewerbsstaat und vom Staat als Territoriumsunternehmer, der sich im globalen wirtschaftlichen Konkurrenzkampf rüstet und die Verwertungsbedingungen für das international mobile Kapital verbessert. Dieses Leitbild findet sich auch im aktuellen Regierungsprogramm der Berliner »Fortschrittskoalition«.

Die Finanzkrise von 2008 hat gezeigt, wie Staaten zur Geisel der Finanzmärkte geworden sind: Aus der Bankenkrise wurde eine Krise der öffentlichen Verschuldung. Banken wurden von Staaten gerettet, um aufgeblähte private Vermögen zu sichern. Analog zur »marktkonformen Demokratie«, von der Ex-Bundeskanzlerin Angela Merkel seinerzeit sprach, lässt sich auch von einer »Finanzdemokratie« sprechen, in der die demokratisch legitimierte Staatsmacht nicht in der Lage und willens war, die Zumutungen privater Kapitalmacht zurückzuweisen.

In Deutschland haben inzwischen die Imperative des Shareholder-Value-Kapitalismus den guten alten Rheinischen Kapitalismus wenn auch nicht vollständig zerstört, so doch überformt. Beginnend in den 1990er-Jahren des 20. Jahrhunderts während der Kanzlerschaft Helmut Kohls und verschärft in der Phase der rot-grünen Regierung mit Kanzler Gerhard Schröder, gab es tiefe sozial- und arbeitsmarktpolitische Einschnitte. Man hatte das Leitbild einer Deutschland AG vor Augen, in der eine einfachere und profitablere Kapitalverwertung möglich werden sollte. Dies prägt die Gesellschaft bis heute. Folge sind eine starke Zunahme von atypischen Beschäftigungsverhältnissen und des Niedriglohnsektors, eine Schwächung des Kündigungsschutzes und der Tarifbindung, ein Ende der kollektiven Arbeitszeitverkürzungen und stattdessen wieder längere Arbeitszeiten sowie eine individuelle Flexibilisierung von Arbeitszeiten mit häufigem Zugriff auf das vormals arbeitsfreie Wochenende, zunehmend in die Privatsphäre hineinwirkende Belastungen der Erwerbstätigen, Verteilungskonflikte zwischen erwerbstätigen Männern und Frauen und die Weitergabe des sich kaskadenartig ausbreitenden Drucks auf private Haushalte. Darüber hinaus wurden die gesetzlichen Renten abgesenkt und die Altersvorsorge als Geschäftsfeld für Banken,

Versicherungen und Investmentfonds geöffnet. Zudem wurde es zugelassen, dass sich neben der gesetzlichen Krankenversicherung ein Markt für private Zusatzversicherungen etabliert hat.

Sehnsucht nach Entschleunigung

Entsicherung, Tempo und ein auf dem Alltag lastender Druck lassen den Wunsch nach Entschleunigung und Innehalten wachsen. Die Ratgeberlektüre boomt, ein Blick ins Netz oder auf die Auslagen der Buchhandlungen zeigt es. Ich habe notiert, was unlängst in einem Schaufenster einer kleinen Buchhandlung in einer deutschen Großstadt zu diesem Thema an Buchtiteln präsentiert wurde, und gebe es unkommentiert als Aufzählung wieder:

- »Der kleine Buddha auf der Reise nach Hause«
- »Entspannt euch! Eine Philosophie der Gelassenheit«
- »Draußen. Zurück zur Natur und zu dir selbst«
- »Gelassen leben. Achtsamkeit lernen und Stress reduzieren«
- »Einfach mal so tun, als ob das Leben einfach wäre«
- »Stark trotz Stress. Gelassenheit finden und Kraft tanken im Job«
- »Immer mit der Ruhe. Leben ist zu schön für Hast und Hektik«
- »Lass mal locker. Vom klugen Umgang mit dem kleinen Perfektionisten in unserem Kopf«
- »Einschlaf-Meditationen. Loslassen, zur Ruhe kommen, entspannen«
- »Einfach mal nichts tun. Entschleunigen, entspannen und das Leben genießen«
- »Ein Stück vom Himmel. Mit 7 Schritten zur Lebensfreude«
- »Chips im Bett und Yoga im Park. Self Care ganz entspannt«
- »Federleicht. Wie du loslässt und ein befreites und erfülltes Leben führst«
- »Mein Jahr der Ruhe und Entspannung«
- »Einfach entspannen«
- »Stille. Das Geheimnis der inneren Kraft«
- »Die Welt anhalten. Geschichten und Gedichte, um zur Ruhe zu kommen«

- »Ich bin dann mal bei mir. 12 Auszeiten für die Seele. Ein Selbstversuch«
- »Schluss mit dem Gedankenkarussell. Wie Sie innerlich zur Ruhe kommen«
- »Einfach mal spazieren gehen«
- »Schenk dir das Leben, vom dem du träumst«.

In der Regel werden dabei die Ursachen, warum das Leben besonders hektisch geworden ist, kaum reflektiert, und es wird unterstellt, als sei es nur eine Frage eines persönlichen Entschlusses, ein anderes, weniger hektisches Leben zu führen. Als Rettung wird feilgeboten, sich am eigenen Schopf aus dem Strudel zu ziehen und sich das Leben zu schenken, von dem man träumt.

Vereinnahmung grünen Denkens

Eine der wichtigen Besonderheiten des Neokapitalismus ist neben dem starken Beschleunigungsimpuls seine Fähigkeit, grünes Denken zu integrieren. Durch das Postulieren einer anderen Energiepolitik gelingt es, zumindest einen Teil der Umweltbewegung und des »grünen Bewusstseins« zu vereinnahmen. Es handelt sich um eine grüne Wende als ideologische Wende. Dies spiegelt die außerordentlichen Fähigkeiten der politischen und wirtschaftlichen Eliten wider, sich ursprünglich kritische Inhalte anzueignen. Internationale Organisationen, die Vereinten Nationen und die EU sind im Verbund mit nationalen Regierungen auf diesen Zug aufgesprungen – und haben das Konzept der Green Economy inzwischen »von jedem kritischen Inhalt [entleert] und es in ein … Instrument […] verwandelt, um die herrschende Ordnung zu reproduzieren«, so der lateinamerikanische Soziologe Edgardo Lander (zitiert nach luxemburg argumente 3/2013, S. 3). Dabei ist es gelungen, die starke Technikkritik, die die Ökologiebewegung in der zweiten Hälfte des 20. Jahrhunderts und besonders in den 1970er- und 1980er-Jahren auszeichnete, zum Schweigen zu bringen oder in eine oberflächliche Technikbegeisterung zu verwandeln.

Der Ökokapitalismus proklamiert einen Strukturwandel. Die fossilen Brennstoffe Kohle und Öl waren die Schmier- und Wachstumsmittel der

Industriegesellschaft des 19. und 20. Jahrhunderts, ohne die es keine industrielle Revolution gegeben hätte. Wenn die fossilen Brennstoffe nun kritisch gesehen werden, wenn auch die Internationale Energieagentur, eine Einheit der OECD, vollmundig für eine »Energierevolution« und eine »Energiewende« plädiert und die konventionellen fossilen Energieträger als »eindeutig nicht zukunftsfähig« bezeichnet, dann markiert das eine Zäsur.

Denn solche Plädoyers geschehen nicht aus dem schönen Altruismus der Weltenrettung heraus, sondern man reagiert auf die zunehmende Verknappung auf den internationalen Ölmärkten. Die Ölfördermengen werden früher oder später zurückgehen, der neue Kalte Krieg und der Wirtschaftskrieg mit Russland führen zu Lieferengpässen. Der Energieverbrauch jedoch steigt weiter an – es drohen immer größere Lücken. Das Geschäftsmodell nähert sich dem Ende. Da kommen ein grüner Strukturwandel und die Perspektive auf neue globale Wachstumsmärkte gerade recht. Die Angst vor dem Klimawandel wird gern als ein Treiber mitgenommen, der der ökokapitalistischen Modernisierung auch im Bewusstsein der Konsumenten die Türen weit öffnet.

Die den Wandel tragenden Schichten sind vor allem urbane, ökoliberale Milieus. Ihr Lebensgefühl ist – auf der Grundlage einer hohen materiellen Absicherung und Ausstattung – postmateriell, was wie ein Widerspruch erscheint, aber eine innere Logik hat. Ihre Leitbilder sind die Dekarbonisierung und die Digitalisierung und ein Fortschreiten hin zu einer kompletten Verstromung auf höchstem Niveau – im Kern eine dystopische Vorstellung, die aber nicht als solche erkannt wird.

Die vermeintliche ökologische Aufklärung steht in der Gefahr, zu einem Treiber des ökonomischen und technischen Machbarkeitswahns zu werden. Es droht dann eine fatale »Alternativlosigkeit«, die Herbert Marcuse in seiner Analyse *Der eindimensionale Mensch* und mit den Hinweisen auf »die Paralyse der Kritik« und auf »eine Gesellschaft ohne Opposition« beschrieben hat (Marcuse 1970).

Der ökokapitalistische Strukturwandel geht nicht wirklich in die Tiefe, er bleibt in weiten Teilen ein Überbauphänomen, gestützt von einem Wording und einer PR, die überall »Nachhaltigkeit« und »Klimaneutralität« verspricht. Es gelingt jedoch nicht und es ist auch nicht gewollt, die ökonomische Basis zu erreichen und zu verändern. Der Politikwissenschaftler Joachim Hirsch formuliert es so: Durch den »New Green Deal«,[7] den vermeintlich »neuen Gesellschaftsvertrag«, wird der Kapitalismus keineswegs sanfter, sondern äußert seine Gewaltförmigkeit auf veränderte Weise. Die Ausbeutungsverhältnisse bleiben auch »im etwas grüner gewendeten Kapitalismus« bestehen, so Hirsch, die Rohstoffabhängigkeit verlagert sich auf andere Felder, oft mit einer aggressiven Aneignung seltener Metalle verbunden. Der Kapitalismus »kann nicht mit Nullwachstum existieren«. Er setzt nach wie vor auf einen enorm anwachsenden Energieverbrauch; »statt die Art des Produzierens und gesellschaftlichen Zusammenlebens grundlegend zu verändern«, wird die Welt »mit Windrädern und Solarplantagen überzogen« (Hirsch in iz3w 2011).

Die Ökobewegung sieht Hirsch kritisch: Sie hilft dem Kapital, vom versiegenden Öl loszukommen. und wirkt deshalb in seinem langfristigen Interesse. Er zieht das Fazit: Mit dem New Green Deal »bleibt alles beim Alten«: Es bleibt bei den ökonomischen und politischen Herrschaftsverhältnissen – »nur die technologische Basis« verändert sich »wegen des Klimawandels, des Endes des Ölzeitalters und der Sackgasse der Atomenergie« (ebd.).

Es erscheint fast wie eine Ironie des Weltsystems, wenn die Grenzen des Wachstums sich ausgerechnet bei den für die Green Tech benötigten Ressourcen besonders unerbittlich zeigen: Der Rohstoffmangel durchkreuzt die großen Pläne. Nach einer Studie des Instituts der deutschen Wirtschaft reichen beispielsweise die Reserven an Kobalt in den heute bekannten Lagerstätten nur noch elf Jahre, die Ausbeutung kann mit der gewaltigen Steigerung der Batteriekapazitäten nicht mithalten. Selbst wenn es möglich werden sollte, künftig leistungsfähige kobaltfreie Elektroautobatterien in großen Stückzahlen zu bauen, stellt sich die Frage nach den für die Batterien verwendeten Rohstoffen immer wieder neu – denn auch die anderen Stoffe und vor allem Lithium sind besonders knapp.

Der Neokapitalismus hat versucht, den maßlosen Leitsatz der Globalisierung »Alles ist überall verfügbar« auf die Spitze zu treiben. Der Wirtschafts- und Sanktionskrieg mit Russland, die wachsende Konfrontation in einer multipolaren Welt sowie aufgrund der Coronapandemie unterbrochene Lieferketten scheinen dieses Prinzip außer Kraft zu setzen. Doch der weltweite Handel und die Globalisierung sind damit keineswegs am Ende, wie das einige Autor:innen voreilig meinen. Richtig ist vielmehr: Der globale Zugriff im Dienst des Konsums der Reichen wird im 21. Jahrhundert mit härteren geopolitischen Bandagen ausgetragen. Der Neokapitalismus bewegt sich nicht in Richtung einer Deglobalisierung, sondern er tritt in eine gefährliche Phase ein, in der die globalen Machtkämpfe sich verschärfen und große Machtblöcke – allen voran der »kollektive Westen« auf der einen, Russland und China auf der anderen Seite – sich immer unversöhnlicher gegenüberstehen.

Das Prinzip der Verfügbarkeit, das seinen Ausgangspunkt in der Welteroberung durch die Europäer und im Kolonialismus hat, wird immer weiter getrieben, doch der Rahmen dafür wird immer enger. Die Eroberung und Ausbeutung anderer Planeten werden diese Not nicht lindern. Auch die Green Economy und die Green Tech, die auf bestimmte Rohstoffe und Metalle – von Kupfer und Aluminium über Zinn und Nickel bis hin zu Lithium und Kobalt und zum Halbmetall Grafit – besonders angewiesen sind, werden die Hoffnungen nicht erfüllen können. Gerade hier, und das ist die mokante Pointe, zeigen sich die Bruchlinien besonders deutlich, die Knappheit der benötigten Ressourcen ist noch stärker als in anderen Sektoren.

Kapitel vier

Gefährliche Erinnerung – Karl Marx, Rosa Luxemburg und der Traum vom Ende der Akkumulation

Die klugen Autor:innen der *Grenzen des Wachstums* haben erkannt, dass Wachstum – anders als immer wieder behauptet – nicht dazu beiträgt, die Kluft zwischen Arm und Reich zu überwinden. Es ist »ein gern geglaubtes Märchen« (Meadows 1994, S. 160), so schreiben sie, dass die Fortdauer des Wachstums zu einer besseren Verteilung der Schätze dieser Welt führte. Unter den Bedingungen des Wachstums hat »die lange Kette menschlicher Erfindungen [...] zu Überbevölkerung, Zerstörung der Umwelt und zu größerer sozialer Ungleichheit geführt«. Höhere Produktivität führt nur dann »zu einem höheren Lebensstandard, zu mehr Freizeit und zu einer besseren Umwelt für alle [...], wenn diese Ziele das Wachstum als Wertmaßstab der Gesellschaft ersetzen« (ebd., S. 159).

Es ist offensichtlich, dass das Wachstum die Schere nicht geschlossen und die soziale Ungleichheit nicht überwunden hat. Im Gegenteil hat sich diese Entwicklung nach Erscheinen des *Berichts des Club of Rome* noch verschärft. Eine Akkumulation, die zu einem wachsenden Ungleichgewicht führt und die materielle Ungleichheit vergrößert, ist ein Wesensmerkmal des Kapitalismus seit Anbeginn. Doch nach 1975, mit dem allmählichen Ende des sozial gemäßigten Kapitalismus und dem Aufkommen des Neoliberalismus, hat sich dieser Trend deutlich verschärft.

Dies hat der französische Ökonom Thomas Piketty aufgezeigt. Er belegt in seinem Werk *Das Kapital im 21. Jahrhundert*, erstmals veröffentlicht im Jahr 2013, detailreich und historisch fundiert, wie die Verteilung des Reichtums, von Vermögen und Einkommen auseinanderdriftet bis hin zu einer Vermögenskonzentration in den Händen von Superreichen und der Rückkehr eines »patrimonialen Kapitalismus«, in der Oligarchen die Wirtschaft dominieren. Zwei Entwicklungen sind es, die im 21. Jahrhundert eine Ungleichheit hervorbringen, wie es sie zuletzt im 19. Jahrhundert und zu Beginn des 20. Jahrhunderts gegeben hat und die einen Beleg für die Restauration eines wieder archaischer gewordenen Kapitalismus darstellen. Piketty nennt zum einen die »Ungleichung« $r > g$, also das Phänomen, dass die Kapitalrendite r die Wachstumsraten g (growth) von Produktion und Arbeitseinkommen übersteigt. Die Vermögen vermehren sich überproportional in den Händen der Besitzenden. Zum anderen verschärfen sich die Einkommensunterschiede, unter anderem durch explodierende Managergehälter, die in keinem Verhältnis zur tatsächlichen Produktivität und zur geleisteten Arbeit stehen. Die Spitzeneinkommen – die Rede ist hier von den obersten zehn Prozent und vor allem vom obersten Prozent der Einkommensempfänger – haben ihren hohen Anteil am Volkseinkommen vor allem in den USA und den angelsächsischen Ländern und abgeschwächt in Kontinentaleuropa wieder so stark vergrößert, wie das zuletzt um 1910 der Fall war, also zu einer Zeit, in der die sozialen Gegensätze hart aufeinanderprallten.

Es ist erforderlich, dass wir das Phänomen der Akkumulation, das den Kapitalismus prägt – und das sich in verschiedenen Epochen und Varianten des Kapitalismus in unterschiedlichen Ausprägungen zeigt –, noch einmal genauer betrachten, denn die Kapitalakkumulation hat eine entscheidende Bedeutung: Sie ist es, die den Wachstumszwang begründet, die die soziale Schere öffnet, die Hand in Hand geht mit Aufrüstung und der Gefahr von Ressourcenkriegen und die schließlich auch die grüne Gier befeuert. Wir erkunden damit einen Mechanismus, der sich aus ökologischer und sozialer Sicht so verhängnisvoll auswirkt.

Nach der unerlässlichen Besinnung auf *Die Grenzen des Wachstums*[1] steht an dieser Stelle der Rückgriff auf die Analysen zweier großer kapitalismuskritischer Theoretiker:innen an, um das Phänomen der Akkumulation besser verstehen zu können: Es ist die gefährliche Erinnerung an Karl Marx und Rosa Luxemburg. Deren Analysen sind auch im 21. Jahrhundert wichtig, wenn es um die Fragen nach den Ursachen der ständigen Produktionsausweitung und der Entstehung von Krisen sowie um eine Reihe weiterer Aspekte geht, mit denen insbesondere Luxemburg sich befasst: dem erbitterten Kampf um Absatzmärkte, der Entstehung von Militarismus und Krieg sowie der Kritik am Kolonialismus und am Neokolonialismus.

Die kapitalistische Mathematik des Mehr und der Gier

Im ersten Band von *Das Kapital*, erschienen im Jahr 1867, analysierte Karl Marx in großer gedanklicher Klarheit das Profitstreben und die besondere kapitalistische Mathematik. Die Akkumulationslogik des Kapitals, die Marx zum Thema seines epochalen Werks machte, ist demnach ein Bereicherungs- und Ausbeutungsmechanismus als die zwei Seiten einer Medaille. Die einen arbeiten nicht, aber sie verfügen über die Produktionsmittel, die anderen nur über ihre Arbeitskraft, die sie als Ware verkaufen müssen, um überleben zu können. Das Kapital durchläuft einen Zirkulationsprozess, in dem es vermehrt wird. Es gilt die Formel: G – W – G'. Marx nennt diesen Überschuss über den ursprünglichen Wert den »Mehrwert« (Marx 1975, S. 165). Ziel des Produktionsprozesses ist es, Mehrwert zu generieren, also aus einer Geldsumme (G), mit der die Ware Arbeitskraft eingekauft worden ist, am Ende mehr Geld (G') zu machen – und aus diesem Mehr an Geld noch mehr Geld zu schöpfen und so fort. Das Mehr ist die Quelle des Profits. Es entspringt der Ware Arbeitskraft (W): Die Arbeitenden erzeugen mehr, als sie zu ihrer eigenen Reproduktion benötigen. Den Überschuss (ΔG), der durch die wertschöpfende Arbeit entstanden ist, streichen die nicht arbeitenden Besitzer der Produktionsmittel ein.

Der Kapitalist bereichert sich, das Kapital wächst im Produktionsprozess. Der Prozess der Akkumulation ist ein Prozess der Erweiterung der Produktion und des Marktes und gleichzeitig ein Produktionsprozess von Kapital, das sich verwertet. Ziel dieses Prozesses ist nicht die Produktion von Gebrauchswerten und nicht das Anliegen, nützliche Produkte zu schaffen, sondern es geht um den in Geld ausgedrückten Tauschwert und das Prinzip

»Kaufen, um teurer zu verkaufen«. Diejenigen, die den Reichtum erarbeitet haben, vermehren das Geldeinkommen in fremden Händen – in den Händen des Kapitalisten; entschädigt werden sie nur in einer begrenzten Höhe, um ihre Arbeitskraft wiederherstellen zu können, aber nicht für die Mehrarbeit, die darüber hinausgeht.

Es ist hilfreich, den Akkumulationsmechanismus von G zu G' noch etwas anders zu übersetzen, als Marx das getan hat, und damit noch einen anderen Zugang zum aggressiven Charakter dieses Mechanismus zu finden. Ich tue dies, indem ich die Abkürzungen G und G' nicht nur mit »Geld« und »mehr Geld«, sondern auch mit G wie »Gier« übersetze. Die kapitalistische Akkumulationslogik ist demnach ein Mechanismus des Gierens.

Marx spricht in Bezug auf das zugrunde liegende Muster auch vom »Akkumulationstrieb«, dem »Trieb nach Vergrößerung des Kapitals und nach Produktion von Mehrwert auf erweiterter Stufenleiter«. Es nimmt »immer mehr die Gestalt eines von den Produzenten unabhängigen Naturgesetzes« an (Marx 1975b, S. 254 f.). Der Akkumulationstrieb wird im *Kapital* mit zugespitzten Sätzen beschrieben wie:

> »Mit entsprechendem Profit wird Kapital kühn. Zehn Prozent sicher, und man kann es überall anwenden; 20 Prozent, es wird lebhaft; 50 Prozent, positiv waghalsig; für 100 Prozent stampft es alle menschlichen Gesetze unter seinen Fuß; 300 Prozent, und es existiert kein Verbrechen, das es nicht riskiert, selbst auf die Gefahr des Galgens.« (Marx 1975a, S. 788)[2]

Die Rolle der Technik als Wachstumstreiberin

Um den kapitalistischen Wachstumszwang zu entschlüsseln, ist es sinnvoll, auf eine weitere Analyse Marx' einzugehen, die auch die Rolle der Technik mit einbezieht – Marx spricht dabei nicht von Technik, sondern von der Entwicklung der »Produktivkraft«, was wir mit der Entwicklung von Technologie und den wachsenden Fähigkeiten der Maschinerie und des technischen Apparats im Produktionsprozess – und summarisch schlicht mit Technik –

übersetzen können. Marx beschreibt den Mechanismus der »Produktion des relativen Mehrwerts« (S. 331 ff.).

Um einen möglichst hohen Mehrwert zu generieren, so führt er aus, erhöht das Kapital nicht nur die Arbeitszeit – die Arbeitenden haben länger zu tun, als es zur Befriedigung ihres eigenen Bedarfs nötig wäre –, sondern wälzt die Produktionsweise so um, dass die Arbeit immer produktiver wird. Dadurch können in der gleichen Arbeitszeit mehr Waren produziert werden, und deshalb ist ein größerer Absatzmarkt erforderlich. Zudem erhöht sich dadurch der Mehrwert, es gibt noch einen »Extramehrwert« obendrauf, und zwar nicht deshalb, weil der Arbeitstag noch weiter verlängert worden wäre, sondern weil aufgrund der höheren Produktivität in der gleichen Zeit mehr hergestellt wird. Zudem sinkt die »notwendige Arbeitszeit«, also jene Zeit, die die Arbeitskraft für sich selbst braucht, um den Gegenwert für die notwendigen Lebensmittel zu erarbeiten. Deren Wert nimmt mit der notwendigen Arbeitszeit ab, die Produktion wird effektiver, die zur Herstellung einer Ware nötige Zeit sinkt gesamtgesellschaftlich und auch in den Produktionszweigen, die die Lebensmittel zur Reproduktion der Arbeitskraft liefern. Da der Arbeitstag gleich lang bleibt, verändert sich die Relation: Die Entwicklung der Produktivkraft hat laut Marx den Zweck, »den Teil des Arbeitstags, den der Arbeiter für sich selbst arbeiten muss, zu verkürzen, um grade dadurch den andren Teil des Arbeitstags, den er für den Kapitalisten umsonst arbeiten kann, zu verlängern« (S. 340). Anders ausgedrückt: Der Anteil der Arbeitenden am Gesamtprodukt sinkt, ihr relativer Lohn sinkt.

In diesem Mechanismus ist die ganze Krux verborgen. Marx macht deutlich, wie die Mehrung mithilfe von mehr Technik vorangetrieben wird – und damit gleichzeitig die Bereicherung und die Ausbeutung. Die Arbeit wird produktiver und ertragreicher, aber die Arbeitenden haben nichts davon, denn würden sie nur für den eigenen Bedarf arbeiten, könnten sie mit der Entwicklung der Produktivkraft dazu übergehen, weniger zu arbeiten. Doch das tun sie nicht, sondern sie bleiben unverändert im Hamsterrad und produzieren immer mehr, und dieses Mehr wird über ihre Köpfe hinweg abgezweigt und enteignet. An diesem Mechanismus hat sich bis heute nichts geändert, auch wenn es inzwischen eine Schicht von hoch bezahlten und umworbenen Wissensarbeitern gibt, bei denen der Zugewinn des Unternehmens mit dem eigenen Zugewinn gekoppelt ist, die also materiell anders und besser entschädigt werden, als das beim Industrieproletariat des 19. Jahrhunderts der Fall war.

Marx analysiert die Funktion von Technik und des Einsatzes moderner Produktionsmittel im Prozess von G zu G' in einer bis heute gültigen Weise: Die fortgeschrittenste Technik und eine erhöhte Produktivkraft werden in den Dienst der kapitalistischen Akkumulation gestellt. Die Produktionsprozesse werden rationalisiert, um einen hohen Mehrwert als »relativen Mehrwert« zu sichern. Damit wird immer neues Wachstum generiert. Unter den Zwangsgesetzen der Konkurrenz, die im Kapitalismus herrschen, stehen Einzelkapitale im Wettbewerb miteinander – wer verharrt, wer auf Rationalisierungen und den Einsatz modernster Technik verzichtet und wer Möglichkeiten nicht nutzt, den Output und die Produktivität zu steigern, geht unter und wird vom Markt gedrängt. Diesem Zwang, der die Gier nach Akkumulation und den fatalen Wachstumsmechanismus befeuert, lässt sich nicht ausweichen, solange Einzelkapitale sich feindselig gegenüberstehen und kooperative Wirtschaftsformen nicht realisiert werden.

Die kapitalistische Konkurrenz hat eine fatale Besonderheit, und das unterscheidet sie von einer Konkurrenz, die es schon immer gegeben hat und weiter geben wird. So konkurrieren auch kleine Bedarfsproduzenten, die auf ländlichen Märkten und Basaren, die es vor allem im Süden der Welt gibt, um Kunden. Diese einfache, unmittelbare und »ehrliche« Konkurrenz begründet noch keinen Wachstumszwang, sondern der liegt, wie Marx in seiner Mehrwerttheorie gezeigt hat, in einem Streben nach Profit und nach Erhöhung der Profitrate begründet, die über eine Steigerung des Ausbeutungsgrades ins Werk gesetzt wird. Wenn der Mehrwert sich über den Einsatz von mehr Technik bei der Produktion erhöht und die Ware Arbeitskraft damit, relativ gesehen, stärker ausgebeutet wird, erhöht sich der Profit, weil der Produktionspreis niedriger wird und sich dies im Verkaufspreis nur teilweise widerspiegelt. Gleichzeitig eröffnet sich durch die technische Aufrüstung die Chance, mehr zu produzieren und mehr einzunehmen, wofür wiederum Abnehmer gefunden werden müssen.

Das gelingt dadurch, dass der Kostpreis, also der Verkaufspreis, so abgesenkt wird, dass der Konkurrent mit dieser durch die kapitalistische Dynamik befeuerten Möglichkeit ausgebootet werden kann. Dadurch reduziert sich zwar für den kapitalistischen Produzenten der Mehrwert – die Profitrate sinkt –, doch es wird weiterhin Mehrwert realisiert, Kapital akkumuliert und zur weiteren Technisierung und Produktionsausweitung eingesetzt – der Prozess der Kapitalakkumulation und des Wachstums ist im Gang. Die Möglichkeit, einen niedrigeren Kostpreis anzubieten, hat der nicht kapitalistische Produzent nicht, denn er bewegt sich in der Sphäre des einfachen Warentauschs und eines Tauschhandels, der nicht auf Ausbeutung gründet, sondern bei dem Äquivalente getauscht werden. Er wird vom Markt gedrängt. Dies ist eine Entwicklung, die überall stattgefunden hat und weiter stattfindet.[3]

Daraus wird, und das ist in der heutigen Diskussion wichtig, gleichzeitig deutlich, dass der Traum von einer »guten und humanen Technik« regelmäßig an der Wirklichkeit scheitert, wenn er unvermittelt auf eine kapitalistische Wirtschaft übertragen wird. Denn die Technik existiert nicht per se, sondern sie wird in einer bestimmten Weise eingesetzt und ist eingebettet in gesellschaftliche Verhältnisse und »Produktionsverhältnisse«, zu denen die Eigentumsverhältnisse und die Verfügungsgewalt über die Technik und die Produktionsmittel gehören. In diesen Machtverhältnissen hat die Technik nicht den Sinn, menschenfreundlich und umweltschonend zu sein, sondern sie hat den Sinn, die Produktion von G' und von Tauschwertwachstum zu ermöglichen. Der Einsatz von Technik und die Entwicklung leistungsfähigerer Produktionsmittel hat im Kapitalismus den schnöden Zweck, sich im ständigen Konkurrenzkampf um den Absatz der Waren und um höhere Profite durchsetzen zu können.

Was Rosa Luxemburg lehrt

Mit der Akkumulation als entscheidendem Kennzeichen des Kapitalismus hat sich auch die Sozialistin Rosa Luxemburg befasst. Ihr Hauptwerk, erstmals erschienen im Jahr 1913, trägt schlicht den Titel *Die Akkumulation des Kapitals*. Anders als dogmatische Marxist:innen, die die Marx'schen Lehrsätze wiederholen und festzurren, hat sie sich dabei die Freiheit genommen, weiterzudenken und die von Marx entwickelte kapitalismuskritische Analyse mit Blick auf die Entwicklungen ihrer Zeit eigenständig weiterzutreiben. Das gelingt ihr doppelt: zum einen mit der Betrachtung der sogenannten erweiterten Reproduktion, zum anderen mit ihrer Imperialismustheorie – der Untertitel des Werks lautet *Ein Beitrag zur ökonomischen Erklärung des Imperialismus.*

Die Problematik der erweiterten Reproduktion ist die Frage, wie sich der Mehrwert überhaupt »realisiert«, sodass das Kapital sich verwerten kann. Mit diesem Problem hat sich Marx im zweiten Band des *Kapitals* beschäftigt, ohne es wirklich lösen zu können. Die Frage, die sich stellt, lautet: Wo sind die Märkte, auf denen das Mehrprodukt in Geld verwandelt wird, sodass ΔG wieder in den Produktionsprozess fließen kann? Wenn der Kapitalist den Mehrwert, das zusätzlich Erarbeitete, für den eigenen Konsum verbrauchen oder einen Schatz anhäufen würde, dann könnte es keine Erweiterung der industriellen Produktion geben – was aber aufgrund des Konkurrenzdrucks nicht möglich ist und zum raschen Untergang des kapitalistischen Produzenten führen würde. Der Prozess der Kapitalverwertung wäre dann mit der »einfachen Reproduktion«, also mit der einmaligen Produktion von Mehrwert, beendet. Auch die Arbeiterklasse, deren relativer Lohn gesunken ist, hat, summarisch gesehen, keine Möglichkeit, das Mehrprodukt zu erwerben. Der Zirkel innerhalb der beiden Klassen im Kapitalismus führt nicht weiter, unterstreicht Luxemburg. Wo also kommt die Nachfrage her, ohne die es dauerhaft keine Profite geben kann? Luxemburg hat hier eine Antwort: Die kapitalistische Ökonomie ist auf »nichtkapitalistische Schichten und Gesellschaften« (Luxemburg 2018, S. 62) und auf die Eroberung auswärtiger Märkte angewiesen – nur so funktioniert die erweiterte Reproduktion.

Der Markt muss beständig ausgedehnt werden: Wie Marx analysiert auch Luxemburg, dass der Kapitalismus ohne Expansion nicht leben kann. Es kommt zur Krise, wenn die Expansion und die Verwertung gebremst werden und wenn die Schere auseinandergeht, wenn die Produktivkraft und die Produktionsmethoden sich entwickeln, aber keine entsprechenden Absatzmärkte vorhanden sind, die das Mehrprodukt abnehmen. Anders als Marx, der – denkerisch abstrakt – von einem geschlossenen kapitalistischen System, einer Art weltweiten »kapitalistischen Nation« (Luxemburg 1985, S. 432), ausgegangen ist, sieht Luxemburg im Zugriff auf vermeintlich rückständige, vorkapitalistische Gesellschafts- und Wirtschaftsformen und mit der Expansion in entsprechende Länder und gesellschaftliche Schichten den entscheidenden Hebel, um Profite überhaupt realisieren zu können – also nicht innerhalb des Systems, sondern im Vordringen auf »fremdes«, nicht kapitalistisches Terrain und in der »Wechselwirkung mit nichtkapitalistischen Gesellschaftskreisen und Ländern« (ebd., S. 430). Es geht darum, auf diese Weise den Markt zu erweitern und zusätzliche Absatzmöglichkeiten zu schaffen. Luxemburg betrachtet die Welt weniger als Labor und mehr in ihrer konkreten historischen Gestalt, als einen Raum, in dem unterschiedliche Wirtschaftsformen und Entwicklungsstufen aufeinanderstoßen. Eine prägende historische Erfahrung war der Kolonialismus ihrer Zeit.

Sie beschreibt, wie brutal in verschiedenen Weltgegenden überkommene Produktionsformen zerstört wurden. Die kapitalistische Ökonomie mit ihren industriell produzierten Waren verdrängt dabei die einfache Warenproduktion mit dem Tausch von Äquivalenten. »Durch den Ruin der naturalwirtschaftlichen, bäuerlich patriarchalischen Verhältnisse jener Länder«, schreibt sie, »öffnet das europäische Kapital dort dem Warenaustausch und der Warenproduktion das Tor, verwandelt ihre Einwohner in Abnehmer für kapitalistische Waren und beschleunigt zugleich gewaltig die eigene Akkumulation durch direkten massenhaften Raub an Naturschätzen und aufgespeicherten Reichtümern der unterjochten Völker.« Auf den Trümmern einheimischer Produktionsformen findet das akkumulierte Kapital »einen neuen Kreis von Abnehmern seiner Waren und damit eine weitere Akkumulationsmöglichkeit« (S. 430).

Die Eroberung von Absatzmärkten ist für Luxemburg die ökonomische Wurzel des Imperialismus, den sie als eine besondere Methode kennzeichnet, die Akkumulation – das Grundprinzip der kapitalistischen Ökonomie – durchzusetzen. Erscheinungen der imperialistischen Periode sind harte Auseinandersetzungen um die Aufteilung der Welt, »der Wettkampf der kapitalistischen Staaten um Kolonien, um Anlagemöglichkeiten für das europäische

Kapital, […] Militarismus, Hochschutzzoll, vorherrschende Rolle des Bankkapitals und der Kartellindustrie in der Weltpolitik«. Der Konkurrenzkampf um globale Akkumulationsgebiete wird »umso erbitterter«, formuliert sie, »je spärlicher die nichtkapitalistischen Gebiete werden, die der Weltexpansion des Kapitals noch offenstehen« (S. 430 f.).

Ökonomische und politische Katastrophen, Weltkrisen, Kriege und Revolutionen seien die Folge. Luxemburg hielt das für die letzte Phase der kapitalistischen Entwicklung. Sie geht davon aus, dass das internationale Proletariat gegen das Bestehen der Kapitalherrschaft rebellieren werde, lange bevor die letzte Konsequenz der ökonomischen Entwicklung – »die absolute, ungeteilte Herrschaft der kapitalistischen Produktion in der Welt« (S. 430) – erreicht ist.

Wir wissen heute, dass die Prognose, der Kapitalismus sei in seine Schlussphase eingetreten, verfrüht gewesen ist. Vielmehr beobachten wir ein Phänomen, das auch die Autor:innen der *Grenzen des Wachstums* beschrieben haben: Die Grenzen werden immer weiter verschoben, damit die Akkumulation weitergehen kann. Luxemburg ging dagegen davon aus, dass mit der Erschöpfung der Märkte, mit dem Verschwinden und der Assimilierung nicht kapitalistischer Bereiche und Milieus der Kapitalismus sich selbst seinen Nährboden entziehe, sich in unlösbare Widersprüche verstricke und sein Ende damit vorprogrammiert sei.

Doch es kam anders. Das Vordringen des Kapitalismus geht auch im 21. Jahrhundert weiter. Immer neue Felder für die Kapitalverwertung werden erschlossen. Das bezieht sich nicht nur auf die Expansion in ferne Weltgegenden, auf Kolonien oder neokolonial gefügig gemachte Ländern, sondern summarisch auf die Tatsache, dass mehr und mehr Bezirke des Lebens und der Gesellschaft von der kapitalistischen Kolonisation[4] erfasst werden – zu verstehen ist dies sowohl in einem geografisch-räumlichen und ökonomischen als auch in einem sozial-kulturellen Sinne, als Zugriff auf nicht kapitalistische Milieus. Das riesige Spektrum der Felder, die wir im 21. Jahrhundert dabei vor Augen haben, reicht von der Kommerzialisierung des Fußballs über das Gewinnstreben und die Privatisierungen im Gesundheitswesen bis hin zu einer privatwirtschaftlich beherrschten Digitalisierung, in der Global Player die Angebotsmacht für neue Kommunikationsmittel, Tools und Plattformen in den Händen halten und so den Alltag von immer mehr Menschen bestimmen: einer Digitalisierung, in der ein Onlinekonzern wie Amazon sich den vorhandenen analogen Märkten vorschaltet, um sie auszupressen; einer Digitalisierung, in der ein weltweit agierender »Fahrdienstvermittler« wie Uber eine »Vermittlungs-App« in den jeweiligen Markt drückt, lokalen Fahrerinnen und Fahrern, die sich darauf einlassen, seine Bedingungen diktiert, sie mit einer hohen Provision zur Kasse bittet und sie dabei als »Selbstständige« arbeiten lässt, ohne soziale Verantwortung zu übernehmen. Das Beispiel zeigt das Vordringen auf einen Sektor, den traditionellen Taximarkt, der – die Chance auf Akkumulation vor Augen – kurzerhand aufgebrochen wird; die Kapitalverwertung wird mittels Deregulierung oder des Hinwegsetzens über Regeln schließlich mit Macht durchgesetzt.

Zwar sind Luxemburgs Erklärungsansatz und die Ausschließlichkeit, mit der sie vertritt, dass der Mehrwert sich nur dann realisiert und dass das Kapital sich auch nur dann auf erweiterter Stufenleiter verwerten kann, wenn die industrielle Warenproduktion in bislang nicht kapitalistische Bereiche vordringt, zu einseitig. Denn um Profite zu realisieren, werden auch andere Mittel genutzt, zumal in der Ära des »Staatsmonopolkapitalismus«, in der der Staat das Renditestreben der Großen und der Monopole zur eigenen Politik macht. Dennoch kann die Bedeutung des von ihr herausgearbeiteten Wirkprinzips der kapitalistischen Kolonisation gar nicht hoch genug eingeschätzt werden. Das Vordringen des Kapitalismus, seine Durchdringung von immer mehr Lebensbereichen gehört zu den prägenden Erfahrungen des 20. und 21. Jahrhunderts.

Eine weitere bleibende Erkenntnis liefert Luxemburg mit der Aufschlüsselung, welch große Rolle neue und immer größere Absatzmärkte für die Kapitalakkumulation und als Ursache verschärfter Auseinandersetzungen spielen. So sollte man sich immer wieder vor Augen führen, was die EU antreibt, aller wohlfeilen Selbstbeweihräucherung als »Friedensprojekt« zum Trotz: Es geht im Kern darum, einen großen Binnenmarkt zu schaffen sowie auch nach außen den Absatz auszudehnen, den Export zu steigern und den Marktzugriff auf Weltebene abzusichern und sich in der geopolitischen Konkurrenz durchzusetzen. Größe und ökonomische Macht werden zum Lebenselixier, frei nach dem Motto: Too big to fail.

Dabei werden, etwa wenn es um die Erschließung des afrikanischen Kontinents als Absatzmarkt geht, nach wie vor auch jene direkten und rabiaten Wege beschritten, die Rosa Luxemburg vor Augen hatte und die kolonialistische Muster aufweisen. Zu nennen ist etwa das Beispiel des Hühnerfleischs, das von der industriellen Landwirtschaft produziert und tiefgefroren nach Westafrika exportiert wird. Als Exporteur glänzt dabei – neben Brasilien und den USA – die EU mit den hoch subventionierten Erzeugnissen ihrer Geflügelindustrie: Sie nutzt die Gelegenheit, in Afrika ihre Überschussproduktion zu verwerten. Die einheimischen Produzenten in Westafrika sind durch die Überflutung des Marktes mit dem Importfleisch verdrängt worden, und die Konsum- und Ernährungsgewohnheiten der Menschen vor Ort wurden durch die Öffnung des Marktes verändert. In Ghana, wo früher viele Menschen von der eigenen Geflügelwirtschaft leben konnten, decken ausländische Produzenten inzwischen mehr als 90 Prozent des Bedarfs. Die neokolonialistische ökonomische Gewalt hat sich durchgesetzt. Wer nach den Ursachen für die Flucht nach Europa sucht, findet hier eine davon: Existenzen wurden zerstört.

Im letzten Kapitel ihrer *Akkumulation des Kapitals* behandelt Luxemburg ein Thema, das im 20. Jahrhundert eine unheilvolle Rolle gespielt hat und heute durch eine ungeheure Akkumulation an Waffen und Plädoyers für das Kriegführen wieder eine zunehmend bedrohliche Rolle spielt. Es geht um den »Militarismus als Gebiet der Kapitalakkumulation«. Der Militarismus, diagnostiziert sie, »ist auch rein ökonomisch für das Kapital [...] ein Mittel ersten Ranges zur Realisierung des Mehrwerts« (S. 498). Sie arbeitet sich dabei zu einer Analyse vor, die später als Theorie des »staatsmonopolistischen Kapitalismus« oder »Staatsmonopolkapitalismus«[5] weiterentwickelt wurde: Der Staat sorgt für gute Verwertungsbedingungen des Kapitals, indem er die Interessen großer Monopole und der Rüstungsindustrie bedient. Höhere staatliche Militärausgaben aus Steuermitteln, so Luxemburg, sorgen für eine zu »einer großen einheitlichen kompakten Potenz zusammengefasste Nachfrage des Staates«, der »Willkür [und] den subjektiven Schwankungen der persönlichen Konsumtion entrückt« (S. 410). Diese »staatsmonopolitischen« Formen der Kapitalakkumulation und der Imperialismus gehen Hand in Hand, gekennzeichnet durch die andauernde Auseinandersetzung um geopolitische Vorherrschaft und Einflusssphären, um Absatzmärkte, um Rohstoffe und billige Arbeitskräfte, durch erbitterte Kämpfe um neue Räume für die Kapitalverwertung und im Bestreben, Rivalen auszuschalten oder kleinzuhalten. Kriege, von der Antimilitaristin Rosa Luxemburg als Mittel der Politik scharf verurteilt, sind eine besonders brutale Konsequenz der imperialen Konkurrenz. Der Militarismus ist für Luxemburg eine kapitalistische Krankheit. Der 1914 ermordete französische Sozialist und Pazifist Jean Jaurès, ein Zeitgenosse Luxemburgs, formulierte es so: »Der Kapitalismus trägt den Krieg in sich wie die Wolke den Regen.«

Kriege um Rohstoffe und Afrika als Objekt der grünen Gier

Während Rosa Luxemburg den Kampf um Absatzmärkte stark betonte, gerät heute ein anderer Aspekt immer stärker in den Vordergrund: Es sind Konflikte um Rohstoffe, die immer knapper werden. Ressourcenkriege spielen in den Planungen der Militärs eine immer größere Rolle. So werden in der Doktrin der NATO die Sicherung von ökonomischen Interessen, des Zugangs zu wichtigen Rohstoffen und von Handelswegen als Aufgabe des Militärbündnisses genannt. Der viel zitierte »Krieg um Öl« ist inzwischen mehr als ein Sandkastenspiel und ein polemisches Schlagwort. Erdöl ist Treibstoff für Konflikte und gewaltsame Auseinandersetzungen. Zu beklagen sind auch handfeste Kriege, die nicht zufällig in Ländern stattfanden und um Länder geführt wurden, in denen es viel Erdöl gibt. Zu nennen sind der Golfkrieg in den Jahren 1990/91 – hier ging es um Kuwait –, der Irakkrieg im Jahr 2003 und der NATO-Militäreinsatz in Libyen im Jahr 2011, mit dem die Aufständischen unterstützt und ein »Regime Change« gegen Muammar al-Gaddafi durchgesetzt wurde, was zum Zerfall des Staates und zu einem bis heute anhaltenden Bürgerkrieg geführt hat. Zeithistorische Untersuchungen weisen nach, dass Länder, die mehr Erdöl exportieren als importieren und über große

Erdölreserven verfügen, besonders gefährdet sind, zum Spielball einer militärischen Einmischung von außen zu werden.[6]

Die Green Economy setzt zwar auf Dekarbonisierung, das ändert aber an den fatalen Mechanismen nichts. Am Horizont zieht ein Ökoimperialismus auf. Die Welt wird nach »grünen« Energieressourcen abgegrast, auch hier setzt ein Gerangel um Ausbeutungs- und Verfügungsmacht über die neuen Ressourcen ein. Die Gier nach Energie und Rohstoffen zeigt sich immer mehr auch in Gestalt der grünen Gier. Es drohen Szenarien, in denen nicht nur der Zugriff auf Öl, sondern auch auf die neuen Energierohstoffe militärisch abgesichert wird.

Die EU und ihre treibenden Kräfte, die ehemalige »große« Kolonialmacht Frankreich und die »kleine« Kolonialmacht Deutschland, sehen Afrika mehr und mehr als ihr neues Aufmarschgebiet und konkurrieren dabei mit China. Es geht um neue Absatzräume, und deshalb wird – wie Rosa Luxemburg den Mechanismus in gültiger Weise beschrieben hat – in Afrika der Boden für den umfassenden Warenaustausch und die Warenproduktion bereitet. Man will die Märkte Afrikas mit Exporten aus der EU fluten und setzt gleichzeitig auf einen umfassenden Energieimport von diesem Kontinent.

In großem Stil soll auf Betreiben der EU »grüner« Wasserstoff produziert und in die EU exportiert werden. Damit droht die Fortsetzung der Muster der kolonialen Nord-Süd-Beziehungen, gehüllt in ein neues, grün gefärbtes Gewand. Im Blick sind dabei vor allem Nord- und Westafrika sowie Subsahara-Länder wie Namibia. Die EU will mit Macht ein weiteres Kapitel der »neuen internationalen Arbeitsteilung« aufschlagen: In Afrika, so das Bestreben der Energiestrategen, wird der Stoff mit vermeintlich billigem Strom aus erneuerbaren Energiequellen hergestellt, dann wird der Energieträger in den Norden geschafft, um dort die wachsende Nachfrage zu decken. Die EU verheißt den Afrikanerinnen und Afrikanern eine goldene Zukunft in Form einer »grünen Industrialisierung« des Kontinents: Haushalte in Afrika, wird versprochen, könnten bei einem Ausbau der Stromproduktion aus erneuerbaren Quellen an das Netz angeschlossen werden, zudem könne der Wasserstoff über den Export hinaus auch vor Ort verarbeitet werden. Die Wirtschaft in Afrika könne mit der grünen Wasserstoff Sektoren wie die Produktion von »grünem Stahl« oder »grünem Dünger« erschließen. Afrika soll nach den Vorstellungen des Nordens auf den industriellen Wachstumspfad gebracht werden.

Die Produktion von Wasserstoff in Afrika ist, wir ahnen es, alles andere als grün. Sie verschlingt vor Ort kostbares Süßwasser, weil für die Elektrolyse nicht nur der mit Sonne oder Wind erzeugte Strom, sondern sehr viel Wasser – rund zehn Liter, um ein Kilogramm Wasserstoff zu erzeugen – nötig ist. Dieser Verbrauch tritt in direkte Konkurrenz zur Landwirtschaft und zur Nutzung des Wassers als wertvolles Lebensmittel. Gerade in den afrikanischen Ländern, die zwar über viel Sonne und Wind verfügen, aber unter Trockenheit leiden, ist dies fatal. Deutlich wird hier, wie sich auch in den Kreisläufen der Green Economy und der Übertragung des industriellen Modells neokoloniale Plünderungsstrukturen zeigen.

Die EU hat bereits im Jahr 2004 das »European Defence Paper« erarbeiten lassen. Dies ist ein Strategiepapier, in dem der »Stabilitätsexport« zum Schutz der Handelswege und des »freien Flusses von Rohstoffen« als vitales Interesse der EU und als eines der wichtigsten Ziele von »Defence« bezeichnet wird – in Wahrheit hat dies mit »Verteidigung« nichts mehr zu tun. Inzwischen zeigt sich, dass die Claims für die Green Economy und die neuen Energien auch mithilfe von Militär abgesteckt werden. So soll der Wasserstoff für die EU unter anderem aus Marokko kommen, auch aus der Westsahara. Diese Region wurde bis auf eine Zone im Osten und Süden von Marokko annektiert und militärisch besetzt. Die Rohstoffausbeutung im Land – bereits jetzt profitieren Firmen aus der EU vom Phosphatabbau – wird ohne Beteiligung der Sahrauis, der indigenen Bevölkerung der Westsahara, durchgesetzt. Dies setzt sich mit Windkraftprojekten und der Produktion von Wasserstoff fort. Ein anderes Beispiel ist Niger. Dort sind die Bundeswehr wie auch die französischen Streitkräfte an der Ausbildung des Militärs im Rahmen eines gemeinsamen Einsatzes der EU beteiligt; Frankreich hat zudem einen Teil der Truppen, die es aus dem »unbotmäßigen«, weil auch mit Russland kooperierenden Mali abgezogen hat, nach Niger verlegt. Wer nach dem Grund für das wachsende militärische Engagement in dem Land fragt, wird auf den Krieg gegen den islamistischen Terror im Sahel verwiesen. Dass es im Hintergrund auch um Energierohstoffe für den Norden der Welt geht, wird verschwiegen. Dabei könnte »grüner« Wasserstoff auch in Niger zur Option werden. Inzwischen plant ein britischer Energieversorger den Bau des ersten Windparks im Süden des Landes, der über eine Leistung von 250 MW verfügen soll. Ein anderer Energierohstoff macht Niger bereits jetzt zum Objekt der Begierde: Uran. Es ist das wichtigste Exportgut Nigers. Frankreich bezieht einen großen Teil des für seine Atomkraftwerke benötigten Urans aus seiner ehemaligen Kolonie.

Das Ende der Akkumulation als ökologisches Programm

Die Gier nach Energie und Rohstoffen umfasst konventionelle Energieträger, inzwischen aber auch den Wasserstoff, der als Treibstoff von morgen gefeiert wird, sowie weitere Ressourcen, die die Green Economy benötigt. Die grüne Gier ist Teil einer umfassenden Akkumulationsgier. Marx und Luxemburg haben den Wahnsinn dieses Akkumulationsmechanismus schonungslos beschrieben. Luxemburg hat die Verwerfungen, die die Logik des »Immer mehr« zur Folge hat, in ihrer Kritik am Krieg und an der kapitalistisch-imperialistischen Globalisierung teilweise noch deutlicher gemacht als Marx. Beiden war klar: Der Kapitalismus, die kapitalistische Akkumulation kommt an Grenzen, die sie irgendwann nicht mehr überwinden kann.

Allerdings haben sie zeitbedingt eine ganz entscheidende Barriere nicht erkannt. Sie verorteten die Unmöglichkeit, die Expansion ständig weiterzutreiben, allein in wachsenden sozialen, gesellschaftlichen und ökonomischen Widersprüchen. So sah Luxemburg den Konflikt, dass eine unendliche Kapitalisierung der Welt und Ausdehnung der kapitalistischen Produktion nicht möglich ist, weil die Nachfrage und der Konsum damit nicht Schritt halten können und die Märkte sich erschöpfen.

Schwindende Absatzmöglichkeiten verhindern, dass noch Profite erzielt werden, und die Kollisionen werden heftiger: Das ist eine zutreffende Analyse Luxemburgs, genauso wie die Beobachtung, dass in kolonisierten Weltregionen massenhaft »Naturschätze« (Luxemburg 1985, S. 430) – so nennt

Luxemburg das, was wir heute »Ressourcen« nennen – geraubt werden. Allerdings fehlt wie bei Marx die Einsicht, dass sich nicht nur sozialökonomische Widerspruche wie die Erschöpfung der Märkte und das Fallen der Profitrate, sondern ganz andere Faktoren als entscheidender Game Changer erweisen: Die Rede ist von der Erschöpfung der natürlichen Ressourcen und den massiven Umweltschädigungen bis hin zu einem zerstörerisch hohen Ausstoß von Treibhausgasen. Diese Entwicklungen stellen eine Schranke dar, die nicht überwunden werden kann. Das alte Muster der Ausdehnung fortzuführen wird an einem bestimmten Punkt unmöglich und führt zu Katastrophen.

Marx, Engels, Luxemburg und später auch die Apologeten des real existierenden Sozialismus gingen davon aus, dass die Entwicklung der Produktivkräfte grundsätzlich keine Grenzen hat. Wenn der Kapitalismus von ihnen gelobt wurde, dann gerade dafür, dass er Grenzen sprengt, dass er die Produktionsmethoden beständig umwälzt und modernisiert und die Produktivkräfte rasant entwickelt.

Auch im *Manifest der Kommunistischen Partei*, verfasst von Karl Marx und Friedrich Engels im Jahr 1848, wird ein Loblied auf den Fortschritt gesungen, denn erst auf der Basis einer hoch entwickelten Technik und mit einem modernen Produktionsapparat sei es möglich, eine andere, solidarische Gesellschaft zu errichten. »Marx und Engels«, schreibt Bruno Kern zutreffend, »hatten zu ihrer Zeit noch kein Bewusstsein von der Ambivalenz [des] technischen Fortschritts, davon, dass sich diese Produktivkräfte zu einem guten Teil als Destruktivkräfte erweisen würden, und davon, dass die Entwicklung dieser Produktivkräfte nur auf der Basis der Ausplünderung natürlicher Ressourcen möglich ist, deren Endlichkeit uns heute immer klarer vor Augen steht.« (Kern 2022, S. 153)

Auch das, was wir heute »die Globalisierung« nennen – das Entstehen eines Weltmarkts, der nationale Schranken überwindet –, der Welthandel und der Freihandel wurden von Marx vehement befürwortet: als eine notwendige Modernisierung und als Durchgangsstadium, um auf dieser Basis schließlich solidarische Produktionsverhältnisse zu etablieren – und zwar weltweit. Die Globalisierung selbst wurde genauso wenig wie der Industrialismus und die produktivistische, technikorientierte Entwicklung infrage gestellt. Rosa

Luxemburg beschrieb den Trend ähnlich, betonte in ihrer Theorie die kritischen Momente aber stärker. Sie sah, dass der Kapitalismus zwar die Tendenz hat, sich auf dem »Erdrund« auszubreiten und zur »Weltform der Produktion« zu werden, ging aber davon aus, dass dies zu schwersten Verwerfungen führen und am Ende nicht möglich sein werde. Die Weltform sei dem Sozialismus vorbehalten, denn die Akkumulationsbewegung, führt sie aus, beschleunige einerseits die Globalisierung, sie verringere mit dem Verschwinden der nicht kapitalistischen Milieus und ökonomischen Räume aber gleichzeitig die Akkumulationsmöglichkeiten. »Auf einer gewissen Höhe der Entwicklung«, führt sie am Schluss von *Die Akkumulation des Kapitals* aus, »kann dieser Widerspruch nicht anders gelöst werden als durch die Anwendung der Grundlagen des Sozialismus.« (Luxemburg 1985, S. 411)

Die ökologische Frage, die zu formulieren für uns heute selbstverständlich und die spätestens seit Meadows und dem Club of Rome zeitgenössisches Allgemeingut geworden ist, wurde, so hat es den Anschein, weder von Marx noch von Luxemburg gestellt. Es ist die Frage nach den »externen« Widersprüchen, die die Sphäre der tiefgründig analysierten inneren Widersprüche der kapitalistischen Ökonomie verlassen.[7] Es ist die Frage nach den ökologischen Grenzen des Wachstums und damit die Frage, ob die Ökosysteme und die Biosphäre eine Entwicklung aushalten können, in der weltweit und grenzüberschreitend die Technikkräfte entfesselt werden, Output und Leistungsfähigkeit unermesslich gesteigert, Ressourcen im letzten Winkel ausgebeutet und Waren über riesige Strecken transportiert werden.

Das Bewusstsein für die schreiende Widersprüchlichkeit der kapitalistischen Ökonomie war bei Karl Marx und Rosa Luxemburg im höchsten Maß vorhanden, doch anders sieht es bei der Frage nach der prinzipiellen Endlichkeit von Ressourcen aus. Wir vermissen aus heutiger Sicht einen kritischen Blick auf den Industrialismus und den aufgedrehten Produktivismus insgesamt, sodass es scheint, dass wir angesichts der Wucherungen des Technizismus und der Dominanz des technokratischen Paradigmas, die uns im 21. Jahrhundert zunehmend quälen, von Marx und Luxemburg kaum Rüstzeug bekommen, um diese Entwicklungen als Fehlentwicklungen kennzeichnen zu können.

Doch der Schein trügt: Die beiden Denker:innen haben uns etwas ganz Wesentliches als Antwort auf die ökologische Frage mitzuteilen, denn ihre Akkumulationskritik hat entscheidende Bedeutung, wenn es um die Überwindung des Umweltdilemmas geht. Das immerwährende, von der Gier befeuerte Wachstum muss aufhören, postulieren sie ohne Wenn und Aber. Und damit schließt sich der Kreis – und zwar dann, wenn wir heute, über Marx und Luxemburg hinausdenkend, die Ausbeutung als bestimmende Mechanik der Akkumulation auf die ökologische Frage übertragen. Denn neben die Ausbeutung des Menschen durch den Menschen in einer sozial gespaltenen Gesellschaft treten die schonungslose Ausbeutung der Natur und die Plünderung der natürlichen Ressourcen, was sich aus der gleichen toxischen Quelle speist: aus der blinden Akkumulationsgier. Das Konzept vom Ende der Akkumulation verdient es, als Synonym für die Postwachstumsgesellschaft festgehalten zu werden. Die Apologeten des grünen Kapitalismus ignorieren diesen Zusammenhang. Sie begnügen sich damit, einem »klimagerechten Wohlstand« und einem »dekarbonisierten Wachstum« das Wort zu reden – und dies treibt Blüten bis hin zu einer »klimaverträglichen Armee«.

Den Traum vom Ende der Akkumulation hat Luxemburg im letzten Satz ihres Werks formuliert. Sie spricht von der Überwindung des Widerspruchs, in den der Kapitalismus gerät. Nötig ist, so unterstreicht sie, eine andere Form des Wirtschaftens:

> »[Der Sozialismus ist die] Wirtschaftsform, die zugleich von Hause aus Weltform und in sich ein harmonisches System [ist], weil sie nicht auf die Akkumulation, sondern auf die Befriedigung der Lebensbedürfnisse der arbeitenden Menschheit selbst durch die Entfaltung der Produktivkräfte des Erdenrunds gerichtet sein wird.« (S. 411)

Die Ausführungen Luxemburgs lassen sich thesenartig so zusammenfassen:

- Wir benötigen ein harmonisches Wirtschafts- und Gesellschaftssystem.
- Dieses System hat eine Weltform.
- Es geht nicht länger um das Mehr der Akkumulation. Die Akkumulation muss zu ihrem Ende kommen.

- Es geht um die Befriedigung der Lebensbedürfnisse der Menschen.
- Die Produktivkräfte sollen sich weiterentwickeln.

Daraus ergeben sich Rückschlusse, die für die gegenwärtige Diskussion wertvoll sind. Denn wenn sich Produktivkräfte weiterentwickeln sollen, es aber keine Akkumulation mehr geben soll, dann kann das nur bedeuten, dass die Fortschritte nicht dazu genutzt werden dürfen, um ein disharmonisches Tauschwert- und Mengenwachstum zu generieren, sondern sie den Menschen anderweitig zugutekommen. Das kann vor allem durch Arbeitszeitverkürzungen geschehen und teilweise durch Effizienztechniken, wenn sie dazu beitragen, dass am Ende in der Summe weniger Energie verbraucht wird.

Es wird zu zeigen sein – ich tue dies in den beiden abschließenden Kapiteln des Buchs –, dass es heute nicht mehr darum gehen kann, summarisch »die« Produktivkräfte zu entwickeln. Sondern es ist zu prüfen, welche Produktivkräfte, welche Techniken voranzubringen sind und welche den Namen »Produktiv«-Kraft nicht verdient haben, weil sie eine toxische Wirkung entfalten und als »Destruktivkräfte« zu bezeichnen sind. Es wird weiterhin zu zeigen sein, dass die »Weltform«, die Marxist:innen wie Luxemburg als Lösungsebene vorschwebt, auf der dann auf höchster Ebene alle Probleme schlagartig und global gelöst werden, weder realistisch noch wünschenswert ist. Vor dem Hintergrund der ökologischen Frage zeigt sich, dass das Großdenken – im Sinne von großen Einheiten, globaler Ökonomie, aufgedrehtem Welthandel und weiten Wegen – immer mehr zum Teil des Problems wird und das Umweltdilemma vergrößert, statt Teil der Lösung zu sein.

Das ändert nichts daran, dass die Kritik an der Akkumulation und das Konzept vom Ende der Akkumulation die entscheidende Aussage enthalten. Das Konzept bedeutet, dass die Produktion nicht länger vom Profitstreben des Kapitals beherrscht ist, das die Produktionsmacht in den Händen hält, das sich die Ergebnisse der Produktion aneignet, das die Richtung bestimmt und dabei atemlos getrieben ist und selbst antreibt. In einer Postwachstumsökonomie wird von vornherein geplant und anders geplant, nämlich so, dass die Produktion und Produktivitätsfortschritte allen zugutekommen und sich mit den Zielen echter Nachhaltigkeit verbinden. Bei einer solchen Zielsetzung kann es nicht mehr um die blinde und aggressive Konkurrenz von Einzelkapitalen gehen und nicht mehr um eine blinde Ausweitung der Ressourcenausbeutung, nicht mehr um eine Mengensteigerung in der Produktion und beim Konsum. Der postmaterielle Ansatz umfasst auch das Ziel, das Ausmaß der Energieumwandlung – in welcher Form auch immer – zu verringern, statt sie weiter auszudehnen.

Kapitel fünf

Die Politik des Genug – vier Essentials

Wie wollen wir leben? Wo wollen wir hin? Welcher Weg ist zu beschreiten? Diese Fragen bewegen jeden Menschen, sie bewegen die Gesellschaft und die Menschheit seit Jahrtausenden. Wenn sie uns heute besonders unter den Nägeln brennen und ungeduldig machen, dann deshalb, weil immer klarer wird, dass die dystopischen Zuspitzungen uns nicht mehr sehr viel Zeit lassen, in Wort und Tat vernünftige Antworten auf diese Fragen zu geben, gleichzeitig aber eine Orientierungslosigkeit bis hin zu geistiger Verwirrung zu beklagen ist. Lautstark vorgetragene Antworten dröhnen uns zu: Es sind falsche Antworten, die bestenfalls zu einer Verschlimmbesserung führen.

Das, wovor die Autor:innen der *Grenzen des Wachstums* vor 50 Jahren klarsichtig gewarnt haben, ist eingetreten: Die Versuche, mit immer mehr und mit veränderter Technik die Probleme im Rahmen einer Akkumulationslogik zu lösen, sind gescheitert. »Existiert denn überhaupt ein einziges nennenswertes Handlungsfeld«, fragt der Wachstumskritiker Niko Paech, »in dem während der letzten vier Jahrzehnte etwas anderes als eine Verschlechterung der ökologischen Bedingungen eingetreten ist?« Und weiter: Das »Weltrettungsbemühen war, wie sich in der Rückschau herausstellt, nichts anderes als ein Fanal an symbolischen Ersatzhandlungen. Immer stand es unter der Bedingungen, keine der […] Konsum- und Mobilitätsfreiheiten […] aufgeben zu müssen.« (Folkers/Paech 2020, S. 121)

Das ökologische Maß und der neue kategorische Imperativ

Wenn wir uns die Freiheit nehmen, von oben und über die Zeiten hinweg auf die aktuellen Probleme der Menschheit zu schauen, dann wird schnell klar, dass unser heutiges Problem ein altes Problem ist, das sich bedrohlich zugespitzt hat, und dass die Antwort in einer sehr alten Tugend zu finden ist, die Philosophen seit Jahrtausendenden zu einer zentralen ethischen Kategorie ihrer Weltbetrachtung gemacht haben: Die Rede ist vom Maß und von der Mäßigung. Das Maß gehört zu den »Kardinaltugenden«, es ist eine Tauglichkeit im Umgang mit der Welt und den Mitmenschen, die schon immer als wichtig angesehen wurde und die im 21. Jahrhundert eine ungeheure Bedeutung bekommt. Wir haben angesichts einer entgrenzenden, respekt- und maßlosen und auch die Seelen ergreifenden Ökonomie allen Grund, die Imperative dieser Tugend besonders ernst zu nehmen. Das Maß ist der große Spiegel, der den neokapitalistischen Zumutungen des 21. Jahrhunderts vorgehalten werden muss. Was in früheren Jahrhunderten – trotz aller Kritik an der Akkumulationslogik, wie sie Karl Marx, Rosa Luxemburg und andere kritische Geister geübt haben – noch nicht wirklich klar war, ist heute offensichtlich geworden: Das Maß und die Mäßigung sind im 21. Jahrhundert als ökologisches Maß zu formulieren. Maß zu halten bedeutet, ökologisch nachhaltig zu wirtschaften und nur so viel zu produzieren und zu verbrauchen, wie es der Regenerationsfähigkeit der Erde entspricht. Die gegenwärtige Maßlosigkeit zeigt sich darin, dass die Welt den »Erdüberlastungstag« im Jahr 2022 bereits am 28. Juli erreicht und die nachhaltig nutzbaren Ressourcen verbraucht hat – in Deutschland war dies, wie kluge Köpfe ausgerechnet haben, sogar bereits am 4. Mai der Fall. Das Land hat schon an diesem Tag das ökologische Maß an Verbräuchen, die ihm im Weltmaßstab zustehen würden, aufgezehrt, und die sich im Jahresverlauf viel zu hoch auftürmenden weiteren Verbräuche sind als »Raubbau« zu bezeichnen.[1]

Wie das Maß im 21. Jahrhundert als ökologisches Maß erscheint, so erscheint auch der kategorische Imperativ als ökologischer Imperativ. Immanuel

Kants kategorischer Imperativ, den er ausführlich in seiner *Kritik der praktischen Vernunft* im Jahr 1788 dargelegt hat, lautet: »Handle nur nach derjenigen Maxime, durch die du zugleich wollen kannst, dass sie ein allgemeines Gesetz werde.«

Der kategorische Imperativ zielt auf Universalität und Verallgemeinerungsfähigkeit ab. Es ist nur ein Schritt, aus diesem alten einen neuen Imperativ abzuleiten und ihn als umwelt- und zukunftsethische Anforderung zu formulieren. Der Philosoph Hans Jonas hat das in seinem Werk *Das Prinzip Verantwortung* getan und formuliert den neuen Imperativ folgendermaßen:

> »›Handle so, dass die Wirkungen deiner Handlung verträglich sind mit der Permanenz echten menschlichen Lebens auf Erden‹; oder negativ ausgedrückt: ›Handle so, dass die Wirkungen deiner Handlung nicht zerstörerisch sind für die künftige Möglichkeit solchen Lebens‹; oder einfach: ›Gefährde nicht die Bedingungen für den indefiniten Fortbestand der Menschheit auf Erden›; oder, wieder positiv gewendet: ›Schließe in deine gegenwärtige Wahl die zukünftige Integrität des Menschen als Mit-Gegenstand deines Wollens ein.‹« (Jonas 1979, S. 36)

Wir können überlegen, wie wir selbst einen neuen Imperativ formulieren würden, der ökologisch rückgekoppelt ist. Zweifellos geht es darum, dass der ökologische Fußabdruck einer jeden und eines jeden die Begrenztheit des Planeten Erde respektiert und mein Handeln verallgemeinerungsfähig ist, dass also mein Handeln gerechtfertigt werden kann gegenüber allen Menschen, die auf dem Planeten leben und leben werden, und es die Regenerationsfähigkeit der Natur nicht überfordert. Wir können dabei unterschiedliche Formulierungen wählen, etwa:

Handle in einer Weise, die die Gleichwertigkeit aller Menschen respektiert, die das Leben künftiger Generationen ermöglicht und in der sich alle Menschen verhalten können, ohne dass dies die Belastbarkeit des Planeten überfordert.

Oder auch prägnant und kurz so:

Handle so, dass die Erde dies aushält, wenn dein Handeln verallgemeinert wird.[2]

Auch die bekannte Sentenz der Ökobewegung aus den 1970er-Jahren des vergangenen Jahrhunderts kann als Ausformulierung des neuen kategorischen Imperativs angesehen werden, weil sie den universellen Horizont berücksichtigt. Sie lautet:

Global denken, lokal handeln.

Jonas stellt fest, dass Kants Imperativ den Zeithorizont, die Auswirkungen von Handlungen in der Zukunft und die Folgen in Bezug auf den Fortbestand menschlicher Aktivitäten nicht mit einbezieht. Jonas dagegen stellt genau diese Frage bei seinem Imperativ in den Vordergrund: Universalität heißt für ihn, die Zukunft mitzubedenken und heute schon Verantwortung dafür zu übernehmen. Kants Imperativ ist dagegen auf den Augenblick bezogen, führt Jonas aus. Er weist zudem auf einen weiteren entscheidenden Aspekt hin: Der Kant'sche Imperativ adressiert das Individuum. Die Verallgemeinerung der Maxime des Handelns, die »zur Probe meiner *privaten* Wahl gemacht« wird, ist rein hypothetisch. »Aber es [ist] kein Teil dieser Vernunftüberlegungen, es bestehe irgendeine Wahrscheinlichkeit dafür, dass meine private Wahl tatsächlich allgemeines Gesetz werde oder zu seinem solchen Allgemeinwerden auch nur beitrage«, schreibt Jonas. Der neue Imperativ hat dagegen eine politische Dimension. Er richtet sich »viel mehr an öffentliche Politik als an privates Verhalten« (ebd., S. 37).

Alternative Ökonomie und der Anspruch, Strukturen zu verändern

Es geht also nicht nur um mein Handeln, sondern es muss am Ende um das gesellschaftliche Handeln gehen. Diese Einsicht verdient es, festgehalten zu werden, denn sie dringt zum Kern der aktuellen Auseinandersetzung und zur Frage vor, wo die Hebel tiefgreifender Reformen anzusetzen sind. Ich bin davon überzeugt, dass das fatale »Weiter so« nur dann überwunden werden kann, wenn es weitgehende Strukturreformen gibt, wenn befriedigende Antworten auf die Frage nach der politischen Ordnung gegeben werden, Antworten auf die Frage nach der Verteilung wirtschaftlicher Macht und von Finanzmacht, nach den Eigentumsverhältnissen, nach der Form von Unternehmen und nach demokratischer Teilhabe. Und last, but not least: Die von ökologisch Engagierten geforderte Deglobalisierung kann es nur geben, wenn sie Teil der politischen Programmatik wird, wenn sie durch und in kleinräumigen Formen der Staatlichkeit und im formellen Sektor der Wirtschaft durchgesetzt wird: Dieser Sektor ist entscheidend und muss neu geordnet werden.

Alternativökonomen wie Niko Paech[3] oder Werner Vontobel[4] verfolgen dagegen einen Ansatz, der stark auf die Kraft einer Dualwirtschaft setzt, das heißt auf eine parallele Ökonomie und auf die Menschen, die sie als Subjekte tragen.

Paech bringt es in der Analyse konsequent auf den Punkt, wenn er klarmacht, dass es ohne ein Zurückschrauben materieller Ansprüche keinen Ausweg geben kann. Seine Stringenz und Beharrlichkeit sind beeindruckend und notwendig, um Mythen und Irrwege erkennen zu können; es ist erhellend, wie er die Erzählung vom grünen und ressourcenschonenden Wachstum als Märchen entlarvt, wie er die propagierte Entkoppelung des Wirtschaftswachstums von der Belastung der Ökosphäre als ein Ding der Unmöglichkeit kennzeichnet oder wenn er auf die »materiellen Reboundeffekte« durch technologische Innovationen und Effizienzmaßnahmen verweist. Gemeint ist damit, dass bestimmte Maßnahmen zwar möglicherweise für sich genommen geringere Stoff- oder Energieflüsse hervorrufen als die jeweils zuvor verwendeten Technologien und Produkte. Doch letzten Endes sind es Maßnahmen – wie zum Beispiel der Bau von Passivhäusern oder von E-Autos –, die sich materiell zum bereits Vorhandenen addieren oder die ökologischen Schäden am Ende einfach nur verlagern. Abzulesen sind die Reboundeffekte spätestens beim insgesamt immer weiter ansteigenden Energieverbrauch. Auch die Energiewende funktioniert nach diesem Muster. Allen gegenteiligen Beteuerungen zum Trotz – zuletzt wieder bei der Ankündigung der Europäischen Kommission, mit ihren vollmundig beworbenen »Repower EU«-Plänen solle auch ein wenig Energie eingespart werden – hat sich am steigenden Energieverbrauch nie etwas geändert.

Paech sieht den Ausweg in der »Suffizienz« und der »Subsistenz«. Gemeint ist damit ein Lebensstil, der selbstbegrenzend und genügsam (suffizient) ist und auf eine möglichst weitgehende Selbstversorgung (Subsistenz) setzt – im Blick sind die Menschen vor Ort, die ihre Angelegenheit so weit wie möglich selbst und untereinander regeln und die dabei nicht nur als Konsumenten, sondern auch als Produzenten und Anbieter von Dienstleistungen in Erscheinung treten. Die »Prosumenten« verabschieden sich so weit wie möglich von den Kreisläufen der ersten Ökonomie und vom formellen Sektor der Wirtschaft und reduzieren die Fremdversorgung. Der alternative Sektor mit seinen lokalen und regionalen Kreisläufen soll, so Paech, die Versorgung mit Leistungen aus der globalen Arbeitsteilung zu einer Restgröße machen. Der Postwachstumsökonom nennt als Beispiele für solche Subsistenzpraktiken den Ernährungssektor, künstlerische und handwerkliche Leistungen, lokal erzeugte und instand gehaltene Güter, Tauschringe, Netzwerke der Nachbarschaftshilfe, Schulungen und Beratungen sowie Pflegeleistungen. Regionale Komplementärwährungen – Beispiele sind der »Roland« in Bremen und der »Chiemgauer« in den bayerischen Landkreisen Traunstein und Rosenheim – sollen die kleinräumigen Ökonomien unterstützen (vgl. Paech 2012, S. 117 ff.).

Den Ansatz einer parallelen Ökonomie, die wir auch als »kleine Ökonomie« bezeichnen können und die sich durch Selbsttätigkeit und kurze Wege auszeichnet und die die erste Wirtschaft – die »große Ökonomie« – mit ihren weiten Wegen und dem zunehmenden Maß an internationaler Arbeitsteilung beiseiteschiebt, verfolgt auch Vontobel. Er unterscheidet im Wirtschaftsgeschehen zwischen dem – immer mehr wuchernden – Markt, der Staatswirtschaft und der geldlosen Bedarfswirtschaft, die traditionell sehr stark war, aber in den letzten hundert Jahren in unseren Breiten weitgehend verdrängt wurde. Dieser ökonomische Sektor, so das Plädoyer, muss wieder gestärkt werden. Nachbarschaftsmodelle und die kleinräumige Ökonomie von Dörfern sollten wieder mehr Aufgaben übernehmen, ein großer Teil unserer produktiven Tätigkeiten sollte von den Marktzwängen befreit und wieder in Bedarfswirtschaft verlagert werden, die zeitgemäß auszugestalten ist. »Die Bedarfswirtschaft«, so Vontobel, »beginnt […] im Kleinen, etwa indem man sich gegenseitig die Kinder hütet, die Haare schneidet, das Auto teilt, einen Schrebergarten pflegt und vieles mehr.« (Frohofer/Vontobel 2021, S. 11)

Zweifellos sind ein veränderter Lebensstil und die individuelle Abkehr von einem blindem Konsum von Produkten, die irgendwo auf dem Weltmarkt unter hohem Energie-, Rohstoff- und Transportaufwand hergestellt wurden, unverzichtbare Elemente einer neuen Praxis.

Wenn wir beispielsweise den Bereich der Nahrungsmittel betrachten, dann brauchen wir mehr Nutzgärten mit ökologischer Vielfalt, die dazu einladen und offenstehen, Nahrung selbst anzubauen, und wir brauchen mehr Versorgung über lokale Netze und regionale Produzenten. Die Permakultur im Garten im ländlichen Raum oder das gemeinsame Urban Gardening in der Großstadt sind wunderbare Übungen, um die entfremdeten Kreisläufe des globalisierten Marktes wenigstens an einigen Stellen durchbrechen zu können und zu zeigen: Die kleinen gallischen ökologischen Dörfer leben und blühen.

Man täusche sich aber nicht: Die Mühlen der Großstrukturen mahlen unerbittlich weiter. Die Vermarktung der Welt schreitet voran. Die dazu nötigen Strukturen werden aktiv geschaffen. Die »Ordner der Welt«, wie das der Schriftsteller Günter Eich einmal ausgedrückt hat, räumen die Bahn frei, damit die kapitalistische Kolonisation weitergehen kann. Dies geschieht in der großen Ökonomie, im formellen Sektor der Wirtschaft. Dabei hat der Neokapitalismus nicht nur das Geschick, grünes Denken zu vereinnahmen, etwa indem mehr und mehr Produkte als »nachhaltig« oder »klimaneutral« bezeichnet werden oder mehr Bioprodukte im Supermarktregal stehen, sondern er hat durchaus auch die Fähigkeit, Nischen und regionalökonomische Kreisläufe zuzulassen.

Es gibt sie ja, die ökologisch produzierenden Höfe und Erzeugermärkte, auf denen wir regionale Produkte aus ökologischem Landbau einkaufen können, die keine Reise um die halbe oder die ganze Welt hinter sich haben, bevor sie angeboten werden. Wenn ich dort einkaufe, so ändert das jedoch nichts an der Präsenz einer expansiven Ökonomie, die die Gesellschaften strukturell immer stärker durchdringt und in Richtung eines »Big is beautiful« verändert. Das regionale Element und das Segment von Biolebensmitteln aus dem Nahbereich ergänzen die fragwürdigen Strukturen, ohne sie aufbrechen zu können.[5]

Konkret bedeutet dies, um beim Beispiel der Landwirtschaft zu bleiben, dass die Marktordner alles dafür tun, damit sich die Landwirtschaft weiter industrialisiert und intensiviert und die Ställe immer größer werden, um mehr produzieren und exportieren und riesige Märkte bedienen zu können. Die EU spielt dabei eine fragwürdige Rolle und nimmt, wie schon bei den erneuerbaren Energien und beim Wasserstoff, Afrika in den Blick. Schon jetzt ist der Kontinent zum großen Abnehmer gemacht worden. Das betrifft Erzeugnisse wie Geflügel,[6] Schweinefleisch und Weizen. Südlich der Sahara verdrängen die massiven EU-Exporte von Weizen und Mehl lokal angepasste Nahrungspflanzen wie Hirse, Cassava und Yams.

Sowohl in den exportierenden als auch in den importierenden Ländern werden Schäden angerichtet, wobei die Auswirkungen im globalen Süden besonders dramatisch sind. Das wird auch beim Export in umgekehrter Richtung sichtbar, also von Süd nach Nord. Wenn Sojabohnen aus Südamerika oder Palmöl aus Malaysia und Indonesien ausgeführt werden, zeigt sich in diesen Regionen unmittelbar die Zerstörung, die eine industrialisierte Landwirtschaft mit ihren globalen Lieferketten auslöst: Vielfach musste Regenwald weichen. In Argentinien, einem der größten Sojaproduzenten, sind es Buschwälder, die für Sojaäcker geopfert werden; auf die Monokulturen aus gentechnisch veränderten Pflanzen werden Unmengen an Pestiziden gesprüht. Großbauern profitieren von dem Boom, Kleinbauern verlieren ihre Existenz. Der Teufelskreis ist damit nicht zu Ende: In den Ländern des Nordens wird das Soja als Schrot in der Intensivtierwirtschaft an Rinder, Schweine und Geflügel verfüttert, damit große Fleischmengen produziert werden können – nur teilweise für den eigenen Bedarf vor Ort, sondern vielfach wieder für den Export bestimmt.[7]

Der informelle Sektor, parallelwirtschaftliche Kreisläufe und subkulturelle Praktiken sind nicht in der Lage, um dieser machtvoll vorangetriebenen Entwicklung eine andere Richtung zu geben. Das in parallele Strukturen abgedrängte Wirtschaften in einem zweiten Sektor wird im grünen Neokapitalismus geduldet, aber es hält das Räderwerk der Großökonomie nicht auf. Um es überspitzt auszudrücken: Das Casino des Finanzkapitalismus schließt nicht, wenn einige Menschen in Bremen anfangen, mit der Regionalwährung des »Roland« zu zahlen. Mehr Suffizienz und Subsistenz in der Lebenspraxis von Einzelnen führt nicht – wie von magischer Hand gesteuert – zu einem Zurückweichen der Großökonomie, des kommerziellen Sektors und des industriellen Komplexes; die globalisierten Märkte, die erdumspannende Arbeitsteilung und die entgrenzten Produktions- und Lieferketten werden dadurch nicht zurückgedrängt, so wünschenswert dies auch wäre.

Zudem liegt es auf der Hand, dass der Leistungstausch in nicht kommerziellen Netzen und die Versorgung im Nahbereich und in informellen Netzen nicht überstrapaziert werden dürfen. Ich denke etwa an die Pflege, wo die »Nächstenpflege« durch enge Angehörige und nahestehende Menschen, die keine Pflegeprofis sind, zweifellos unschätzbar wichtig ist, wenn es um die Zuwendung zu pflegebedürftigen Menschen geht. Die Voraussetzungen für die Nächstenpflege, die heute zu oft auf Kosten der Pflegenden – meist Frauen – geht, müssen sich verbessern.

Es gibt aber keinen Grund, die professionelle Pflege zurückzudrängen – das Gegenteil ist richtig. Die institutionalisierte Pflege mit hohen Standards, um die insbesondere seit Einführung der Pflegeversicherung im Jahr 1995 gerungen wurde, ist auszubauen. In der Gesellschaft der Zukunft brauchen wir bestimmte Bereiche des formellen Sektor mehr denn je. Wir brauchen die Pflegeprofis, um die vielen Aufgaben zu bewältigen, sonst drohen ein Absinken bereits erreichter Standards und eine Überforderung der Angehörigen und des informellen Nahbereichs. Die anspruchsvollen Aufgaben – von der Sturzprophylaxe über das Schmerzmanagement bis hin zur pflegerischen Behandlung von Menschen mit chronischen Wunden oder einem »offenen Bein« – können und sollen Pflegeexpertinnen und -experten bewältigen, die intensiv ausgebildet worden sind, und nicht einfach dem netten Nachbarn übertragen werden.

Wenn ich betone, dass es einer Veränderung von Tiefenstrukturen auf gesellschaftlicher Ebene bedarf, so bedeutet das keinesfalls, dass die individuelle Veränderung des Lebensstils abgewertet werden darf. Der Lebensstil und persönliche Konsumentscheidungen – und vor allem auch Entscheidungen gegen den Konsum – bilden ein unverzichtbares Refugium, um die »Kräfte des Guten« einzuüben,[8] und sind eine Basis, ohne die das ökologische Maß und die Tugend der Mäßigkeit gesellschaftlich niemals umgesetzt und niemals demokratische Mehrheiten für eine nachhaltige Ausrichtung des Gemeinwesens gefunden werden könnten. Der Satz Mahatma Gandhis »Sei du selbst die Veränderung, die du dir wünschst für diese Welt« gilt. Die Suffizienz, der genügsame Lebensstil mit einem maßvollen individuellen Zugriff auf endliche Ressourcen, ist eine für alle Menschen wichtige lebenspraktische Übung. Sie ist im Sinne des neuen kategorischen Imperativs bedeutsam. Und wenn viele Einzelne ihren Lebensstil ändern, wird sie zur Grundlage, entsprechende demokratische Entscheidungen zu treffen.

Wir benötigen aber letzten Endes – und das ist wesentlich beim neuen kategorischen Imperativ – Antworten auf die gesellschaftliche Form des Zusammenlebens und des Wirtschaftens. Ich sehe das Abdrängen von Versorgungsleistungen in eine Subsistenz kritisch, die auf der informellen Ebene und somit in einer gesellschaftlichen Nische angesiedelt ist. Selbst wenn diese Nische größer wird, bleibt sie nur ein Segment neben Großstrukturen, die ihrerseits beständig expandieren. Die Subsistenzwirtschaft muss aus dieser Nische heraus: Wir brauchen sie auf der gesellschaftlichen Ebene: als erste und bestimmende Ökonomie.

Es geht also nicht mehr um einen parallelwirtschaftlichen Ansatz und den Versuch, die Sphäre der Subsistenzwirtschaft etwas zu erweitern, sondern es geht darum, die Bedarfswirtschaft[9] umfassend zur Ökonomie der Zukunft zu machen. Die alternative Ökonomie ist dann nicht mehr bloß eine Alternative, die neben der großen Ökonomie der globalen Märkte als untergeordnete ökologische Variante existiert, sondern sie ist bestimmende Wirtschaftsform.

Die sozialistischen und marxistischen Denker:innen des 19. und frühen 20. Jahrhunderts hatten, wenn es um die gesellschaftliche Ebene ging, dabei immer die ganz große Lösung vor Augen. Sie dachten in endzeitlichen Kategorien – die große Lösung trägt eschatologische Züge. Mit dem Sozialismus, so die Vorstellung, bricht auf einmal eine neue Zeit an. Nachdem der Welthandel sich global entwickelt hat und die Produktivkräfte sich auf hohem Niveau entfaltet haben und die Produktion einen umfassenden, einen gesellschaftlichen Charakter erreicht hat, wird dem kapitalistischen Weltsystem die totale Antwort entgegengesetzt, nämlich die »Weltrevolution« und die »Weltform« (Rosa Luxemburg) des Sozialismus.

Wo Rosa Luxemburg zu groß denkt, denken Ökonomen mit dualwirtschaftlichen Konzepten zu klein. Der Anspruch einer alternativen Ökonomie ist nicht der einer Existenz in einer Nische, sondern ist selbstbewusster zu formulieren. Wenn die Zerstörung aufgehalten werden soll, dann gilt es, der Großökonomie in die Speichen zu greifen und in den wesentlichen Bereichen eines Gemeinwesens eine Neujustierung des Wirtschaftens, der Arbeit und der Versorgung in den Blick zu nehmen. Dazu ist eine tiefgreifende Veränderung in der Architektur von Gesellschaften notwendig; ich verwende hier bewusst den Plural, denn es wäre eine völlige Überforderung und eine fragwürdige Reproduktion des Denkens in Großstrukturen, bei der von vornherein auf die eine »Weltgesellschaft«, auf die »Weltform« und eine »Weltregierung« abgezielt wird.

Ich nenne im Folgenden vier essenzielle Bausteine für die nötigen Reformen. Es sind Bausteine für eine Politik des Genug. Eine Politik des Genug ist nicht möglich, ohne dem »Big is beautiful« deutlich zu widersprechen und grundlegend andere Lösungen einzufordern. Diese Lösungen erscheinen weit weg von der derzeitigen Realität. Ich formuliere das Ideal im Folgenden dennoch ganz bewusst aus, auch auf die Gefahr hin, als Träumer abgestempelt zu werden. Ich bin jedoch überzeugt: Wir brauchen wieder mehr Mut, für eine neue Gesellschaft zu streiten und rationale Einsichten nicht vom übermächtig erscheinenden Status quo und seinen vielen Claqueuren im Keim ersticken zu lassen. Der Ausgang aus der selbst verschuldeten Unmündigkeit, als den Kant Aufklärung definiert,[10] liegt in der Überwindung der argumentativen Verzagtheit, die sich im 21. Jahrhundert im Angesicht der Krise zu verfestigten droht, und zeigt sich in der Entschlossenheit, den »Ordnern der Welt« entgegenzutreten. Aufklärung im 21. Jahrhundert ist Mut zur Veränderung.

Erstes Essential

Wir brauchen eine ökologische Bedarfswirtschaft

Es bleibt dabei: Ein von seinem Wesen her irrationales Wirtschaftssystem, das in völlig ungenügender Weise an ökologische und soziale Bedarfe rückgekoppelt ist, muss verändert werden. Der Kern dieser Irrationalität liegt in der Konkurrenz von Akteuren, die um höhere Profite ringen und dabei alle Register ziehen; die Akkumulationsgier geht Hand in Hand mit ständigen Marktausweitungen, der Kolonisation von Lebenswelten, der Übertechnisierung von Produktionsprozessen und zunehmender Ausbeutung der Natur und ihrer Ressourcen. Das Wirtschaften ist als Überlebenskampf konzipiert, bei dem der Stärkere sich durchsetzt. Einzelkapitale, die über die Produktionsmittel verfügen, treten gegeneinander an, aber auch Nationen und große Wirtschaftsräume und Blöcke – die USA, die EU, China, Russland – stecken ihre Claims aggressiv ab. Die Kapitale konkurrieren um Profite, ihre Unternehmungen unterliegen dabei einem Wachstumszwang, der sich von den Bedarfen entfernt. »Big is beautiful« ist das unerbittlich herrschende Mantra, denn ohne immer größere und neue Märkte und ohne Expansion droht das Scheitern.

Die Logik des Marktes haben wir tief verinnerlicht und wissen: Wenn die Wirtschaft nicht wächst, führt das zur Krise und zur Arbeitslosigkeit, von der wir auch selbst betroffen sein können. Aber wir wissen inzwischen ebenso – und das ist der Teufelskreis –: Auch die ewige Akkumulation führt zur Krise, der wachsende Ressourcenverbrauch und der ständig zunehmende materielle Output zerstören Lebensgrundlagen, zudem vergrößert die fortgesetzte Akkumulation die soziale Spaltung, statt sie zu verringern.

Die »unsichtbare Hand des Marktes«, von der der Philosoph und Nationalökonom des 18. Jahrhunderts Adam Smith meinte, dass sie das eigennützige Streben der vielen letzten Endes zum Nutzen des Gemeinwohls forme, gibt uns eine schallende Ohrfeige. Auf dem Weltmarkt wird da produziert, wo es am billigsten ist. Einst wirtschaftlich blühende Landschaften verkommen. Mit dem Wuchern des Marktes und der privatwirtschaftlich beherrschten Wirtschaft wachsen die Ungleichgewichte und die vielfältigen Kluften zwischen Mächtigen und Ohnmächtigen.

Zur Irrationalität gehört ganz wesentlich, dass der Markt, wie es Vontobel formuliert, »lediglich auf die von ihm geschaffene monetäre Nachfrage nach Unbekanntem« reagiert. »Geräte, Fahrzeuge, Lebensmittel und vieles mehr [werden] in der Hoffnung produziert, sie irgendwo auf der Welt verkaufen zu können.« (Frohofer/Vontobel 2021, S. 10) Mit anderen Worten: Produziert wird auf Verdacht und in der Hoffnung, dass gekauft wird und immer mehr gekauft wird. Nachfrage wird mit allen möglichen Mitteln erzeugt, und es ist dabei völlig zweitrangig, ob die Erzeugnisse sinnvoll und nützlich sind oder nicht.

Um aus dem als hysterisch zu bezeichnenden Modus aussteigen zu können, bedarf es einer sozialwirtschaftlichen Architektur mit der Bedarfswirtschaft als Ökonomie der Zukunft. Die alternative Ökonomie ist dann nicht mehr bloß eine Alternative, die neben der großen Ökonomie der globalen Märkte als freundliche und ökologische, aber untergeordnete Variante existiert, sondern sie muss zur bestimmenden Wirtschaftsform werden. In dieser Bedarfswirtschaft ist die Trennung zwischen erster und zweiter Ökonomie aufgehoben. Sie ist kommunitär ausgerichtet, das heißt am Versorgungsbedarf eines Gemeinwesens – eines Landes oder einer Region –, das als demokratischer Staat verfasst ist.[11] Der Mechanismus der Konkurrenz miteinander ringender Kapitale ist außer Kraft gesetzt.

Um eine Bedarfswirtschaft zu konzipieren, ist es hilfreich, eine einfache Frage zu formulieren: Was brauchen wir, um ein auskömmliches Leben führen zu können und um die Funktionen der Gesellschaft aufrechtzuerhalten, sodass genug für alle bereitgestellt wird? Wer so fragt, wird sich bei der Antwort auf die Basics konzentrieren. Es geht vor allem um folgende existenziellen Bedarfe:

- Nahrungsmittel
- weitere Lebensmittel und Kleidung
- Wohnen

- Medizin und Gesundheitsversorgung
- Pflege
- Begleitung und Erziehung von Kindern
- Bereitstellung von Energie und Wasser
- Bereitstellung einer Infrastruktur für Abwasser (Kanalisation), Recycling und Aufbereitung von Abfällen
- Bereitstellung von Mitteln, die Mobilität unterstützen und den Transport von Gütern ermöglichen
- Bildung und Wissenschaft
- Kultur und Medien

Die industrielle Produktion, die hier nicht aufgeführt ist,[12] hat eine dienende Funktion. Sie führt kein Eigenleben, sondern ist den existenziellen Bedarfen untergeordnet. Sie produziert also die Hardware und die Mittel, die für eine ökologische Landwirtschaft, für eine gute Medizin oder für energiesparendes und klimaschonendes Heizen benötigt werden. Das Gleiche gilt für die Banken – sie sind hier ebenfalls nicht bei den Basics aufgeführt –, deren Aufgabe es nicht ist, mit diversen Finanzprodukten und Geldschöpfung eine von der Realwirtschaft zunehmend abgekoppelte und immer größer werdende Sphäre zu bilden, sondern die den bewusst auf das Wesentliche beschränkten Auftrag haben, den Geldkreislauf stabil zu halten, sodass Einlagen sicher sind und für eine ausreichende Liquidität für notwendige realwirtschaftliche Projekte gesorgt werden kann.

In allen Sektoren geht es nicht um blindes Produzieren, nicht um den größtmöglichen Output und um möglichst viel Konsum von Waren und nicht um ein Aufblähen der Finanzsphäre, sondern alle Produzenten und Dienstleister sind doppelt rückgekoppelt: zum einen an den Versorgungsauftrag des Gemeinwesens und zum anderen an das ökologische Erfordernis, die stofflichen Verbräuche und den Ausstoß von Schadstoffen – einschließlich CO_2 – gering zu halten. Dieses Erfordernis geht von vornherein in den Versorgungsauftrag ein, genauso wie die Aufgabe, allen Menschen, die im Gemeinwesen leben, den Zugang zu den existenziellen Bedarfen zu ermöglichen.

Der Markt kann niemals komplett abgeschafft werden. Er ist sozial gesteuert, regional begrenzt und primär als Binnenmarkt konzipiert. Er richtet sich nicht an den Großstrukturen des Weltmarkts aus, nicht am imaginären Kaufinteresse und einer erhofften möglichst großen Nachfrage, sondern am Ziel der weitgehenden Selbstversorgung des Gemeinwesens und der Bereitstellung ausreichenden materiellen Proviants für seine Bürger:innen. Die Erzeugung im eigenen Land – von den Nahrungsmitteln bis hin zur Energie – wird zum Ziel und zur Regel.

Der grenzüberschreitende Handel wird kritisch durchforstet und gesteuert. Der verbleibende Welthandel muss fair sein. Einseitiger industrieller Export, mit dem die schwächeren Partner an die Wand gespielt werden und der völlig unausgewogene Handelsbilanzen zur Folge hat, ist kein Zukunftsmodell. Die Selbstversorgung des Gemeinwesens wird umfassend gefördert und auch protektionistisch geschützt. Der Protektionismus – von »to protect«, deutsch: schützen – wird von den Apologeten der Ideologie des freien Markts und des unbeschränkten Welthandels, die alle Handelshindernisse einreißen wollen, zu Unrecht verunglimpft. Im Gegenteil hilft Protektionismus gerade den schwächeren Partnern, die eigene Wirtschaft zu schützen. Das gilt etwa für die Landwirtschaft in Afrika. Anstatt Weizen aus dem Norden und landwirtschaftliche Produkte aus der EU zu beziehen, die die eigenen Märkte importabhängig machen und in ihrer bisherigen Form zerstören, ist es gerade für die ärmeren Länder wichtig, die Agrarproduktion im eigenen Land mit ökologisch sinnvollen Methoden zu steigern, traditionelle Erzeugnisse wertzuschätzen und auf besser an die Region und an den Klimawandel angepasstes Getreide und andere Nutzpflanzen umzusteigen und beispielsweise Hirse oder Reis statt Mais anzubauen.

Die weitgehende Selbstversorgung auf der gesellschaftlichen Ebene ist ein ökologischer Befreiungsschlag, weil die monströsen Lieferketten, die Materialschlachten und ausufernden Energieverbräuche, die weltumspannende Großstrukturen zur Folge haben, aufgehoben werden.

Eine Bedarfswirtschaft kann nur realisiert werden, wenn die Betriebe und Unternehmen,[13] die produzieren und Leistungen bereitstellen, nicht von fremdem Kapital beherrscht werden, denn in diesem Fall setzen sich die Interessen des Kapitals durch, die Orientierung an den nötigen Gebrauchswerten und Bedarfen wird unterlaufen, die Arbeitenden werden in ihrer Rolle degradiert und wie Schachfiguren eingesetzt oder vom Spielfeld genommen, die demokratische Steuerung der Wirtschaft durch das Gemeinwesen wird konterkariert.

Deshalb ist es wichtig, dass die wirtschaftlichen Einheiten der Verfügungsmacht des Kapitals entzogen sind; die Organisationsformen der Betriebe brauchen eine Grundlage, die den sozialen Auftrag widerspiegeln. Das gilt unter anderem für Kooperativen, für Genossenschaften, für gemeinnützige und für öffentliche Unternehmen. Solche Unternehmen gibt es bereits jetzt – das Spektrum reicht von der Genossenschaftsbank bis hin zum Energieversorger in kommunaler Trägerschaft –, es wird jedoch darauf ankommen, den Trend zur Privatisierung umzukehren, der die neoliberale Ära geprägt hat, um die Wirtschaftstätigkeit insgesamt gemeinwohlorientiert und sozialwirtschaftlich auszugestalten. Auch privatwirtschaftlich aufgestellte Unternehmen und nicht kooperative Wirtschaftseinheiten – etwa bäuerliche[14] Betriebe mit dem Landwirt als Chef, Handwerks- oder Gastronomiebetriebe oder niedergelassene Ärztinnen und Ärzte – können eine starke Rolle spielen, solange sie unabhängig vom Zugriff von Investoren bleiben und an den Versorgungsauftrag des Gemeinwesens rückgekoppelt sind, der es ausschließt, dass wirtschaftliche Einheiten einen erbitterten Wettstreit bis hin zur wirtschaftlichen Vernichtung des Konkurrenten führen, wie es bei der kapitalistischen Konkurrenz der Fall ist.

Um neue Organisationsformen in den wesentlichen Bereichen durchzusetzen, werden harte Auseinandersetzungen gegen wirtschaftsmächtige Interessen zu führen sein. Gleichwohl ist dies notwendig, um die kommerzielle Durchdringung von Lebenswelten zu beenden und die Grenzüberschreitungen von Konzernen, die in unseren Alltag eingreifen, zu stoppen. So wird es erforderlich sein, dass – um ein Beispiel zu nennen – Universitäten einen Verbund bilden, um eine Suchmaschine in öffentlich-rechtlicher Trägerschaft zu entwickeln, sodass die Internetkrake Google des Konzerns Alphabet durch eine bessere Alternative abgelöst wird, die werbefrei ist und keinerlei Daten abgreift. Auch der Onlinemarktplatz – um ein weiteres Beispiel zu nennen – ist als öffentlicher Raum zurückzuerobern und der privaten Verfügungsmacht des globalen Internethandelsriesen Amazon zu entziehen und durch eine öffentlich-rechtlich verankerte Plattform zu ersetzen.

Modelle für das Gesundheitswesen und die Landwirtschaft

Das Gesundheitswesen ist ein Bereich, in dem die soziale Verankerung und die Bedarfsplanung traditionell eine große Rolle spielen. So obliegt die Sicherstellung der ambulanten Versorgung der gesetzlich Versicherten den Ärzt:innen und den Krankenkassen gemeinsam. Ziel ist nicht, die Versorgungsleistungen aufzublähen, sondern mit einer Bedarfsplanung soll sichergestellt werden, dass alle Versicherten die medizinisch notwendige Behandlung erhalten können. Wer als Vertragsarzt eine Praxis übernimmt, übernimmt einen Versorgungsauftrag.

Doch das sozial ausgerichtete Gesundheitswesen gerät immer stärker unter Druck. Private Investoren und Klinikkonzerne kaufen Krankenhäuser auf. Und Arztpraxen geraten zunehmend in die Hände von Private-Equity-Fonds und damit in den Griff des Kapitals: Es geht dann höchstens in zweiter Linie um gute Medizin, in erster Linie um gute Rendite. Einfallstor für diese Entwicklung sind die Medizinischen Versorgungszentren (MVZs), eigentlich eine segensreiche Erfindung, die sich an die Polikliniken der DDR anlehnt und in denen Ärztinnen und Ärzte nicht als Einzelkämpfer:innen tätig sind, sondern zusammen mit anderen, fachübergreifend und im Verbund mit nicht ärztlichen Heilberufen. Doch immer mehr MVZs sind inzwischen investorenbetrieben und werden zum Objekt der Begierde von Finanzinvestoren. Sie kaufen im großen Stil Arztsitze auf und wandeln sie in MVZs um, Arztketten mit undurchsichtiger Finanzstruktur entstehen.[15]

Hier bedarf es Regelungen, die dies ausschließen, sodass die MVZs als Betriebsstätte künftig ihre vom Ansatz her segensreiche Wirkung entfalten können.[16] Gewährleistet werden kann das mit der Verpflichtung zur Gemeinnützigkeit und mit dem Ausschluss fremden, einseitig an Gewinnmaximierung orientierten Kapitals. Es gibt andere sinnvolle Eigentümerstrukturen und

Organisationsformen: Die Gesundheitszentren können, eingebettet in den gesellschaftlichen Versorgungsauftrag, selbst verwaltet, von der Kommune oder auch von der Versichertengemeinschaft getragen sein.

Das Gesundheitswesen zeigt auch für andere Bereiche, wie eine Ökonomie funktionieren kann, die an der guten Versorgung und am Gebrauchswert orientiert ist. Es darf als sicher gelten, dass eine überwältigende Mehrheit der Menschen es ablehnt, dass das Gesundheitswesen unter die Kontrolle von einseitig an Rendite und hoher Gewinnerwirtschaftung interessierten Investoren gerät und dass Einrichtungen wie die MVZs fremdgesteuert werden. Daraus lässt sich ableiten, dass eine Bedarfswirtschaft nicht nur der Traum einiger Außenseiter:innen ist, der niemals umgesetzt werden kann, sondern eine starke Basis hat. Deutlich wird auch, dass die Demokratie, die bei Sonntagsreden immer in Anspruch genommen wird – die Oligarchen und Autokraten sind immer die andern –, halbiert ist. Zwischen den Wunsch nach sozialer und ökologischer Ausgestaltung und der Realisierung der demokratischen und kommunitär ausgerichteten Verfasstheit der Wirtschaft schieben sich mächtige Interessen, die es anders wollen. Ob sie sich durchsetzen, hängt vom »Engagement der Vielen« ab, das Stéphane Hessel beschworen hat (Hessel 2013, S. 10). »Neues schaffen«, schreibt der weise und zornige alte Mann in seiner Streitschrift *Empört euch!* im Jahr 2010 – Hessel war da 93 Jahre alt –, »heißt Widerstand leisten. Widerstand leisten heißt Neues schaffen.« (Ebd., S. 21)

Neu aufstellen muss sich auch die Landwirtschaft. Die Entwicklung zum Agrobusiness entspricht der kapitalistischen Entwicklungslogik: Immer mehr Technik, immer mehr Chemie, immer größere Einheiten heißen die Stichwörter. Diese Logik ist eine Zwangslogik im Rahmen der Kreisläufe der großen Ökonomie. Die kapitalistische Konkurrenz zwingt dazu, das Überleben durch eine Steigerung des Ausbeutungsgrades zu sichern. Dieser Ausbeutungsgrad ist gegenüber den Tieren, Pflanzen und Böden als natürliche Ressourcen auf ein Maß gesteigert worden, das schon jetzt als maßlos zu bezeichnen ist. Die Folgen sind spürbar: vom Verschwinden der Insekten infolge des hohen Pestizideinsatzes über eine Überdüngung der Böden bis hin zu überzüchteten Nutztieren, Massentierhaltung mit hohem Antibiotikaeinsatz und Tiertransporten über lange Strecken von mehr als acht Stunden Dauer – in der EU sind von solchen Transporten 1,4 Milliarden Tiere im Jahr betroffen.

Der Bogen der Ertragssteigerung ist überspannt. Die überdehnte Produktivität hat dazu geführt, dass immer weniger Beschäftigte immer mehr Nahrungsmittel produzieren. Zu Beginn des 20. Jahrhunderts lag der Anteil der in der Landwirtschaft Erwerbstätigen in Deutschland noch bei 38 Prozent, zu Beginn der 50er-Jahre bei 24 Prozent – und heute liegt er bei nur noch 1,4 Prozent.

Und ein Ende der Versuche, den Ertrag mit allen Mitteln zu steigern, ist nicht in Sicht. Eine starke Lobby fordert, dass das weitgehende Tabu beim Einsatz von Gentechnik – in Deutschland werden keine gentechnisch veränderten Pflanzen angebaut – fallen soll. Dann könnte Saatgut mit sogenannten neuen Gentechnikverfahren manipuliert und könnten Genpflanzen angebaut werden, die dann als Futtermittel eingesetzt werden oder als Lebensmittel auf den Tisch kommen. Die Gentomate würde Realität, und sie wäre nicht gekennzeichnet.

Der eingeschlagene Entwicklungspfad ist ein technizistischer Irrweg. Er führt nicht nur zu einer weiter gesteigerten Ausbeutung der Ressourcen, sondern auch zu hohem Arbeitsdruck der Beschäftigten, zur Selbstausbeutung der Betriebsleiter:innen, häufig zum Verzicht auf längeren Urlaub und zu einem insgesamt übersteigerten Arbeitsdruck.

Es ist erforderlich, dass die Landwirtschaft extensiviert wird, statt sie ständig weiter zu intensivieren. Dies sollte in zwei Richtungen geschehen: Zum einen müssen wieder mehr Menschen in der Landwirtschaft tätig sein und sind die ländlichen Räume aufzuwerten, zum anderen ist eine artgerechte, bodenschonende und an den Klimawandel angepasste Landwirtschaft zu entwickeln, die sich dem Ziel einer regionalwirtschaftlich ausgerichteten Versorgung stellt.

Die ökologische Komponente wird unter anderem durch Verzicht auf den Import von Futtermitteln aus Übersee und auf den Anbau von Futtermittelpflanzen auf wertvollen Ackerböden gestärkt. »Wenn Vielfalt auf dem Acker herrscht«, sagt Elisabeth Fresen, die Bundesvorsitzende der Arbeitsgemeinschaft bäuerliche Landwirtschaft, »wird es in einer weiten Fruchtfolge auch Futterpflanzen geben, die nicht so hohe Ansprüche an den Boden stellen.« Dazu ist es erforderlich, dass wesentlich weniger Tiere gehalten und deutlich weniger tierische Produkte konsumiert werden. Einzelne Betriebe müssen flächengebunden füttern, so Fresen. »Werden Tiere von der Weide und vom regionalen Acker gefüttert, der Mist wieder auf die Flächen ausgebracht, entsteht ein regionaler Nährstoffkreislauf.« (Zitiert nach »Umbau der Landwirtschaft vorantreiben«. In: Junge Welt vom 30. März 2022) Der Flächenfraß, der Ausverkauf und die Zweckentfremdung landwirtschaftlicher Flächen – unter anderem auch durch Aufstellen von Solarmodulen auf wertvollen Ackerflächen[17] – ist zu stoppen, und die Verpachtung ist an ökologische Kriterien zu koppeln.

Eine solche neu ausgerichtete Landwirtschaft muss den Versorgungsauftrag des Gemeinwesens erhalten, und sie muss vor der Flutung des Markts mit den Turboprodukten des Agrobusiness geschützt werden. Wie in anderen Wirtschaftszweigen muss über die Organisationsform der landwirtschaftlichen Betriebe neu nachgedacht werden. So wie das Bestreben, mit gewaltigem Technik- und Chemieeinsatz das Letzte aus Böden, Tieren und Pflanzen herauszuholen, nicht dem Bild der Zukunft entspricht, so gilt dies auch nicht für das Modell des Landwirts als gestressten Einzelkämpfers und noch weniger von der Arbeitsgrundlage agrarindustrieller Unternehmen. Und wie im Gesundheitswesen mit der Etablierung selbstverwalteter und öffentlicher Gesundheitszentren eine sinnvolle Alternative bereitsteht, so können ökologische Produktionsgenossenschaften im 21. Jahrhundert ein entscheidender Beitrag zu einer umweltgerechten Landwirtschaft sein, die den Druck auf Tiere, Pflanzen und Menschen deutlich lindert und die uns am Ende auch die besseren Nahrungsmittel liefert.

Das Anliegen, dass der Ökolandbau mit schonenden Produktionsmethoden und kleinräumigen und regionalwirtschaftlichen Bezügen nicht mehr die Ausnahme sein, sondern zur Regel werden möge, trifft gesellschaftlich auf eine große Resonanz. Doch hier gilt – wie das auch in Bezug auf die Entwicklungen im Gesundheitswesen festzustellen ist –, dass andere Interessen wirksam sind und die Entwicklung in eine andere Richtung vorantreiben:

hin zur Etablierung von Großstrukturen und großräumigen Produktionsketten. Die fragwürdige Agrarpolitik der EU befördert diese Entwicklung aus einer inneren Notwendigkeit heraus. Es ist das Credo für große Märkte, für mehr Welthandel und den Abbau von Hemmnissen, die geeignet wären, kleinräumige Märkte zu schützen.

Eine extensivierte Landwirtschaft verabschiedet sich vom Streben nach Größenvorteilen und von der erbarmungslosen Jagd nach noch mehr Produktivität, die bereits jetzt überzogen ist. Auch im Agrarsektor des globalen Südens müssen die Strukturen einer regional angepassten Landwirtschaft mit ihrer Produktionsvielfalt erhalten und gefördert werden. Es ist eine völlige Fehlentwicklung, dass agrarindustrielle Unternehmen, die für den Weltmarkt produzieren, im Süden der Welt ihre Größenvorteile ausspielen und Kleinproduzenten und Kleinbauern an die Wand spielen, die ihr Land verlieren und keine Möglichkeit mehr haben, weiter zu produzieren.

Eine extensivierte Landwirtschaft braucht auch im Norden wieder mehr Beschäftigte. Das verweist auf eine wichtige Leistung einer Bedarfswirtschaft weit über die Landwirtschaft hinaus: Sie gewährleistet es, dass alle Menschen an der gesellschaftlich sinnvollen und notwendigen Arbeit teilhaben können. Sie technisiert nicht einfach blind immer weiter und verdrängt nicht einfach die dann Überflüssigen aus der Arbeitswelt, sondern organisiert die Arbeit in den verschiedenen Bereichen so, dass eine gesellschaftlich verantwortete, ökologische und teilweise auch entschleunigte Ausrichtung des Arbeitens möglich ist. Alle haben teil an einer solchen Arbeit und an der »großen Wirtschaft« und sind mitverantwortlich für das Funktionieren; sie verwirklichen sich dabei als Subjekte, die wissen, dass sie eine wichtige gesellschaftliche Aufgabe übernommen haben. Die fatale Zweiteilung, die auch Niko Paech diagnostiziert – er verortet das Subjektsein jedoch nur auf der Ebene einer subkulturellen Praxis, also in der Nische, in der sich selbst versorgende »Prosumenten« aktiv werden, die die große Wirtschaft als ein fremdes und bedrohliches Gegenüber erleben –, wäre damit aufgehoben.

Gebannt wäre damit die negative Utopie, dass am Ende Maschinen die Arbeit übernehmen, dass die Herren über die Digitalwirtschaft das Wirtschaftsleben bestimmen und dass nur noch diejenigen Arbeit haben, die die

Maschinen konstruieren – und alle anderen keine Aufgabe mehr haben, verarmen oder mit einem bedingungslosen Grundeinkommen oder mit Soma ruhiggestellt werden.

Zweites Essential

Small is beautiful – Plädoyer für kleine demokratische Staaten

Aldous Huxley hat 1958, knapp 30 Jahre nach dem Erscheinen seines Romans *Brave New World*, einen Essayband unter dem Titel *Brave New World Revisited* veröffentlicht, der auf Deutsch später unter dem Titel *Wiedersehen mit der Schönen neuen Welt* erschienen ist. Darin überprüft er den Plot seines Zukunftsromans, seine Thesen und Vorhersagen kritisch. Vieles, so stellt er erstaunt fest, ist schneller wahr geworden, als er das erwartet hatte. Im abschließenden Essay des Bandes unter der Überschrift »Was lässt sich tun?« kommt er zu Schlussfolgerungen.

Huxley bringt eine Alternative zur technisch-totalitären Herrschaft und zu den Bürokratien »der Großregierung und der großen Konzerne« (Huxley 2017, S. 116) ins Spiel, zu einer seelenlosen und überzüchteten Zivilisation, in der der Wilde, seiner ursprünglichen Umgebung entrissen, zugrunde gehen muss, wie er das in seinem Roman beschrieben hatte. Es ist die Möglichkeit von dezentralen, sich selbst regulierenden Einheiten und einer Gesellschaft, die die Freiheit des Einzelnen respektiert, die totalitäre Herrschaft von Wissenschaft und Technik überwindet und sie in den Dienst des Menschen stellt. Huxley verweist auf die autonome, sich selbst erhaltende Gemeinschaft, spricht von »selbstverwalteten, nichthierarchischen Produktionsgemeinschaften« (ebd., S. 116).

Die Idee der Dezentralisierung lebt – und wirkt heute gleichzeitig wie aus der Zeit gefallen, scheint der Trend zu Großstrukturen, zu großen Einheiten und zur Überwindung von begrenzenden Ordnungen doch übermächtig und so selbstverständlich zu sein, dass diese Tendenz kaum grundsätzlich hinterfragt wird. Doch gerade das ist notwendig. Starkgemacht wie kein Zweiter hat sich für diese Idee der kleinen Strukturen und Staaten der aus

Österreich stammende Philosoph und Ökonomen Leopold Kohr, der 1938 in die USA emigrierte. Dort veröffentlichte er im Jahr 1957, also fast zeitgleich mit der Veröffentlichung des Essaybandes von Huxley, das programmatische Werk *The Breakdown of Nations*, auf Deutsch erstmals 1986 unter dem Titel *Das Ende der Großen. Zurück zum menschlichen Maß* erschienen. Kohr entlarvt den Totalitarismus des Großen und benennt den zerstörerischen Monumentalismus politischer Systeme und der Wirtschaft unzweideutig. Als Vordenker der Umweltbewegung wurde er im Jahr 1983 mit dem Alternativen Nobelpreis ausgezeichnet.

Die Entwicklung hat sich seitdem kritisch zugespitzt – das macht Kohrs Thesen heute hochaktuell. Mit guten Argumenten plädiert er für kleine Einheiten und gegen die Verherrlichung von Größe, gegen die Überdimensioniertheit moderner Wirtschaftssysteme und die Übergriffigkeit großer Staaten und Machtblöcke. Wenn uniforme Systeme sich über riesige Regionen erstrecken, schreibt er, sind sie »notwendigerweise totalitär im gesamten Raum« (Kohr 2002, S. 179). Wenn die Macht dagegen unten liegt, auf der Ebene kleiner Staaten, dann kann sie weniger schaden. Wenn eine kritische Größe überschritten ist, gilt dies nicht mehr. Dann können ein Missbrauch der Macht und fortgesetztes Großmachtstreben schlimmste Folgen haben.

Wenn die »monströsen Verhältnisse« (S. 223), die von Menschen geschaffen wurden und immer weiter geschaffen werden, eine bestimmte Grenze überschreiten und eine kritische Größe erreichen, sind sie nicht mehr zu bewältigen und wirken destruktiv. Kohr plädiert für die Aufteilung Europas in kleine Staaten,[18] mit »Produktions- und Markteinheiten von so kleiner Größe, dass ihre Aktivitäten jederzeit überblickt werden können« (S. 225). Kein Staat soll so groß sein, dass er einen anderen dominieren oder gar über ihn herfallen kann, aber groß genug, um seinen Bürgerinnen und Bürgern das Notwendige zum guten Leben bieten zu können.

Kohr argumentiert grundsätzlich. Er fordert eine Rückkehr zum menschlichen Maß. Das Maß muss gegen die Maßlosigkeit zur Geltung gebracht werden, gegen die Überdimensioniertheit von Strukturen und Räumen, die sich längst über die optimale Größe hinaus entwickelt haben und immer weiter wuchern. Bei seiner Theorie vom richtigen Maß beruft er sich auf die antiken Philosophen und dabei besonders auf Aristoteles, für den der beste Staat derjenige ist, der die optimalen Voraussetzungen für das gute Leben schaffen kann. Bei Aristoteles ist von Tugenden die Rede, die helfen, maßvoll leben zu können – aber nicht von gewaltigen Staaten, von Bündnissen und Blöcken, die immer weiter wachsen und nach immer mehr Größe streben, und auch nicht von einem Markt, der die Welt total in den Griff zu nehmen versucht.[19]

Kohr war sich darüber im Klaren: Das »dauernde Beharren auf Kleinheit verärgert unsere globalen Einheitsfanatiker, denen alles, was groß ist, auch erhaben scheint« (S. 247). Daran hat sich bis heute nichts geändert. Fast reflexartig wird etwa bei Kritik an der Europäischen Union und angesichts der Forderung, dass die Kompetenzen der Einzelstaaten gestärkt statt geschwächt werden müssen, der Vorwurf erhoben, dies sei »Kleinstaaterei«, die wir doch endlich glücklich und für immer überwunden hätten, und – noch schlimmer – dies seien doch eigentlich reaktionäre Konzepte.

Ich bin der Auffassung, dass dies ein interessegeleitetes Wording derjenigen ist, die von großen Einheiten und kontinent- und erdballübergreifender Wirtschaftsmacht profitieren. Zwar ist Kohrs Begrifflichkeit zuweilen nicht ganz glücklich, so wenn er von der »Wiederherstellung« der alten kleinen Nationen wie der Lombardei, Venetien, Burgund oder Bayern spricht oder wenn der Untertitel ein »Zurück« zum menschlichen Maß einfordert. Es geht aber nicht um ein Zurück und eine Rückkehr zu alten Zuständen, sondern um ein Fortschreiten hin zum Maß und zu überschaubaren demokratischen Strukturen: Das 21. Jahrhundert muss zum Jahrhundert der kleinen Einheiten und von staatlich verfassten Gemeinwesen werden, die die wesentlichen Aufgaben, die Basics einer Gesellschaft, gut erledigen können. Sie brauchen dazu die große ferne Zentrale nicht, die über die Köpfe hinweg organisiert, bestimmt, regiert und vereinheitlicht. Die kleinen Einheiten repräsentieren die kulturelle Vielfalt, sie entwickeln die Fähigkeit zur weitgehenden Selbstversorgung, und politische Entscheidungen fallen direktdemokratisch. Dies ist ein sehr fortschrittliches Konzept.

Regionalökonomien demokratisch und staatlich absichern

Kohr buchstabiert seine Formel »Kleine Staaten statt großer Reiche« konsequent durch. Das »Ungeheuer des Nationalismus« und der Machtanmaßung kann gebannt werden, wenn die großen Mächte in kleinere Gemeinwesen überführt werden. Dabei war er kein Gegner überstaatlicher Verbünde, sah aber das Problem, dass sich auf einer Föderationsebene und auf der Ebene der Vereinten Nationen Großmächte zwischen die gleichberechtigte Artikulation der Interessen aller Staaten schieben und sie bestrebt sind, ihre Sonderinteressen als Allgemeininteresse durchzusetzen. Bei kleinen Staaten ungefähr gleicher Größe, die alle über die gleiche Stimmenzahl und die gleichen Rechte verfügen, wäre dieses Problem auf der überstaatlichen Ebene gelöst.

Die kleinen Staaten, so schwebte es Kohr vor, sollen souveräne und gleichrangige Mitglieder einer »Europäischen Föderation« werden. Kohr schrieb sein Buch zu einer Zeit, als es weder die Europäische Wirtschaftsgemeinschaft noch die Europäische Gemeinschaft, geschweige denn die heutige Europäische Union gab. Es kann davon ausgegangen werden, dass er die damit verbundene Entwicklung zu einer neuen Zentralisierung von Macht strikt abgelehnt hätte, denn sein Modell einer Föderation zielt darauf ab, die Staaten nicht nur zusammenzuhalten, sondern sie auch auseinanderzuhalten und ihre Souveränität und Vielfalt zu fördern. Davon kann bei der heutigen EU keine Rede sein. Deren Integrationsweg weist fatale Demokratiemängel auf und ist mit der Forcierung fragwürdiger Prozesse wie der massiven Industrialisierung der Landwirtschaft verbunden.

Kleine Gemeinwesen eignen sich vorzüglich, den demokratischen Willen seiner Bürgerinnen und Bürger zur Geltung zu bringen. Nicht nur gegen das Konzept kleiner Staaten, sondern auch gegen die direkte Demokratie werden unzutreffende Einwände erhoben. Dazu gehört der Hinweis, dadurch würden doch die falschen und problematische Entscheidungen getroffen. Auch hier hat es den Anschein, dass die Politik- und Wirtschaftsmächtigen ihre Stellung immunisieren wollen; Fakt ist, dass für viele wesentliche

Entscheidungen und von oben forcierte Entwicklungen eine demokratische Legitimation fehlt und diese auch nicht erwünscht ist. Eine Elitendemokratie und eine eingeschränkte, eine »marktkonforme Demokratie«, von der Angela Merkel einmal gesprochen hat, sind nicht zukunftsfähig.

Die direkte Demokratie ist auch eine Chance, das immer stärker werdende ökologische Bewusstsein vieler Menschen und die Bereitschaft, den individuellen Lebensstil zu verändern, in der politischen Sphäre zur Geltung zu bringen. Doch es droht das Gegenteil: Strukturen werden zum einen aktiv von den Ordnern der Welt in die falsche Richtung verändert, zum anderen führen sie ein Eigenleben, sie wuchern und wabern über die Köpfe hinweg wie der Geist, der aus der Flasche entlassen wurde und sein Unwesen treibt. Sie sind politisch-demokratisch abgekoppelt.

Die Schlussfolgerung kann daher nur sein: Es geht darum, die Steuerung und Kontrolle durch die Politik zurückzugewinnen und sich mit blinden Prozessen nicht abzufinden. Und es geht um eine umfassende Einmischung der Bürgerinnen und Bürger in eigene Angelegenheiten. Nur bei einer Demokratisierung der Gesellschaft und der Wirtschaft wird sich die zweifellos vorhandene Bereitschaft, ausufernden Konsum zu reduzieren und Lebensqualität nicht vorwiegend in der Anhäufung materieller Habe zu sehen, sondern die Verwirklichung als Subjekt anders zu definieren, organisch in die politische Sphäre transferieren lassen. Eine Ökodiktatur, in der die Eliten entscheiden, wäre dagegen eine Dystopie. Sie droht angesichts sich zuspitzender Krisen, wenn das Ziel der Demokratisierung der Gesellschaft und der Teilhabe aller aufgegeben wird.

Regionalökonomien müssen demokratisch und staatlich abgesichert werden. Nur Staaten haben die Kraft und die Durchsetzungsmacht, wirksam zu regulieren, sich gegen die Zumutungen globalen Kapitals und besitzergreifender Großstrukturen zu wehren und auch protektionistisch zu agieren, sodass sich vernünftige, maßvolle und ökologisch verantwortbare Strukturen etablieren können. Die demokratischen und sozialen Institutionen der Staaten sind zu stärken.

Wenn wir vor dem Hintergrund von Kohrs Thesen die Entwicklung in Europa betrachten, dann ist sofort augenfällig, dass sich die Europäische

Union in die gegenteilige Richtung bewegt. Die EU entwickelt sich nicht nur zu einem De-facto-Bundesstaat, sondern zu einem Superstaat und einer Macht, die am Ende in der verschärften Konfrontation mit Russland zur Spaltung Europas in zwei feindliche Großräume beiträgt. Befugnisse einzelstaatlicher Institutionen werden abgebaut, nationale Gerichte, ja selbst die Verfassungen werden durch überstaatliche Regelungen geschwächt, Kompetenzen und Governance nach oben verlagert. All dies geschieht vor dem Hintergrund der Interessen einer neokapitalistischen Ökonomie, die große Räume braucht und von kleinteilig-demokratischen Störenfrieden nicht behindert werden will.

Einzelstaaten versus Großordnung der EU

Das Projekt »Europa«, darauf weist auch der Soziologe und frühere Direktor des Max-Planck-Instituts für Gesellschaftsforschung Wolfgang Streeck hin, wird inzwischen als Zivilreligion überhöht. Die große Einheit wird als Heil bringende Vision beschworen. In Wahrheit wird die Großordnung einer EU, die sich selbst für »Europa« ausgibt, dies aber gar nicht ist, damit ideologisch abgesichert. Streeck ist ein Beispiel für die im 21. Jahrhundert wieder lauter werdende linke Kritik an der EU. Gedanklich finden sich wichtige Parallelen zu Kohr. Streeck plädiert wie dieser für den »Ausweg nach unten« (Streeck 2021, S. 510). Statt das Staatensystem weiter in Richtung einer überstaatlichen Zentralisierung umzubauen, ergreift er in seinem Buch *Zwischen Globalismus und Demokratie* Partei für eine moderne, auf friedliche Kooperation ausgerichtete »Kleinstaaterei«.[20] Mit dieser Kleinstaaterei meint Streeck anders als Kohr die Nationalstaaten, die nicht auf dem Altar der Globalisierung geopfert werden dürfen. Allein diese staatlichen Gebilde, so Streeck, können ein demokratisches und soziales Gegengewicht zur drohenden Hyperglobalisierung bilden.

Streeck ist zuzustimmen, auch wenn sein Wording teilweise unglücklich ist. So verwendet er mit dem bei ihm positiv besetzten Bezeichnung »Kleinstaaterei« ausgerechnet einen Kampfbegriff, mit dem kleine Einheiten von den Apologeten der Großstruktur diskreditiert werden sollen. Und auch der

Begriff des »Nationalstaats« ist nicht unproblematisch, zum einen, weil er in Deutschland aufgrund der Naziherrschaft anrüchig geworden ist,[21] zum anderen, weil die Nation gar nicht das ist, worauf Streeck abzielt. Es geht um Gemeinwesen, die wir besser als »Einzelstaaten« bezeichnen oder einfach als »Länder«, in denen der demokratische Souverän, das Staatsvolk im nicht völkischen Sinne, die Geschicke bestimmt – und nicht ein alles überwölbender Überstaat oder die Administration einer »Global Governance«.

Streeck geht weniger weit als Kohr, der im positiven Sinne radikal argumentiert, denn Kohrs Konzept der kleinen Staaten zielt auf staatliche Einheiten unterhalb der alten Nationalstaaten ab. Er gibt damit ein Ziel vor, das im 21. Jahrhundert eine wünschenswerte Entwicklung beschreibt, von der wir aber noch ein großes Stück entfernt sind. Streecks moderatere Variante hat mit der Verteidigung der real existierenden Einheiten unterhalb der Ebene des Superstaats, also mit der Verteidigung der in Jahrhunderten gewachsenen National- oder besser Einzelstaaten, den praktischen Vorteil, dass er an Gegebenheiten anknüpft, die nicht erst geschaffen werden müssen, sondern an die sich im Hier und Jetzt anknüpfen lässt. Dass die Nationalstaaten, die Kohr zum großen Teil schon für zu mächtig hielt, heute gegen die Zumutungen noch größerer Einheiten verteidigt werden müssen, zeigt, in welche Richtung die Entwicklung gegangen ist.

Ich bin der Auffassung, dass die Bewahrung und Aufwertung der bestehenden Einzelstaaten in Europa zunächst einmal eine wichtige Etappe ist auf dem Weg, noch kleinere Einheiten als demokratische Gemeinwesen zu schaffen. Insofern sind die Konzepte Streecks und Kohrs keine widerstreitenden, sondern Wegmarken, die ein Nahziel und ein ferneres Ziel beschreiben. Um die optimale Größe oder, besser besagt, die angemessene Kleinheit wird in Zukunft eine Auseinandersetzung zu führen sein. Der Blankoscheck jedenfalls, der immer größer werdenden Einheiten bislang erteilt wird – von der EU bis zur NATO –, kann im 21. Jahrhundert nicht mehr ausgestellt werden. Die Richtschnur in Bezug auf die Staatlichkeit ist dabei die Fähigkeit von Gemeinwesen, die wesentlichen Aufgaben im Sinne ihrer Bürgerinnen und Bürger und mit ihnen gemeinsam gut bewältigen zu können.

Global denken, lokal handeln

Wie auch immer diese Größe am Ende ausfällt: Die Länder, die ihre Angelegenheit demokratisch und souverän managen, brauchen kulturelle Offenheit und eine mehrfache Rückbindung, die sie davor bewahrt, eine selbstgefällige oder gar chauvinistische Richtung zu nehmen. Es geht um eine bewusste Beschränkung, nicht um Abschottung. Das »America first« der Trumpisten in den USA oder das »Österreich zuerst« der Rechtspopulisten von der FPÖ sind Beispiele für eine gefährliche Borniertheit. Es bedarf dreier Rückkopplungen, die die Grenzen des Einzelstaats bewusst überschreiten: nämlich der ökologischen Rückkopplung, der kontinentalen Rückkopplung und der globalen Rückkopplung.

Anders gesagt: Der Leitspruch »Global denken, lokal handeln« gilt. Das Handeln vor Ort und im eigenen Land braucht das Bewusstsein kontinentaler und weltweiter Verbundenheit und braucht ein ökologisches Denken, das begreift, dass der eine Blaue Planet nur gemeinsam erhalten werden kann. Das Handeln des aufgeklärten demokratischen Souveräns ist nicht in einem Extrazimmer des Planeten oder auf einer Insel der Seligen angesiedelt. Vielmehr wird ein Einzelstaat, in dem wiederum viele Einzelne die Zusammenhänge begriffen haben und daraus auch gesellschaftliche Schlüsse ziehen, den ökologischen Erfordernissen so gerecht, dass die weltweite Situation mitbedacht wird. Das Handeln wird sich etwa bei der Frage, wie hoch der CO_2-Ausstoß im Land künftig noch sein kann, auf ein Maß reduzieren, das sicherstellt, dass der Planet nicht verheizt wird, wenn alle so handeln. Die Bürgerinnen und Bürger entscheiden sich für ein ökologisches Maß, das für alle Menschen auf der Welt gelten könnte. Hier zeigt sich der neue kategorische Imperativ, der auf Verallgemeinerungsfähigkeit abzielt und der weit mehr ist als eine hypothetische Überlegung, weil er praktisch-politisch vor Ort umgesetzt wird: Das globale, ethisch und ökologisch fundierte Denken wird zum lokalen Handeln.

Was die kontinentale Rückkopplung angeht, so ist die Kooperation im gemeinsamen Erdteil unverzichtbar. Kooperation ist etwas völlig anderes, als waffenstarrende überstaatliche Systeme wie die NATO immer weiter aufzublähen oder die EU militärisch aufzurüsten und zu einer »Verteidigungsunion« machen zu wollen und damit zu einer Union, die durch den bedrohlichen Machtkampf mit Russland die Spaltung des Kontinents fort- und festschreibt und in der die Rufe nach nuklearer Bewaffnung immer lauter werden. Stattdessen muss am Konzept der kontinentalen Kooperation gerade in kritischen Zeiten festgehalten werden. Die Zusammenarbeit zielt in erster Linie auf die Versöhnung der Kulturen, auf die Begegnung von Menschen und zivilgesellschaftlichen, politischen und wissenschaftlichen Austausch.

Kooperation beinhaltet auch künftig – in zweiter Linie – einen länderübergreifenden Handel mit Gütern, weil es kaum möglich sein wird, die anzustrebende Selbstversorgung im Einzelstaat umfassend und auf Anhieb sicherzustellen. Es geht dabei allerdings um einen regulierten und defensiv ausgerichteten Handel. Die Selbstverständlichkeit, mit der heute gewaltige Finanzströme fließen, prinzipiell global-arbeitsteilig produziert und auf riesigen Märkten agiert wird und immer komplexere Lieferketten mit immer größeren Warenströmen geschaffen werden, ist abzulehnen.

Auch die EU hat, je weiter ihre Entwicklung zum Superstaat fortschreitet, kaum noch Modellhaftes; die friedensstiftende und kontinentverbindende Kraft der Union ist verbraucht und droht sich ins Gegenteil zu verkehren. Dies wird spätestens deutlich, wenn Kommissionspräsidentin Ursula von der Leyen auf den militärischen Sieg setzt und offen davon spricht, dass der Krieg gegen Russland gewonnen werden müsse. Die notwendige friedliche Kooperation im gesamten Kontinent Europa wird nicht durch eine EU als mächtiger Bundesstaat, wie das immer unverhohlener angepeilt wird, nicht durch das gepriesene Modell der »Vereinigten Staaten von Europa« sichergestellt, nicht durch die EU als eine Großmacht, die in Konkurrenz zu anderen großen Mächten steht. Es gibt keinerlei Anzeichen dafür, dass die EU sich künftig zu einem dezentralen Staatenbund entwickelt, sie Kompetenzen nach unten abgibt und der riesige Binnenmarkt zugunsten von regional beschränkten Märkten aufgehoben wird.

Die EU ist, solange sie ein auf immer mehr Größe und Macht ausgerichtetes Konstrukt bleibt, nicht reformierbar. »Auf den Ruinen des stecken gebliebenen ›europäischen Projekts‹ der EU«, sagt Streeck, »könnte ein Kontinent friedlicher, gleichberechtigt miteinander kooperierender Klein- und Mittelstaaten entstehen, die keine andere Wahl haben, als jeweils für sich auf jeweils eigene Rechnung eine demokratische Verantwortung zu übernehmen, zu der ihre Bürger sie notfalls auch ziehen könnten.« (Ebd., S. 511)

Erforderlich sind zweifellos andere Formen einer institutionalisierten Zusammenarbeit in Europa, die wirklich den ganzen Kontinent umfassen und die eine Integration voranbringen, die nicht von wirtschaftlichen Interessen dominiert ist und die das Ziel verfolgt, die alt-neue Spaltung zwischen Ost und West zu überwinden. Möglicherweise kann hier die Organisation für Sicherheit und Zusammenarbeit in Europa (OSZE) zu einer Keimzelle einer solchen Kooperation der europäischen Länder werden, die neu lernen müssen, ihre kontinentalen Angelegenheiten selbst zu managen – ohne die Großmacht USA, die einer neuen OSZE nicht angehören sollte.[22] Die OSZE wäre zu einem Verbund auszubauen, der sich um eine gesamteuropäische Sicherheitsarchitektur kümmert, der die Abrüstungsbemühungen der Staaten unterstützt und dafür sorgt, dass Fairnessregeln im zwischenstaatlichen Handel eingehalten werden.

Was die globale Ebene angeht, so wurde mit den Vereinten Nationen im Jahr 1945 eine Organisation geschaffen, die von Anbeginn an die entscheidenden Aufgaben in den Mittelpunkt gerückt hat; im Unterschied zur EU geht es nicht um die Wirtschaftsinteressen großer Akteure in einem bestimmten Weltteil, sondern um überlebenswichtige Anliegen der Weltgemeinschaft. Zwar ist die Reformbedürftigkeit der UNO unverkennbar, und auch die von Kohr angesprochene Problematik, dass Großmächte ein zu großes Gewicht haben, begegnet uns hier wieder – sichtbar am Vetorecht der großen Fünf, mit dem die ständigen Mitglieder des Sicherheitsrats USA, Russland, China, Großbritannien und Frankreich alle Entscheidungen des Gremiums blockieren können. Dennoch steht die UNO für essenzielle Ziele: den Frieden zu erhalten und für Sicherheit und Abrüstung einzutreten, die Menschenrechte zu schützen, das Völkerrecht zur Geltung zu bringen und eine nachhaltige Entwicklung und die Entkolonialisierung zu fördern. Die UNO, der fast alle Länder der Welt angehören, ist kein elitärer Klub, sondern der globale

Süden ist präsent und erhebt seine Stimme. Und das ist gut so, denn in den Ländern des Südens gibt es ein klares Bewusstsein von der Asymmetrie einer Weltordnung, die die Mächtigen begünstigt und keine internationale Balance schafft. Immer mehr Menschen streiten für eine andere Globalisierung. Sie ist partnerschaftlich statt imperial und neokolonial, polyzentrisch und fairer als das, was wir derzeit erleben.

Drittes Essential

Wir brauchen industrielle Abrüstung

Eine auf das Gemeinwesen bezogene Bedarfswirtschaft hat heilsame ökologische Auswirkungen. Dies erklärt sich aus den kurzen Wegen im Rahmen einer solchen Ökonomie, vor allem aber, wie wir gesehen haben, aus der Überwindung des kapitalistischen Wachstumszwangs. Allerdings kann auch eine Bedarfswirtschaft zur Wachstumsökonomie werden, und zwar dann, wenn die gesellschaftlichen Bedarfe weiter nach oben geschraubt werden, ohne dass dabei ein über den Köpfen wirkender Zwang wirksam wäre, wenn also beispielsweise die zur Verfügung stehende Wohnfläche pro Kopf oder die Fahrleistung im Verkehr und die dafür benötigte Infrastruktur ganz bewusst weiter vergrößert werden. Festzuhalten ist: Den vollen ökologischen Schub kann die Bedarfswirtschaft nur entfalten, wenn sie zur Postwachstumsökonomie wird.

Postwachstum bedeutet dreierlei. *Erstens* geht es darum, kein weiteres Wachstum zu generieren. *Zweitens* ist, darüber hinausgehend, die »Kunst der Reduktion« (Paech 2010, S. 34) als moderne Tugend einzuüben. Wir sind in eine Situation geraten, in der klar geworden ist, dass die Art des Produzierens und Konsumierens sich ändern und ihr Umfang sich verringern muss. Und *drittens* ist eine Postwachstumsgesellschaft, deren materielle Ausstattung sich teilweise verringert, nur denkbar, wenn sie mit einem »Genug für alle« verbunden ist, also mit dem Bereitstellen der Basics, die ein auskömmliches Leben und eine materielle Basis für alle Menschen im Gemeinwesen sichern; das »Genug für alle« ist dabei aber auch eine globale Perspektive mit dem Blick über den Tellerrand des eigenen Gemeinwesens hinaus.

Abzulehnen sind vermeintlich ökologische Konzepte, die einseitig auf die Verteuerung von Energie oder auf die Bepreisung von CO_2 setzen. Sie vergrößern die soziale Schieflage, ohne dass vernünftige Alternativen etwa zum Heizen bereitstehen würden. Davon sind Ärmere elementar betroffen, während Reichere den höheren Preis bezahlen können. Die Postwachstumsgesellschaft wird eine gerechte Gesellschaft sein, die die Tugend der Mäßigung lebt, weil das mehrheitlich so gewollt wird, oder sie wird nicht sein. Mäßigung und Allgemeinwohl müssen Hand in Hand gehen, während es eine soziale Katastrophe wäre, die Mäßigung denen zu verordnen, die ohnehin wenig haben.

Statt die Lasten bestimmten Gruppen aufzubürden, bedarf es des gesellschaftlichen Umsteuerns, um die ökologischen Ziele zu erreichen. Es bedarf der industriellen Abrüstung, der Konversion und der Evolution. Was dies bedeutet, möchte ich am Beispiel der militärischen Abrüstung und des Abbaus des militärisch-industriellen Komplexes verdeutlichen.

Militärische Abrüstung

In *Die Grenzen des Wachstums* wird gezeigt, dass mit immer höherem Technikeinsatz im Rahmen einer Wachstumslogik die anvisierten Ziele nicht erreicht werden, sondern damit im Gegenteil die Katastrophe vorprogrammiert ist. Bezogen auf das Militärische, heißt dies, dass die Anhäufung von Waffen und immer höhere Ausgaben für Rüstung und Kriegstechnik nicht in der Lage sind, Sicherheit zu gewährleisten, sondern im Gegenteil die dystopische Bedrohung vergrößern. Die militärische Logik ist eine ungeheure Wachstumstreiberin, weil es darum geht, waffentechnisch überlegen und stärker zu sein als der Gegner. Meadows weist nach, dass es einen Ausweg nur gibt, wenn das Prinzip des »Immer mehr« gestoppt und die Anhäufungsdynamik gebrochen wird.

Das Ziel einer friedlicheren Welt kann nicht mit immer mehr Rüstung und fortschreitender Militarisierung erreicht werden. Überfällig sind ein Kulturwandel und ein neues Muster, das dem Kriegführen eine Absage erteilt und auf diese Logik nicht mehr eingeht. Eingeübt und kultiviert werden müssen die Deeskalation von Konflikten, das Prinzip »Verhandeln statt schießen« und eine Verteidigung nicht mit Waffen, sondern mit den Mitteln der sozialen Verteidigung. Das Bestreben, in der militärischen Verteidigung erfolgreich zu sein und den Angreifer auf dem Schlachtfeld zu besiegen, führt wie jede militärische Logik zu immer neuer Aufrüstung. Auseinandersetzungen militärisch ausfechten zu wollen mündet am Ende in das Recht und den Erfolg des Stärkeren. Im Atomzeitalter wird dies vollends abwegig, weil jederzeit mit einem Schlag zerstört werden kann, was geschützt werden soll.

Ein wichtiges Ziel für das 21. Jahrhundert ist zweifellos die völlige Abrüstung der Einzelstaaten. Einzig auf Weltebene sollten noch Einsatztruppen unterhalten werden. Sie haben die Aufgabe, bei zwischenstaatlichen Eskalationen und drohendem Völkermord sofort einzugreifen. Diese Friedenstruppen müssen direkt der UNO unterstellt sein, das bisherige Prinzip der nationalen Kontingente ist abzulösen, weil es voraussetzt, dass die Nationen Träger von starkem Militär sind.

Dies ist ein Ziel, das nicht heute oder in ein paar Jahren erreicht werden wird. Wichtig und möglich ist aber, schon jetzt mit der Abrüstung und dem Rückbau des militärisch-industriellen Komplexes zu beginnen. Es wäre ein Anfang, um die Logik der ewigen Aufrüstung und der Akkumulation von Waffen und Kriegstechnik zu durchbrechen und den Trend umzukehren. Wenn nun in Deutschland das Gegenteil passiert und ein 100 Milliarden Euro schweres Aufrüstungsprogramm im Grundgesetz verankert wird, so stellt sich auch hier wieder die Frage, welche Interessen sich da durchsetzen. Diese Frage war uns schon bei der Kommerzialisierung des Gesundheitswesens und bei der von so vielen Menschen gewünschten, aber nicht vollzogenen Ökologisierung der Landwirtschaft begegnet. Liegt die Entscheidung, so massiv aufzurüsten, tatsächlich im Interesse der Bürgerinnen und Bürger, ist sie tatsächlich ein von einer Mehrheit getragenes Anliegen, oder setzen sich am Ende bestimmte Machtgruppen durch, die die alten Muster der Akkumulation und des Technizismus weitertreiben, als gäbe es kein Morgen? Es liegt auf der Hand, dass es der militärisch-industrielle Komplex ist, der davon profitiert.

Die Kunst der Reduktion

Die Kunst der Reduktion gilt nicht nur für das Militärische, sondern auch für andere industrielle Sektoren. Die Materialschlacht des Industrialismus mit ihrem immer wieder neu angeheizten Konsum ist auf eine deutlich schmalere Basis zu stellen. Anstelle einer Massenherstellung von immer mehr Sachgütern und der Produktion von Neuem und immer neuerem Neuen sind Dienstleistungen aufzuwerten, also Beziehungsarbeit am Menschen, die ohne einen überbordenden Verbrauch materieller Ressourcen auskommt. Dazu gehören beispielsweise pflegerische Tätigkeiten, soziale Berufe, Erziehung und Unterricht oder künstlerisches Schaffen. Meadows bezieht hier jede menschliche Tätigkeiten mit ein, »die keine großen Mengen unersetzbarer Rohstoffe benötigt oder Schadstoffmengen freisetzt und den Lebensraum schädigt«. Er nennt als Beispiele für solche Tätigkeiten, die oft als besonders erstrebenswert und befriedigend angesehen werden, auch Religion, wissenschaftliche Grundlagenforschung, Sport und soziale Kontaktpflege, die sich »schrankenlos« entwickeln können. Ein Wachstum von Bevölkerung und Kapital dagegen, so betont er, darf es nicht geben (Meadows 1994, S. 157).

Da eine ganze Reihe von Grenzen heute bereits deutlich überschritten ist, muss es in bestimmten Bereichen eine deutliche Reduktion geben. Das gilt für den Energieverbrauch, der deutlich abzusenken ist, es gilt für die Verkehrsvermeidung und last, but not least für den Flächenverbrauch. Der verheerende Flächenverbrauch, den wir in den vergangenen Jahrzehnten erlebt haben, ist ohne Wenn und Aber zu beenden. Wir erleben jedoch das Gegenteil, den fortgesetzten Bau von Autobahnen und Schnellstraßen, den Neubau und die Vergrößerung von Flughäfen, die Vergrößerung und Neuerrichtung von Industrieanlagen und Gewerbegebieten. Hier wird rücksichtslos und voll im Muster der Akkumulation und des Technizismus gehandelt; Neubauten auf der »grünen Wiese« – die es in Wahrheit immer weniger gibt – und auch im Wald, der im Zweifel gerodet und beseitigt wird, werden euphorisch gefeiert – man denke an Projekte wie die »Gigafactory« von Tesla in Brandenburg, wo für die Produktion von E-Autos 372.000 Liter Wasser verbraucht werden – pro Stunde –, oder an die Errichtung einer »Gigafabrik« von Intel in der Nähe von Magdeburg in Sachsen-Anhalt, wo auf diese Weise fruchtbarer Boden versiegelt wird, der dann für die Landwirtschaft verloren ist.[23]

Hier werden künftig harte Auseinandersetzungen um jedes Grüngebiet, jeden Acker und jedes Stück Wald zu führen sein. Die Versiegelung, Betonierung und Asphaltierung von Böden und Grünland kann nicht fortgesetzt werden, auch nicht für Wohnungsneubauten, die gern als panzerbrechendes Argument für den Verbrauch von Grüngebieten oder landwirtschaftlich genutzten Flächen benutzt werden. Es werden städtebaulich andere Konzepte umzusetzen sein, die gutes Wohnen für viele Menschen ermöglichen, ohne dabei immer mehr in die Breite zu gehen und zur Zersiedelung zu führen. Die Städte sind als verdichteter und gleichzeitig begrünter Raum für das Wohnen und Leben zu gestalten, der Verkehrsraum ist zu reduzieren.

Der Bodenverbrauch hat solche Ausmaße angenommen, dass ein Stopp dieser Zerstörungstätigkeit allein nicht mehr ausreichend ist. Wenn wir an die Aufgaben der Zukunft denken, müssen Flächen zurückgewonnen und entsiegelt werden, denn eine extensivierte Landwirtschaft benötigt mehr Flächen als die Intensivlandwirtschaft, und es muss, wenn Klimaschutz und Naturschutz ernst genommen werden, so viel Raum für Wiesen, Wälder und Moore geben wie irgend möglich.

Small is beautiful – die »mittlere Technologie«

Der respektlose Umgang mit dem Boden und eine immer intensiver werdende Landwirtschaft sind Teil einer Entwicklung, die in die falsche Richtung gegangen ist und die verändert werden muss. Die großindustrielle Massenproduktion geht einher mit dem Trend zum Überdimensionierten und zur Zentralisierung von Produktion. Sie bedient sich einer Technologie, die »keinen Grundsatz der Selbstbegrenzung« anerkennt, wie es Ernst Friedrich Schumacher ausdrückt (Schumacher 2019, S. 155).

Schumacher, ein britischer Alternativökonom deutscher Herkunft, Schüler und Freund Leopold Kohrs, hat die »Technologie der Riesenhaftigkeit«

(ebd., S. 159) und ihre Tendenz, »immer noch größer, immer noch schneller, immer noch gewalttätiger« (S. 169) zu werden, scharf kritisiert. Das tut er in dem Buch *Small is beautiful*. Es erschien im Jahr 1973, also fast zeitgleich mit den *Grenzen des Wachstums*, und es wurde, nicht zuletzt wegen des programmatischen Titels, zu einem Weltbestseller.

Es ist erschreckend zu sehen, wie sehr Schumachers 50 Jahre alte Bestandsaufnahme heute noch mehr ins Schwarze trifft als damals, weil die Situation sich weiter zugespitzt hat. Schumacher entlarvt die Logik des scheinbar unbegrenzten Wachstums und des Technizismus als Fehlhaltungen. Es ist eine »metaphysische Position des simpelsten Materialismus« (S. 121), für die lebende Welt und die Naturschätze keine Bedeutung haben »außer der, gleichsam wie ein Steinbruch ausgebeutet zu werden« (S. 122). Eine »Lebensweise, die sich auf diesen Materialismus stützt, das heißt auf einen Glauben an ständige und unbegrenzte Ausdehnung in einer begrenzten Umwelt«, kann »nicht von langer Dauer sein«, und »ihre Lebenserwartung [ist] umso geringer […], je erfolgreicher sie ihr auf Ausdehnung gerichtetes Ziel verfolgt« (S. 155).

Schumacher entlarvt den Irrglauben der Neuzeit, dass es möglich sei, sich aus der Abhängigkeit von der Natur lösen zu können. Der Eigenwert und die Grenzen der Natur werden missachtet, und das von der Natur zur Verfügung gestellte Kapital – so nennt er deren unschätzbaren Reichtum – werden einfach aufgezehrt, statt von einem nachhaltig erarbeiteten Ertrag zu leben. Schon 1954, lange vor Erscheinen seines Buches, ist ihm klar, dass der Wohlstand der westlichen Industrienationen auf der Ausbeutung endlicher Ressourcen und der fossilen Brennstoffe beruht. Eine solche Lebensweise kann nicht von Dauer sein:

> »Da die Weltvorräte an nicht erneuerbaren Brennstoffen – Kohle, Öl und Erdgas – […] begrenzt sind, ist es klar, dass ihre immer raschere Ausbeutung eine Gewalttat gegen die Natur darstellt, die unvermeidlich zur Gewaltanwendung unter den Menschen führen muss.« (S. 72)

Schumacher entlarvt die »kopflose Flucht nach vorn«. Ihr Mantra lautet, dass es keine unlösbaren Schwierigkeiten gibt. Bei Schwierigkeiten mit der

Umwelt, so wird glauben gemacht, »brauchen wir rascheres Wirtschaftswachstum, um Maßnahmen gegen die Verschmutzung zu finanzieren«; und »wenn wir Schwierigkeiten mit fossilen Brennstoffen haben, müssen wir von langsamen Reaktoren zu Schnellen Brütern und von der Kernspaltung zur Kernverschmelzung übergehen« (S. 164). Und, so möchte man heute hinzufügen: Bei Schwierigkeiten sowohl mit der Atomkraft als auch mit fossilen Brennstoffen lösen wir die Probleme dann eben mit »Freiheitsenergien«.

Schumacher bleibt nicht bei der Kritik stehen, sondern wie sein Lehrer Leopold Kohr macht auch er einen Lösungsvorschlag: Er streitet für ein nachhaltiges, inklusives und nicht ausgrenzendes Wirtschaftssystem, das sorgsam mit dem geschenkten Kapital – den Bodenschätzen und den anderen Schätzen der Natur und ihren Geschöpfen – umgeht und in dem die menschlichen Bedürfnisse und Fähigkeiten sowie die natürlichen Umwelttoleranzen berücksichtigt werden. Dazu, so führt er aus, ist eine veränderte Technik[24] erforderlich. Inspiriert dazu haben ihn seine Erfahrungen in Indien, wo er gesehen hat, wie die Entwicklungshilfe die Armut mit der Ansiedlung von Unternehmen und großtechnischen Ansätzen zu überwinden versucht und damit scheitert. Er plädiert für eine »mittlere Technologie«[25] und führt aus:

> »Ich habe sie *Mittlere Technologie* genannt, um anzudeuten, dass sie der primitiven Technologie früherer Zeiten weit überlegen [ist], zugleich aber sehr viel einfacher, billiger und freier als die Supertechnologie der Reichen ist. Man kann sie auch Selbsthilfe-Technologie oder demokratische oder Volkstechnologie nennen – eine Technologie jedenfalls, zu der jedermann Zutritt hat und die nicht denen vorbehalten ist, die bereits reich und mächtig sind.« (S. 162)

Inspiriert ist er dabei von Gandhi, der sagte, dass den Armen der Welt nicht durch Massenproduktion, sondern nur durch »Produktion der Massen« (S. 162) geholfen werden könne. Das Konzept der mittleren Technologie setzt auf kleine produktive Einheiten, es setzt auf »die Klugheit [der] Köpfe der Menschen und [auf] das Geschick ihrer Hände, *und es unterstützt sie mit erstklassigem Werkzeug*« (S. 162), also mit zeitgemäßem und keineswegs veraltetem Equipment. Dezentrales Arbeiten, das mit den Gesetzen der Ökologie vereinbar ist, sowie Kleinheit, Einfachheit und niedrige Investitionskosten sind Kennzeichen einer Technik mit menschlichen Zügen. Die auf das Wesentliche reduzierte Technik wird dem Bedürfnis des Menschen nach guter Arbeit und schöpferischem Tun in überschaubaren Einheiten gerecht. Produziert werden soll »hauptsächlich aus einheimischen Materialien und hauptsächlich zum Verbrauch am Ort« (S. 179).

Schumachers Konzept einer angepassten und abgerüsteten, aber gleichwohl ambitionierten Technik ist ein Programm gegen Verarmung, Ausgrenzung, Arbeitslosigkeit und Landflucht. Obwohl es in erster Linie auf die Dritte Welt abzielt und er darin eine Medizin für den globalen Süden gesehen hat, so zeigt sich, dass es im 21. Jahrhundert auch einen wertvollen Impuls für die Länder des Nordens darstellt. Ich denke etwa an ökologische Produktionsgenossenschaften, die im Rahmen einer Landwirtschaft tätig sind, die dringend extensiviert werden muss.[26]

Die mittlere Technologie betrifft darüber hinaus viele wesentliche Felder der Produktion, angefangen bei der Energieumwandlung. In Zusammenarbeit mit den kommunalen Energieversorgern sollten zahlreiche Energiekooperativen sich darum kümmern, dass dezentral und in einem regionalen Rahmen Strom bereitgestellt wird; sie hätten zudem die Aufgabe, in Zusammenarbeit mit gemeinnützigen Wohnungsgesellschaften Gebäude und Gebäudekomplexe energieeffizient zu gestalten und mit Sonnenkollektoren, Solarmodulen und Wärmepumpen auszustatten. Ein lohnendes Ziel ist es, Gebäude weitgehend energieautark zu machen, sodass sie am Ende gar keinen Strom mehr oder nur noch wenig Strom aus dem Netz beziehen. Maßgabe ist, dass der Energieverbrauch insgesamt erheblich sinken muss, dass auch die Stromproduktion nicht in die Höhe getrieben werden kann, dass die eingesetzten Energietechniken einfach und handhabbar bleiben sowie keine überkomplexen und materialaufwendigen Systeme installiert werden.

In den Blick zu nehmen ist darüber hinaus die ambitionierteste Technik, die Digitaltechnologie, die bei Schumacher keine Rolle spielt und die sich damals noch im Anfangsstadium befand. Die Fehlentwicklungen der Digitalisierung, die inzwischen offensichtlich geworden sind – die Zweiteilung in eine Technik-Expertokratie mit übergriffigen Konzernen auf der einen und abhängigen Konsumenten auf der anderen Seite –, sind zu überwinden. Das

Konzept der mittleren Technologie weist einen Weg. Die Überhöhung der Digitalisierung muss beendet werden, sie ist auf ihre ganz irdische Dimension zurückzuführen. Ihr Missbrauch durch die Militärtechnik ist genauso zu beenden wie die Vermüllung des Weltraums mit einer Armada von Satelliten, die den technologischen Irrweg über unsere Köpfe hinweg ins All verlängern.

Auch die Digitaltechnik muss »miniaturisiert« werden, sie ist auf den dienenden Charakter einer Technik zu reduzieren, die als Hilfsmittel im Alltag eingesetzt wird. Das totalitär-allumfassende Gehabe ist durch einen bescheideneren und bewusst beschränkten Auftritt zu ersetzen, nicht zuletzt auch, um den überbordenden Stromverbrauch durch die Digitaltechnik einzuschränken. Im Sinne der mittleren Technologie muss jede Digitaltechnik einfach und leicht zu bedienen sein. Und wenn sie zu einer Technologie werden will, »zu der jedermann Zutritt hat« – wie Schumacher das in Bezug auf Technik grundsätzlich formuliert –, dann geht es auch darum, dass möglichst viele Menschen nicht nur die Handhabung einer reduzierten Digitaltechnik erlernen, sondern auch mit den Grundzügen ihrer Funktionsweise und der Programmierung vertraut gemacht werden. Wer mittlere Technologie sagt, fügt auch die Aussage hinzu: Das alte esoterische Expertenwissen, das von den Mächtigen benutzt wird, hat ausgedient.

Naturbasierte statt technikbasierte Klimapolitik

Eindeutig ist Schumachers Absage an großtechnische Verfahren. Dazu gehört allen voran die Atomkraft, der er ein eigenes Kapitel in *Small is beautiful* widmet und deren Einsatz er mit scharfen Worten verurteilt. Er schreibt:

> »Keine noch so große wirtschaftliche Blüte könnte die Ansammlung großer Mengen hochgiftiger Stoffe rechtfertigen, von denen niemand weiß, wie sie ›sicher‹ zu machen sind, und die für die gesamte Schöpfung auf historische, wenn nicht sogar für die Dauer von geologischen Zeitaltern eine unberechenbare Gefahr bleiben. Ein solches Tun ist ein Angriff auf das Leben selbst.« (S. 154)

Zu den großtechnischen Blütenträumen gehört heute das Climate Engineering. Es ist ein anmaßender Versuch, das Klimaproblem mit einer weiteren Flucht nach vorn und dem Einsatz neuer gewaltiger Technologien zu lösen – also genau mit dem Muster, vor dem Schumacher warnt. Eifrig wird inzwischen die Carbon Capture and Storage (CCS) vorangetrieben, die Kohlenstoffabscheidung und -speicherung. Kohlendioxid wird aus der Luft geholt und dann beispielsweise in ausgediente Erdgaslagerstätten in der Nordsee oder in geeignete Gesteinsschichten gepumpt. Die Verbrennung fossiler Energieträger soll dadurch klimafreundlich werden, so die illusorische Hoffnung. Die CCS-Technik ist aufwendig und verbraucht viel Energie, geeignete Lagerstätten sind rar.

Noch weiter geht das Geoengineering, mit dem man den Strahlungshaushalt der Erde verändern will. Dazu sollen weltweit große Mengen Schwefeldioxid in der Atmosphäre verteilt werden, damit die Erde abkühlt. Nach dem Vorbild von Vulkanausbrüchen setzt man darauf, dass die dann in der Luft schwebenden Schwefelsalzpartikel einen Teil der Sonneneinstrahlung von der Erde reflektieren und damit fernhalten. Die vermessene Technik hätte, so viel ist klar, enorme »Nebenwirkungen«. So wäre der Himmel nicht mehr blau, sondern milchig, die Niederschläge würden abnehmen.

Man muss kein Prophet sein, um vorherzusagen, dass das Climate Engineering genauso scheitern wird wie andere Versuche des Technizismus, Probleme durch immer mehr und monströsere Technik zu lösen. Statt einer technikbasierten Klimapolitik ist es dringend erforderlich, den Schwerpunkt auf die Reduktion des Energieverbrauchs und auf eine naturbasierte Klimapolitik zu legen. Hinzuzufügen ist: Selbst wenn das passiert, werden wir nicht umhinkommen, uns an den Klimawandel anzupassen. Bei der Klimakonferenz von Paris im Jahr 2015 haben 197 Staaten sich auf das Ziel verständigt, den menschengemachten Temperaturanstieg auf deutlich unter 2 Grad Celsius und möglichst auf 1,5 Grad gegenüber dem vorindustriellen Level zu beschränken. Inzwischen hat sich herausgestellt, dass das 1,5-Grad-Ziel praktisch nicht mehr zu erreichen ist, doch jedes Zehntel Grad zählt, weil die Verwerfungen bei einer Erwärmung von 2 Grad gegenüber 1,5 Grad deutlich zunehmen. So werden die Korallenriffe im 2-Grad-Szenario bis 2050 komplett verschwunden sein, das Artensterben – das im Kern zunächst andere Ursachen hat als den Klimawandel – wird beschleunigt, in der Arktis wird es häufig eisfreie Sommer geben – und vor allem: Viel mehr Menschen werden von Extremwetter, Hitzewellen, Dürreperioden und Wasserknappheit betroffen sein.

Sich an den Klimawandel anzupassen heißt nicht, tatenlos zuzuschauen. Es heißt im Gegenteil, den Realitäten ins Auge zu sehen und sich zu wappnen. Es geht um bauliche Maßnahmen und die Verwendung geeigneter Baustoffe, die vor Sonne und Wärmebelastung schützen; es gilt, mehr Grün in die Städte zu bringen und die Versiegelung und Asphaltierung von Plätzen zu stoppen sowie Schattenoasen zu schaffen und kühle Inseln als Rückzugsorte bereitzustellen; es gilt, lebendige Wälder wachsen zu lassen – Stichwort: Vielfalt statt Fichten – und die Äcker mit mannigfaltigen standort- und klimaangepassten Sorten zu bewirtschaften und wieder verstärkt Hecken, Bäume und Sträucher zu pflanzen, um so Schäden durch Erosion oder durch Schädlinge zu reduzieren.

Eine wohlverstandene Anpassung an den Klimawandel geht Hand in Hand mit einer naturbasierten Klimapolitik und mit Natur- und Landschaftsschutz. Die Ozeane, die Vegetation und die Böden sind Kohlenstoffspeicher, sie haben die natürliche Fähigkeit, Treibhausgasemissionen auszugleichen. Deshalb sind der Meeresschutz, die Nichtzerstörung von Wäldern, die Aufforstung mit Mischwald, die Renaturierung von Flussauen sowie die Erhaltung und Wiedervernässung von Moorböden – insbesondere intakte Moore haben die Fähigkeit, gewaltige Mengen an CO_2 zu speichern – für den Klimaschutz entscheidend.

Technikeinsatz – defensiv statt offensiv

Was den technischen Umweltschutz und die technischen Mittel angeht, um Energie zu erzeugen, so ist es falsch, bestimmte Techniken per se – also pauschal und losgelöst von ihrer gesellschaftlichen Einbettung – als Wunderwaffen zu kennzeichnen. Wie wir von Dennis Meadows, dem »Godfather of growth criticism«, gelernt haben, kann Technik dann eine gute Rolle spielen, wenn sie nicht dazu eingesetzt wird, ein Mehr an Wachstum zu generieren und Grenzen der Ausbeutung der Natur weiter zu verschieben und damit neue Formen der Plünderung zu generieren, sondern wenn sie im Stadium des Gleichgewichts dazu beiträgt, das Nötige sparsamer zu produzieren und Verbräuche zu reduzieren statt zu erhöhen.

Bei den erneuerbaren Energien ist es das Problem, dass sie mittlerweile in einer Haltung mangelnden Respekts implementiert werden. Sie sind eingebettet in die Logik des technoökologischen Musters, bei dem es darum geht, die Energieproduktion zwar umzustellen, dabei aber den gesellschaftlichen Rahmen, die Wachstumsdynamik und das alte Muster unangetastet zu lassen. Ich halte es für völlig verfehlt, wenn ausgerechnet Umweltverbände die Bundesregierung auffordern, »mit Hochdruck« erneuerbare Energien auszubauen – als ob die Politik dies nicht ohnehin schon täte und als ob die Hürden des Naturschutzes von Umweltverbänden nicht konsequent verteidigt werden müssten –, und ich stimme nicht zu, wenn sie davon träumen, Kohle, Öl und Gas durch erneuerbare Energiequellen zu »ersetzen« (bund.net ▹ Themen ▹ Fossile Energien [online]. Zugriff am 4. Juli 2022). Denn die technologische Veränderung – also das Ersetzen fossiler Energien durch erneuerbare oder das Austauschen von Fahrzeugen, die mit fossilen Brennstoffen angetrieben werden, durch Autos, die mit Elektromotoren oder mit synthetischen Kraftstoffen angetrieben werden – ist keineswegs die Antwort.

Dieses Austauschen wird derzeit entfesselt betrieben. Auch der Ausbau der Windkraft ist Teil der Offensive. Es kommt bei der Bewertung der Windenergie und der anderen regenerativen Energiequellen darauf an, in welchem Kontext ihr Einsatz steht. Akzeptabel ist ihr Einsatz, wenn er demütig und in einer defensiven Haltung vonstattengeht, bei der von vornherein klar ist, dass erneuerbare Energien kein Wundermittel sind und dass sie die fossilen Brennstoffe nicht ersetzen können, um die aufgedrehte Maschinerie der Industriegesellschaft am Laufen zu halten, sondern dass es eine deutliche Reduktion der ökologischen Verbräuche und eine Konversion der Wirtschaft geben muss. Ziel muss es sein, die Strommenge, die künftig produziert wird, nicht einfach mit »Ökostrom« rücksichtslos nach oben zu treiben, sondern auch mit erneuerbaren Energien sorgsam und mengenkritisch umzugehen.

Naturräume und Meere sind als Ökosysteme zu respektieren. Es sind Krokodilstränen, wenn der Bund Umwelt und Naturschutz Deutschland (BUND) das Verschwinden von Arten wie dem Schweinswal beklagt, aber gleichzeitig den Windkraftausbau offshore und onshore begrüßt und unmissverständlich und offensiv fordert, Erneuerbare zu »entfesseln« (aktion.bund.net/energiesicherheit-jetzt [online]. Zugriff am 24. Juli 2022). Es klingt formelhaft, wenn dann noch pflichtschuldig angefügt wird, der Ausbau der Erneuerbaren sei »so umweltverträglich wie möglich zu gestalten« (Erneuerbare Energien ausbauen [online] ▷ bund.net/energiewende/erneuerbare-energien. Zugriff am 24. Juli 2022). Der BUND hat sich in den letzten Jahren viel zu weit auf das technizistische Glatteis begeben, er gleitet aus und ist dabei, argumentativ einzubrechen.

Auch die Bewegung Fridays for Future steht in dieser Gefahr. Der Fridays-Slogan »Es reicht halt nicht!« formuliert eine Kritik an den ehrgeizigen Erneuerbaren-Ausbauplänen von Robert Habeck, die darauf beruht, einen noch weit forcierteren Ausbau regenerativer Energien zu fordern – in Verkennung der Tatsache, dass es hier nicht zu überwindende Grenzen gibt und dass auch eine stark ausgeweitete Produktion von regenerativer Energie ein zerstörerisches Potenzial hat.

Viel mehr Problembewusstsein hat der Wachstumskritiker Niko Paech, der für einen defensiven Einsatz der Erneuerbaren eintritt. So fordert er in Bezug auf Onshoreanlagen zu Recht, dass der weitere Ausbau von Kapazitäten zur Energieerzeugung oder -speicherung daran zu koppeln ist, die benötigten Flächen »ausschließlich durch Stilllegung und Rückbau anderer Infrastrukturen bereitzustellen«, und spricht von einem »katastrophalen Flächen- und Landschaftsverbrauch der erneuerbaren Energien«. Ein Teil der Industrieanlagen, so Paech, sowie ein Teil der Autobahnen, Parkplätze und der Flughäfen als der »größten Klimakiller« ist umzuwidmen. Er verlangt richtigerweise »stoffliche Nullsummenspiele« (Paech 2012, S. 137) und eine Ressourcenpolitik, die ökologischen Verbräuchen eine Grenze setzt.

Die Forderung, die Energie besonnen und defensiv einzusetzen und immer auf die ökologischen Gesamtverbräuche zu achten, gilt für alle Energieträger. Vor diesem Hintergrund sehe ich eine Positionierung kritisch, die

Erdgas als Energieträger sofort und komplett ausschließen und stattdessen im großen Stil Wasserstoff und E-Fuels, synthetische Kraftstoffe, einsetzen will. Erdgas weist eine Reihe von Vorteilen auf. Um es zu gewinnen, wird wenig Energie benötigt, es hat eine hohe Energiedichte und einen hohen Wirkungsgrad. Zudem ist es der emissionsärmste fossile Energieträger, es verbrennt schadstoffarm und nahezu schwefelfrei. Wenn darauf verwiesen wird, dass der »grüne Wasserstoff« demgegenüber doch ganz ohne Kohlendioxidemissionen verbrenne und deshalb vorzuziehen sei, so ist dies eine sehr vordergründige Sichtweise, weil keine Gesamtumweltbilanzen erstellt werden – und die fallen weder bei Wasserstoff noch bei E-Fuels günstig aus –, sondern eine vordergründige Betrachtung angestellt wird, die sich allein auf den CO_2-Ausstoß beim Betrieb und den Einsatz von »Ökostrom« bezieht – der enorme Aufwand, der zu betreiben ist, und die Schäden, die im gesamten Produktionszyklus entstehen, bleiben dagegen unberücksichtigt.

Unstrittig ist, dass das umweltschädliche Fracking bei der Gewinnung von Erdgas nicht akzeptiert werden kann, auch das aufwendige Flüssiggasverfahren ist abzulehnen. Und unstrittig sollte auch sein, dass ein weiterer Einsatz von Erdgas defensiv ausgerichtet sein muss und es nur so lange verwendet werden sollte, bis die Konversion der Wirtschaft weiter vorangeschritten ist. Erdgas kann, wie auch andere Energieträger, nicht dazu verwendet werden, eine Wachstumsökonomie immer weiter zu befeuern.

Anzustreben ist ein planvolles Umsteuern hin zu einem deutlichen Minderverbrauch von Erdgas. Ein solches Umsteuern hat wenig zu tun mit einer kurzatmigen und aktionistischen Politik, wie wir sie derzeit erleben, die Energiearmut verordnet, um wirtschaftskriegerische Auseinandersetzungen mit Russland zu führen und um aus dem Bezug von »russischem« Gas aussteigen zu können, eine Politik, die weder soziale noch ökologische Rücksicht nimmt. Hier wird offenbar das Ziel verfolgt, eine Durststrecke von ein bis zwei Jahren in Kauf zu nehmen, um dann mit Flüssiggas aus anderen Weltregionen zu kompensieren, was an Erdgas bislang aus Russland importiert wurde. Die Folge sind explodierende Preise und eine Vergrößerung von sozialen Notlagen. Die Bundesregierung ruft zum Gassparen auf. »Das funktioniert jedoch nur für Menschen, die überhaupt sparen können«, stellt

Verena Bentele fest, die Präsidentin des Sozialverbandes VdK. »Betroffen von der Krise sind vor allem diejenigen, die in schlecht isolierten Wohnungen mit alten Heizungen leben. Wie sollen diese Menschen Gas sparen?« (Zitiert nach Junge Welt vom 28. Juli 2022)

Ein planvolles Umsteuern hin zu einer ökologischen Bedarfswirtschaft, die bereit ist, industriell abzurüsten, würde bedeuten, jene industriellen Bereiche in den Blick zu nehmen, die am meisten Gas verbrauchen, und falsche Produktionspfade zu verlassen. Berücksichtigt werden muss dabei, dass Erdgas nicht nur eine Energiequelle ist, sondern in der Grundstoffchemie auch als Rohstoff dient, etwa für Ammoniak. In Bezug auf die Gas verschlingende Grundstoffchemie ist auf all das aufmerksam zu machen, was auf Dauer so nicht aufrechterhalten werden sollte: Zu nennen sind etwa die 35 Prozent der Kunststoffproduktion allein für Verpackungen oder die 12 Prozent der Kunststoffproduktion, die in Autoherstellung gehen.

Konversion – ein dickes Brett ist zu bohren

Die Abrüstung der Industriegesellschaft ist keine Zerstörung ihrer wirtschaftlichen Grundlagen und nicht ihre ersatzlose Beseitigung, sondern es geht um den Umbau von bestimmten Bereichen der Gesellschaft, um die Konversion hin zu einer sozialwirtschaftlich und ökologisch ausgerichteten Ökonomie. Für den militärischen Sektor hat die Friedensbewegung der 80er-Jahre des vergangenen Jahrhunderts die Konversionsforderung programmatisch mit einem Bibelzitat zusammengefasst, dem Motto »Schwerter zu Pflugscharen«:

> »Dann werden sie ihre Schwerter zu Pflugscharen umschmieden/und ihre Lanzen zu Winzermessern./Sie erheben nicht mehr das Schwert, Nation gegen Nation,/und erlernen nicht mehr den Krieg.« (Prophet Micha 4,3)

Wir müssen uns vergegenwärtigen, dass das Umschmieden eine mühsame, eine schweißtreibende Tätigkeit ist, die Geduld erfordert. Und das, was nach der Umwandlung folgt – das Pflügen und der Weinbau mit der Benutzung des Winzermessers –, sind konstruktive, befriedigende, aber auch anstrengende Aufgaben.

Wenn wir diesen Gedanken auf den ökologischen Umbau der Gesellschaft übertragen, so wird deutlich, dass Ausdauer und Beharrlichkeit gefragt sind. Die Konversion ist ein evolutionäres Projekt. Die Politik des Genug braucht langen Atem. Wenn wir an die kritischen Zuspitzungen denken, so wissen wir, dass die Zeit drängt. Aber wir werden es dennoch aushalten müssen, dass ein »Sofortismus«, der glaubt, Probleme mit einem Fingerschnippen schnell und massiv lösen zu können, ein schlechter Ratgeber ist.

»Eine Gesellschaft, die nach Stabilität strebt, muss sich diesem Ziel schrittweise nähern«, heißt es in *Die Grenzen des Wachstums* (Meadows 1994, S. 150). Ein dickes Brett ist zu bohren. Sofort aussteigen, alles rasch komplett ändern: Das bereitet zu Recht Unbehagen, und kurzatmige Parolen wie »Klimarevolution jetzt!« (Scientist Rebellion), »Raus aus Kohle, Öl und Gas!« (BUND), »Sagen Sie Nein zu fossilem Gas!« (Deutsche Umwelthilfe) machen den Eindruck, als seien die unmittelbaren sozialen Folgen nicht mitbedacht worden. Wenn es tatsächlich einen schockartigen Ausstieg mit der Zerstörung der bisherigen Infrastruktur geben würde, ohne dass die Versorgung im Sinne einer ökologischen Bedarfswirtschaft sichergestellt wäre, führte dies zu enormen sozialen Verwerfungen, zu Arbeitslosigkeit, existenziellen Nöten und explodierenden Kosten und zur Verarmung breiter Schichten. Auch die wohlfeile Feststellung mancher Medien und Wissenschaftler:innen, der Weltklimarat habe doch jetzt alles zum Thema gesagt, es komme jetzt »nur« noch darauf an, die Wirtschaft und Gesellschaft umzugestalten, zeigt wenig Verständnis, was es heißt, nachhaltige gesellschaftliche Veränderungsprozesse ins Werk zu setzen.

Dieses Spannungsfeld ist nicht ohne Weiteres aufzulösen. Eindeutig ist jedoch: Wir müssen die Zeit jetzt nutzen und dürfen die mittelfristigen Konversionsziele dabei nicht aus den Augen verlieren. Es gilt der Satz Mahatma Gandhis: »Die Zukunft hängt davon ab, was wir heute tun.«

Viertes Essential

Wir brauchen einen umfassenden Begriff von Fortschritt

Die Neuzeit, die auf das Mittelalter folgte und die bis in die Gegenwart reicht, gilt als Epoche des Fortschritts. Sie steht für den Mut, über den Tellerrand hinauszuschauen, für das Bestreben, die Borniertheit zu überwinden. Es gibt nicht den einen Fortschritt, sondern viele Aufbrüche auf verschiedenen Feldern, denken wir etwa an die Erfindung des Buchdrucks, an die Reformation und die Befreiung von der Bevormundung der mittelalterlichen Kirche oder an die Verbreitung des Humanismus und der Aufklärung. Doch hat es mit der industriellen Revolution und dem Siegeszug des Industrialismus eine zunehmende Engführung gegeben: Fortschritt wurde, quer durch alle Gesellschaftssysteme, vor allem als technischer Fortschritt gesehen. Auch die marxistische und sozialistische Tradition hat dies trotz allen »politökonomischen« und gesellschaftlichen Denkens so gehandhabt, weil immer wieder betont wurde, dass es gelte, »die« Produktivkräfte – und damit die Technik und ihre Kräfte – bis zum Anschlag zu entwickeln.

Dies ist eine Fehlentwicklung – aber kann daraus folgen, einen Fortschrittsbegriff einfach abzulehnen, der auch auf eine effizientere und leistungsstärkere Technik abzielt? Der Wachstumskritiker Niko Paech schlägt diese Richtung ein. »Hinter der enormen Steigerung der Produktivität menschlicher Arbeit«, schreibt er, »verbirgt sich nichts anderes als eine gigantische Aufrüstung mit Energie umwandelnden Apparaten und Prozessen, sodass die pro Ausbringungsmenge noch erforderliche menschliche Arbeit immer weniger wird.« Und weiter: »Die Geschichte des technischen Fortschritts war niemals etwas anderes als eine Abfolge von Übergängen zu höheren Ebenen des Energieverbrauchs.« Seine Abrechnung gipfelt in der Feststellung, dass Effizienz auf einer »Intensivierung der Ressourcenplünderung« beruht (Paech 2012, S. 34 f.).

Eine solche Positionierung ist problematisch, denn damit verändert Paech den Ansatz der Autor:innen von *Die Grenzen des Wachstums,* die weniger apodiktisch argumentiert und betont haben, dass technologische Maßnahmen sehr wohl wichtig sind, wenn sie mit Änderungen kombiniert werden, die den Wachstumstendenzen entgegenwirken.[27] Richtig ist, dass eine Steigerung der Produktivität im Bezugsrahmen einer aufgedrehten Gesellschaft mit einem Mehr an Akkumulation und einem Mehrverbrauch an Energie verbunden ist. Doch es ist ja gerade die Kunst, zum einen diesen Rahmen zu verändern und zum anderen verbesserte Verfahren zu entwickeln, die nicht mehr Material verschlingen und auf riesenhaften Output ausgerichtet sind, sondern die im Gegenteil angepasst und dezentral sind und die auf überschaubare Räume hin ausgerichtet sind. Schumachers Konzept von der »Miniaturisierung der Technik« weist einen Weg.

Der technische Fortschritt kann niemals stillgelegt werden, aber er muss eingebettet sein in ein Maß – das ökologische Maß – und muss ökologisch rückgekoppelt sein. Es wäre völlig demotivierend, wenn die Suche nach technischen Verbesserungen und Effizienz unter einem Verdikt stünde. An technischen Verbesserungen zu tüfteln und an effizienten Lösungen zu arbeiten ist zu begrüßen, wenn sich dies mit dem Ziel eines äußerst sparsamen Materialeinsatzes verbindet und gesellschaftlich das Stoppschild gegen die ständige Mengenausweitung aufgestellt wird. Es ist, um ein Beispiel zu nennen, nicht wegzudenken, pharmazeutisch zu forschen, um gegen bestimmte Krankheiten wirksamere Medikamente zu entwickeln. Das Ziel, für mehr Qualität in der Versorgung zu sorgen, muss kontinuierlich weiterverfolgt werden. Auf einem anderen Blatt steht die Tatsache, dass in der Marktgesellschaft, in der die Akteure ständig nach Absatzmöglichkeiten suchen, die Quantität und der Tauschwert im Vordergrund stehen und die Pharmaindustrie bestrebt ist, den Markt mit Pillen zu fluten. Doch genau das ist es, was in einer Bedarfswirtschaft zu überwinden ist.

Höhere Produktivität zu generieren wird auch im 21. Jahrhundert wichtig bleiben, aber es ist eine bescheidenere Rolle und nicht mehr die Rolle, die sie im entfesselten Industrialismus des 19. und 20. Jahrhunderts gespielt hat. Ziel sind verbesserte und produktivere Verfahren im Sinne einer mittleren Technologie und ist nicht eine großtechnisch-industrialisierte Massenproduktion mit gewaltigen stofflichen Verbräuchen und Mengenzuwächsen sowie einer Schneise von ökologischen Zerstörungen als »Nebenwirkung«. Es kann nicht mehr darum gehen, »die« Produktivität pauschal zu erhöhen und die ganz große Schraube noch weiter und gewaltsamer zu überdrehen, sondern wir müssen uns konkret und immer kritisch anschauen, um was für einen Sektor und was für eine Technik es geht. Wie das Beispiel der Landwirtschaft zeigt, wird es Bereiche geben, in denen das weitere Anziehen der Produktivitäts- und Intensivierungsschraube abzulehnen ist. Und auch das Beispiel der Atomkraft zeigt, dass bestimmte Wege einer vermeintlich hochproduktiven Produktion – in diesem Fall von Energie – nicht weiter beschritten werden können.

Technische Fähigkeiten sind im Sinne Schumachers und im Rahmen einer mittleren Technologie weiterzuentwickeln, also mit einer demokratischen und angepassten Technik, die nicht über den Köpfen der Menschen schwebt, sondern ganz irdisch handhabbar ist: Dies wird im 21. Jahrhundert ein wichtiger Teil des Fortschritts sein. Doch Fortschritt ist gleichzeitig viel mehr als der technische Teil. In der Neuzeit hat es einerseits enorme wissenschaftlich-technische Erfolge gegeben – denken wir nur an die Errungenschaften der Medizin im 20. Jahrhundert, etwa an die Bakteriologie, die Entdeckung des Penicillins oder an bahnbrechende technische Verfahren wie die Operationen am offenen Herzen –, doch das Fortschreiten war immer weit mehr als das. Er zeigte sich im politischen Sektor in der Überwindung des Feudalismus und der Einführung der Gewaltenteilung, im sozialen Sektor mit der Einführung der Sozialversicherung oder im philosophischen Sektor im Geist der Aufklärung.

An diesen breiteren Fortschrittsbegriff müssen wir nach einer bleiernen Zeit der technizistischen Verengung heute wieder anknüpfen. Wir müssen die technizistischen Anmaßungen zurückweisen und neu lernen, Fortschritt wieder stärker sozial und gesellschaftlich zu buchstabieren. Wir sehen uns mit elementaren nicht technologischen Anforderungen konfrontiert: Ich nenne die Weiterentwicklung der Demokratie und die Demokratisierung der Gesellschaft, die Teilhabe und gerechte Verteilung der Güter sowie des gesellschaftlichen Reichtums und die Arbeit an einem Kulturwandel, der die Orientierung am Konsum und an der Steigerung des materiellen Outputs überwindet.

Fortschritt kann es dabei auf allen Feldern und Ebenen geben, und es kann und muss ihn anders geben als mit dem Flug zum Mars und mit der Science-Fiction des Smart Homes und der digitalisierten Schule: in der Pädagogik mit der Weiterentwicklung eines partnerschaftlichen Ansatzes, der Kinder auf ihrem Weg mit Respekt begleitet und auch die Lehrenden als Lernende begreift; in der Medizin mit Ärztinnen und Ärzten, die Patienten auf Augenhöhe begegnen und sich nicht hinter Apparaten verstecken; im Sport mit einem Konzept, das nicht allein die Höchstleistung einer Elite würdigt, sondern Fitness für alle und soziale Kontakte, Begegnung und Integration von Menschen unterschiedlicher Herkunft ermöglicht.

Kapitel sechs

Auf der Suche nach dem guten Leben

Das Ideal der Industrie ist die Ausschaltung des lebendigen und des menschlichen Faktors, schreibt Ernst Friedrich Schumacher, es besteht »darin, den Produktionsprozess den Maschinen zu überlassen« (Schumacher 2019, S. 119). Wir können das Artensterben als einen »Erfolg« des Industrialismus begreifen, der das Leben und das Lebendige immer mehr zurückdrängt. Auch in Bezug auf die Landwirtschaft wird versucht, sie wie einen weiteren Industriezweig zu behandeln. Schumacher schreibt:

> »Der Bauer wird einfach als Produzent betrachtet, der seine Kosten vermindern und seine Leistungsfähigkeit mit allen möglichen Mittel steigern muss, selbst wenn er damit [...] die Gesundheit des Bodens und die Schönheit der Landschaft zerstört. [...] Aus dieser Verwirrung gibt es keinen Ausweg, solange der Boden und die Geschöpfe darauf *lediglich* als ›Produktionsfaktoren‹ betrachtet werden.« (Ebd., S. 115)

Es gibt einen Ausweg aus der Verwirrung: Wir müssen anerkennen, dass die Natur, der Boden und die Geschöpfe darauf zwar auch Produktionsfaktoren und Gebrauchsgüter und damit eine »Ressource« sind und ein Mittel zur Benutzung durch den Menschen darstellen, doch dies darf nicht zur allein bestimmenden Haltung werden. Wir müssen anerkennen, dass sie nicht nur einen wirtschaftlichen, sondern auch einen metawirtschaftlichen Wert, einen Eigenwert haben und sie in sich selbst ein Zweck sind. »Der Mensch hat sie nicht gemacht«, sagt Schumacher. Es ist unvernünftig, »Dinge, die er nicht gemacht hat, nicht machen und nicht neu erschaffen kann, wenn er sie verdorben hat, in derselben Weise und derselben Einstellung zu behandeln wie Dinge, die er selbst gemacht hat«. Er unterstreicht, dass wir mit einem höheren Tier nicht so umgehen können wie mit einem Auto, das wir fahren können, »bis es zusammenbricht« (S. 116).

Schumacher steuert auf eine Metaphysik zu, die sich in den Religionen, in der buddhistischen Wirtschaftslehre, aber auch in der christlichen Tradition wiederfindet. Seine religiöse und schließlich christliche Wendung – ein Aspekt, der in der Rezeption Schumachers gern unterschlagen wird – muss man nicht teilen. Schumacher verweist ausdrücklich auf die »Heiligkeit« des Lebens, und damit spricht er eine religiöse Sprache, die nicht alle sprechen. Das ist auch nicht erforderlich, doch gleichzeitig kann eine moderne Umweltethik auf das, was dahintersteht, nicht einfach verzichten. Sie tappt in die technizistische Falle, wenn sie den zugrunde liegenden Gedanken über Bord wirft. Wenn es lediglich um die Nützlichkeit und den wirtschaftlichen Wert der Ressource Natur und des Lebens geht, so wird dies zum Treibsand, der weiter in die Krise führt.

Wenn das Leben in religiöser Sicht »heilig« genannt wird, so ist dieser Gehalt festzuhalten: Es geht um den Respekt vor dem Leben[1] und vor der unglaublichen Fülle, die der Mensch nicht geschaffen hat. Erich Fromm spricht von der Auseinandersetzung zweier Grundhaltungen, der »Biophilie«, der leidenschaftlichen Liebe zum Leben und zum Lebendigen auf der einen Seite, und der »Nekrophilie« auf der anderen Seite, einer Leidenschaft, die bestrebt ist, »das, was lebendig ist, in etwas Unlebendiges umzuwandeln«, und für die »das ausschließliche Interesse« an allem charakteristisch ist, »was rein mechanisch ist« (Fromm 1999, S. 301).

Im 21. Jahrhundert müssen wir, um den Preis des Untergangs, endlich lernen, dass die Welt mehr ist als eine große Maschine und ein gigantisches Rohstofflager, das zu vernutzen ist. Die mechanistische Logik, technischer Umweltschutz und das Bestreben, technische Lösungen zu finden, sind nicht falsch, greifen als bestimmende Ansätze aber zu kurz, denn die Beziehung zur Natur und die Haltung, in ihr ein bloßes Objekt zu sehen, haben in einem nie gekannten Maß zu schweren Umwelteingriffen und -übergriffen geführt. Ohne Eingriffe und Nutzung von Ressourcen kann die Menschheit nicht überleben, jedoch zeigen die dystopischen Zuspitzungen, dass ein anderes

Muster und eine andere Sprache notwendig sind, die die Logik der Nutzbarmachung und die Sprache der Naturwissenschaften ergänzen und mit einer ethischen Haltung des Respekts grundieren.

Reinhold Messner und die Eroberung des Mount Everest

Einerseits überschreitet das Bestreben, die Welt verfügbar zu machen, auch im 21. Jahrhundert ständig neue Grenzen. Andererseits wird die Auseinandersetzung darüber schärfer. Der Bergsteiger Reinhold Messner ist selbst jemand, der Grenzen überschritten hat – doch er beschreibt die Entwicklung sehr kritisch: »Die Haltung gegenüber der Natur hat sich geändert, der Respekt ist verloren gegangen.« Er stellt irritiert fest, was sich zu seinen Lebzeiten negativ verändert hat. »Es gibt kaum noch Wildnis. Jeder Punkt dieser Erde wird von Satelliten aufgenommen, erreichbar, sichtbar gemacht.« Messner ist der Begründer eines »Verzichtsalpinismus«, der auf Sauerstoff, Bohrhaken, Doping und Kommunikationshilfsmittel verzichtet hat; zusammen mit Peter Haberer erreichte er 1978 er als erster Mensch den Mount Everest, ohne Flaschensauerstoff zu Hilfe zu nehmen. Dieser technologisch abgerüstete Alpinismus wird heute von einem »All inclusive«-Tourismus mit dem entsprechenden Materialeinsatz ersetzt: »Die Leute heute gehen letztendlich nur dorthin, wo eine Infrastruktur ist, das gilt auch für den Gipfel des Mount Everest. [...] Über Reisebüros wird versprochen, dass es auf dieser Strecke keine schwierigen Passagen, dafür aber überall Zelte, Sauerstoff-Flaschen, Köche und sogar bis auf 8.000 Meter Höhe Führer und Ärzte gibt.« Der Berg wird in Beschlag genommen, er soll verfügbar gemacht werden. Messner fährt fort:

> »Nur die Eroberung des Weltalls durch Touristen finde ich noch bedenklicher. Da werden 50 Millionen pro Kopf investiert, nur um für wenige Stunden ins All zu fliegen – wie absurd ist das [und] wofür das Ganze? Der Mensch wird nicht auf dem Mond und dem Mars leben können. Unser Habitat ist die Erde, um die müssen wir uns kümmern!« (Reinhold Messner: Niemand will Greta sagen, dass sie als Reiche spricht. Interview in der Berliner Zeitung vom 4. Juni 2022)

Der Extrembergsteiger Messner hat ein großes Problembewusstsein, und gleichzeitig war er einer jener Pioniere, die die Tür geöffnet haben für etwas, was nicht mehr in seinem Sinne ist: für den Tourismus auf den Gipfeln des Himalajas und auf dem höchsten Berg der Welt. Auf dem Weg zum Mount Everest gibt es inzwischen Staus, der Müll der Alpinisten bleibt in der Regel auf dem Berg zurück. Neue Geschäftsfelder wie »Climb und Fly« – Gleitschirmflüge von ganz oben – werden erschlossen.

Unverfügbarkeit oder: Dialog statt Monolog

Das Bestreben, die Welt ökonomisch und technisch verfügbar zu machen, hat sich als dominanter Habitus durchgesetzt. In seinem Buch *Unverfügbarkeit* setzt der Soziologie Hartmut Rosa die »Resonanz«, die unberechenbare Beziehung zu einer nicht verfügbaren Welt, gegen diese fortschreitende Entfremdung und gegen die fortgesetzten Versuche, die eigene Reichweite zu vergrößern. »Die Welt«, diagnostiziert er, »steht uns in historisch beispiellosem Maße offen und zur Verfügung«, und doch wachsen Zorn und Frust auf das Leben und die Gesellschaft und Verzweiflung über die Welt. »Sie haben ihre Ursache nicht in dem, was uns immer noch verwehrt ist, sondern in dem, was wir verloren haben, weil wir über es verfügen und beherrschen.« (Rosa 2021, S. 133)

Die Moderne, stellt Rosa zutreffend fest, hat in einer beispiellosen Weise versucht, unsere Selbstwirksamkeit durch eine technische »Weltreichweitenvergrößerung« auszuweiten. Doch das »Beherrschen durch Berechnen« funktioniert letzten Endes nicht: »Wir erfahren uns als ohnmächtig und schuldig in einer irresponsiven Welt.« (Ebd., S. 127) Und weiter:

> »Das Programm der Verfügbarmachung der Welt droht am Ende zu einer radikalen Unverfügbarkeit zu führen, die kategorial anders und schlimmer ist als die ursprüngliche Unverfügbarkeit, weil wir ihr gegenüber [...] in keine Antwortbeziehung, in kein Verhältnis der Anverwandlung zu treten vermögen.« (S. 129)

Die vom Menschen ins Werk gesetzte »Radikalisierung der Verfügbarmachung […] erzeugt radikale Entfremdung«. Resonanz wird unmöglich, die völlige Sprachlosigkeit wird zur Erscheinungsform der neuen und besonders hermetischen Unverfügbarkeit. Rosa wählt zur Veranschaulichung das Beispiel der Atomkraft, mit der eine neue Stufe der Verfügbarmachung der Materie erklommen wurde. Doch die radioaktive Strahlung, die sich nicht beherrschen, sondern bestenfalls eindämmen lässt, »erweist sich als das vielleicht unverfügbarste Gegenüber, vor dem Menschen stehen können«: Wir können »einer Landschaft, einer Blume oder einem Apfel […] nicht mehr ansehen oder anmerken, ob er toxisch und tödlich oder harmlos und schön ist«. Dort, wo die Welt auf diese »neue Weise unverfügbar geworden ist, können wir sie nicht mehr hören, weil sie nicht mehr *erreichbar* ist« (S. 130 f.).

Die Pose des Erschließens und die ständigen Versuche, die Welt in Reichweite zu bringen, macht sie stumm und schweigend. Es ist interessant zu sehen, dass der Soziologe Rosa sich damit, ähnlich wie Schumacher, auf einem Feld bewegt, das streng genommen nicht mehr das seines Berufes ist: Das Konzept der Resonanz ist ein Konzept der mystischen Offenheit. Es ist ein Gegenentwurf zum Programm der technizistisch-verdinglichten Inbesitznahme.

Was ich mit mystischer Offenheit meine, möchte ich am Beispiel der Musik verdeutlichen. Frei und kreativ spielende Jazzmusiker:innen wissen, dass die technische Aneignung etwa mit Noten und Grifftechniken und die vielen Versuche, mit besonders viel Aktivität das Heft des Handelns an sich zu reißen und das Gelernte im Spiel zu reproduzieren, längst keine ausreichende Grundlage sind, um gut zusammenzuspielen und dabei künstlerische Tiefe zu erreichen. »To play by heart« bedeutet nicht einfach, auswendig zu spielen, sondern mit dem Herzen zu spielen und das Musizieren als Resonanzübung und als »ars contemplativa« zu begreifen, als kontemplative Übung. Der mystische Weg ist ein Weg der Achtsamkeit, des Hörens und Hinhörens, des Sich-aufeinander-Einlassens in einem Prozess, in dem die eigene Aktivität im Geschehenlassen und der Intuition aufgehoben ist (vgl. meine Ausführungen zu »Musik als ars contemplativa« in dem Buch *Tugenden*: Tocha 2018, S. 161 ff.).

Die Welt soll zu uns sprechen, und wir müssen neu lernen, zu ihr zu sprechen und uns auf das Zwiegespräch einzulassen. Das Programm der Verfügbarmachung dagegen hat sich von der kontemplativ-betrachtenden und dialogischen Weltbegegnung komplett verabschiedet. Es ist aktivistisch, laut monologisierend und besitzergreifend, ihr Bestreben ist die Aneignung der Welt und von immer mehr Welt.

Der aggressive Monolog muss zu einem Ende kommen. Auf der Suche nach dem guten Leben im 21. Jahrhundert werden wir Lernende sein. Wir müssen neu lernen, in Dialog zu treten und die Resonanz zu spüren, wie das große Vorbilder in der Geschichte getan haben. Ich nenne den Weltveränderer und Ordensgründer Franz von Assisi (1181–1226), der das Zwiegespräch mit »Schwester Erde«, mit »Bruder Wolf« und mit allen Geschöpfen und mit den Gestirnen gepflegt hat. Das Programm der Verfügbarmachung braucht Schranken, es muss an einem bestimmten Punkt begrenzt und gestoppt werden, um einer anderen Haltung Platz zu lassen. Dabei geht es auch um das Schweigen, um das Staunen und die Freude über die Vielfalt, die Buntheit und den Reichtum der Natur. Es geht um die Notwendigkeit, eine geschwisterliche Beziehung zur Mitwelt aufzubauen.

Dies »darf nicht als irrationaler Romantizismus herabgewürdigt werden« (Laudato si', S. 13), genauso wenig, wie Naturschutz technikarrogant als etwas Gestriges abgetan werden darf, der anderen Interessen unterzuordnen sei. Ökologisches Engagement ist dann stark, wenn es unterschiedliche Elemente verbindet, wenn es die bewahrende und die moderne Seite zusammenführt und die persönliche wie die politische Ebene erreicht. Dieses Engagement ist eine Polyfonie. Sie besteht aus dem Kampf um das Natur- und Kulturerbe und um den Erhalt von Wildnis, aus linker Gesellschafts- und Wachstumskritik sowie dem Streiten um Demokratisierung von Politik und Wirtschaft, aus dem technischen Tüfteln für einen defensiven und schonenden Ressourceneinsatz und aus kontemplativer Naturbetrachtung.

Dinge nicht tun

Die übergriffige Aneignung der Welt erfordert immer größere Anstrengungen, verlangt nach immer mehr Arbeit, mehr Aktion, nach einer höheren Drehzahl im Hamsterrad, nach immer mehr Tun. Wenn wir danach fragen, wie der gordische Knoten durchschlagen werden kann und wir zu einem neuen Modell gelangen können, dann gibt es eine Antwort, die dem Paradigma des Industrialismus und Technizismus deutlich widerspricht. Die Antwort lautet:

Es geht nicht darum, möglichst viele Dinge zu tun, sondern es geht ganz wesentlich darum, Dinge nicht zu tun.

Dies ist die Basis, auf der ein neues Muster entstehen kann und die ein anderes Selbstbild und ein anderes Konzept von Selbstverwirklichung verlangt. Der US-amerikanische Naturforscher John Sawhill hat es so ausgedrückt:

> »Am Ende definieren wir uns nicht durch das, was wir erschaffen, sondern durch das, was wir uns weigern zu zerstören.« (Sawhill zitiert nach Wolff 2020, S. 7)

Die Einsicht und die Fähigkeit, Dinge nicht zu tun, gehört zur modernen Tugend des ökologischen Maßes, die eine politische wie persönliche Bedeutung hat und die auf das gute Leben ausstrahlt.

Weniger ist mehr: Dieser Sinnspruch wird oft dahingesagt, in Wahrheit aber nicht ernst genommen. Ziele teilweise umzukehren und zu negieren und laut »Stopp!« zu sagen löst einen Schock und Abwehr aus, weil dies völlig quer steht zum aufgedrehten Arbeits- und Produktionsethos einer betriebsamen Konsumgesellschaft und ihrer produktivistisch überdrehten Ökonomie. Das Nicht-Tun bezieht sich auf Lebensbereiche, in denen sich Handlungsmuster und Routinen verfestigt haben, die in der Wachstumsgesellschaft selbstverständlich scheinen, die es aber in Wahrheit nicht sind. Ich nenne einige unterschiedliche Beispiele für das Nicht- und das Weniger-Tun – die Liste kann mühelos ergänzt werden:

- Eine geplante Schnellstraße nicht bauen.
- Eine Landschaft touristisch nicht erschließen.
- Nicht alles umsetzen, was technisch möglich ist.
- Nicht für den Weltmarkt produzieren, sondern für den eigenen Bedarf.
- Nicht in den Weltraum ausweichen, das All nicht mit Satelliten vermüllen.
- Den Konsum nicht ausdehnen, sondern reduzieren.

Das Nicht-Tun ist kein Nichts-Tun. Das Nicht-Tun ist keine Komplettverweigerung, sondern bezieht sich auf Felder, auf denen der rastlose Betätigungsdrang zunehmenden Schaden anrichtet. Das Nicht-Tun wird zur Befreiung vom Joch, wenn es eingebettet ist in eine ökologische Sozialwirtschaft, die in der Lage ist, die wesentlichen Bedürfnisse zu befriedigen. Ich denke hier vor allem an die »großen Drei«, die sichergestellt sein müssen: preiswertes Wohnen, eine auf die Selbstversorgung eines Landes ausgerichtete Landwirtschaft sowie ein leistungsstarkes Gesundheitssystem, das in der Lage ist, das medizinisch Notwendige für alle bereitzustellen.

Die Sozialwirtschaft beteiligt alle an der produktiven und gesellschaftlich sinnvollen Arbeit. Die Glieder des Gemeinwesens sind und bleiben Subjekte, nicht bloße Konsumenten, die von komplexen globalisierten Arbeitsprozessen ausgeschlossen worden sind, und sie sind keine rein passiven Empfänger von Versorgungsleistungen. Sie wirken als »Prosumenten« mit, sie sind aktive Produzenten, Anbieter von Dienstleistungen und maßvolle Konsumenten gleichermaßen.

Wohlstand ist nicht mehr in erster Linie materiell und durch die Menge der Güter definiert, sondern ist als Zeitwohlstand eine immaterielle Größe. Der Zeitwohlstand im 21. Jahrhundert wird – anders als das im 19. und im 20. Jahrhundert der Fall war – nicht mehr durch gewaltige Produktivitätsfortschritte erzielt; Produktivitätsfortschritte werden zwar nicht komplett stillgelegt, und auch neue und bessere technische Verfahren bleiben immer eine Option, spielen aber nicht mehr die ausschlaggebende Rolle. Entscheidend für die Überwindung der Zeitnot ist der Dreiklang: Dinge nicht zu tun, stofflich weniger zu produzieren und den Konsum zu reduzieren.

Dies schafft Freiraum, der den Blick für das Wesentliche öffnet und das Bedürfnis, sich als Subjekt zu verwirklichen, ernst nimmt. Das gute Leben, das wir suchen, ist keine asketische Kasteiung, sondern das Maß zeigt den Weg zur inneren Balance, hin zu einem gelingenden »Leben im Leben«, von dem der Songpoet Konstantin Wecker im gleichnamigen Lied singt. Völlig verfehlt ist es, wenn der postmaterielle Ansatz und das Konzept der Mäßigung als Forderung nach Einschränkungen für diejenigen formuliert, die ohnehin weniger haben. Auch Formeln wie »Ansprüche reduzieren« gehen am Kern vorbei. Noch weniger konstruktiv ist der doppelte Holzhammer von »Verbot und Verzicht«, den der Autor Philipp Lepenies herausholt (Lepenies 2022).

Das Wesentliche wurde da offenbar nicht verstanden. Es ist falsch, von den Einschränkungen her zu argumentieren, sondern es geht umgekehrt darum zu ermutigen, anspruchsvoll zu sein und Ansprüche zu stellen, die der Konsum niemals befriedigen kann. Das gute Leben ist kein Leben des Verzichts, sondern eines, in dem die verschütteten Fähigkeiten im Menschen freigesetzt werden. Dazu gehören die Entfaltung eines neues Musters der Weltaneignung und einer achtsamen Beziehung zur Natur sowie das Gedeihen von sozialen Beziehungen, die die zerstörerische Vernichtungskonkurrenz überwinden.

Wenn wir den Reichtum eines solchen Lebens betrachten, fallen jeder und jedem andere Stichwörter ein, die ihr oder ihm wichtig sind, wenn es um die Antwort auf die Frage nach den postmateriellen Essentials geht. Ich habe im Folgenden einige davon notiert und lade dazu ein, eigene Antworten zu finden:

- Entschleunigung
- Zeitwohlstand
- Absage an den Konsumismus
- analoge Beziehungen statt der »Prüderie des Digitalen«
- Freundschaften und erotische Freundschaft
- Jeder Mensch ist eine Künstlerin und ein Künstler: Erlernen und Ausüben von schöpferischen Tätigkeiten

- Abschied vom Leitbild des Workaholics; mehr Zeitsouveränität durch kürzere Arbeitszeiten
- Selbstverwirklichung durch vergütete und gesellschaftlich sinnvolle Arbeit, die den materiellen Lebensunterhalt sichert
- mehr Zeit für Kinder
- Engagement als Quelle von Selbstwert
- Naturmystik und unmittelbares Erleben der Vielfalt der Natur
- Freude an der Schönheit der Natur

Die Vielfalt von Brennnesseln – Ortstermin im Schloss Wiesenfelden

Die ganzheitliche Umweltbildung muss einen hohen Stellenwert bekommen. Sie ist ein Schlüssel für das Ziel, Lebensqualität postmateriell zu begreifen, Empathie für das Lebendige zu entwickeln und die Sehnsucht nach dem guten Leben wachzuhalten und nicht mit Konsum ruhigzustellen. »Wissen theoretisch zu vermitteln, das reicht nicht aus«, sagt Beate Seitz-Weinzierl (im Gespräch mit dem Verfasser). »Wir haben inzwischen so viel Umweltwissen, es gibt so viele Texte über naturwissenschaftliche Zusammenhänge, so viele politische Appelle, Klimakonferenzen mit wichtigen Schlussfolgerungen, doch der Weg vom Kopf zur Hand und zum verantwortungsvollen Handeln bleibt weit, die Kluft ist groß.« Zum umfassenden Lernen, davon ist Seitz-Weinzierl überzeugt, gehört es, »die Natur mit allen Sinnen erfahren zu können. Wir brauchen Möglichkeiten, die Natur zu spüren mit den Sinnen, dem Sehen, Hören, Riechen, Schmecken und Tasten. Die digitale 1-0-Logik und der Blick auf das Handy sind kein Ersatz.«

Seitz-Weinzierl ist Leiterin des Umweltzentrums Schloss Wiesenfelden. Das mehr als 900 Jahre alte Landschloss, früher einmal eine Liegenschaft der Wittelsbacher, ist ein ganz besonderer Ort. Es ist eingebettet in eine urwüchsige Landschaft und liegt auf einer Anhöhe am Rand des niederbayerischen Ortes Wiesenfelden. Die Gegend ist eine einnehmende Hügellandschaft mit vielen Weihern, Wäldern und Wiesen, die allmählich zum Bayerischen Wald hin ansteigt. Das dreistöckige Bauwerk mit dem alten Tonnengewölbe im Erdgeschoss wird von wildem Wein umrankt, alte Holztreppen führen nach oben. Es ist kein einfaches Rechteck, sondern als Fünfeck erbaut. Direkt dahinter beginnt ein mehrere Hektar großes Wildnisgelände. Hier stehen eindrucksvolle alte Bäume, es wird nichts aufgeräumt, Totholz nicht entfernt, die Pflanzen wachsen, wie sie wollen. Und vor dem Schloss gibt es als Teil eines wildromantischen Schlossgartens einen Kräutergarten mit vielen Beeten, unweit davon steht ein alter Steinbackofen, direkt gegenüber von der alten Orangerie und einem freundlichen Gebäude, das als Kinderküche genutzt wird.

Bereits im Jahr 1983 startete das Zentrum als Umweltbildungseinrichtung, nachdem die Weinzierls das Schloss im Jahr 1981 erworben hatten. Hubert Weinzierl, der Ehemann von Beate Seitz-Weinzierl, ist ein Pionier der Umweltbewegung in Deutschland und in Europa, der aus dem eher beschaulichen Bund Naturschutz in Bayern eine schlagkräftige Umweltorganisation geformt hat, die als Bund für Umwelt und Naturschutz Deutschland (BUND) auch bundesweit aktiv wurde; Weinzierl war von 1983 bis 1998 Vorsitzender des BUND und von 2000 bis 2012 Präsident des Deutschen Naturschutzrings. Zunächst arbeitete das Zentrum noch unter dem Dach des Bundes Naturschutz in Bayern, seit 2008 ist es selbstständig und wird von einem Förderverein sowie von der Beate und Hubert Weinzierl Stiftung getragen. Das Zentrum, das für seine naturpädagogische Arbeit mehrfach ausgezeichnet wurde, ist ein Lernort für kleine und große Menschen. Sie begegnen duftender Erde, alten Bäumen und der Vielfalt von Brennnesseln, Frauenmantel, Giersch und Storchschnabel.

Die Hausherrin bietet dem Gast erst einmal einen »Kräuter-Zaubertrank« an, ein gut abgestimmtes und erfrischendes Sommergetränk. Einen ähnlich coolen Kräuterdrink hatten auch Kinder am Vortag gemixt – im Rahmen des Feriencamp-Angebots »Die kleine Hexe und das Land der Heckenrosen« – und den hellroten Saft mit großer Begeisterung in der Kinderküche in einem »Hexenkessel« angerührt, angeleitet von naturpädagogisch erfahrenen Betreuerinnen. Bei der Hexenmischung wird naturtrüber Apfelsaft mit Kräutern versetzt, mit Gundermann, Giersch, Zitronenmelisse und Apfelminze, dazu kommen Zitronenscheiben und Himbeeren; das Getränk steht zunächst ein paar Stunden in einer Schüssel und wird dann abgeseiht. Die Kinder waren mit Elan bei der Sache, genauso wie bei anderen Aktionen, etwa Hexenbesen aus Reisig zu basteln, Brotfladen im Backofen zu backen oder Kräuterquark selbst zu mischen.

Das Schloss beherbergt auch ein naturkundliches Museum, das das vielfältige Leben in der Umgebung näherbringt und anschauliche Infos zu den Tieren und Pflanzen liefert, aber für Seitz-Weinzierl ist klar: »Der beste Lernort ist die Natur selbst.« Folgerichtig ist das WWW, das am Lernort Schloss Wiesenfelden unter der Überschrift »Ab ins WWW« zum Programm geworden ist, etwas ganz anderes als gemeinhin üblich – hier steht es für »Ab in die Wilde-Wald-Welt«. Immer wieder geht es nach draußen, zur »Zauberwelt Wiese«, zu den Ufern am Wasser und zur Weiherlandschaft bei Wiesenfelden, einem nahe gelegenen Naturschutzgebiet mit mehreren Weihern im Verbund. Im und am Wasser ist ein faszinierender Kosmos kleiner Lebewesen zu entdecken, etwa Rückenschwimmer, Stabwanzen, Wasserskorpione, Muschelkrebse oder Wasserasseln.

Zu den eindrucksvollen Lebewesen in der Umgebung gehört der Biber. Ihm ist ein Workshop unter dem Titel »Der kleine Bruder Biber« gewidmet, der sich an Schulklassen richtet. »Der Biber«, sagt Seitz-Weinzierl, »wird oft nicht gemocht und ist sogar verhasst, weil er an Bäumen nagt und sie fällt. Wir zeigen den Kindern, dass der Biber ein liebenswertes Mitgeschöpf ist.« Der Biber ist ein kleiner Handwerker, der eine Landschaft belebt. Seitz-Weinzierl: »Der Biber will, dass die Bäume ins Wasser fallen, denn sie sind seine Nahrung. Wenn er das Wasser staut, so entsteht ein Ökosystem dort, mit kleinen Fischen und vielen Kleinstlebewesen.« Wie der Biber lebt, warum und wie er mit seinen großen, nachwachsenden und orange-rötlichen Schneidezähnen nagt und was er isst – Fische stehen nicht auf seinem Speiseplan –, das wird den Kindern spielerisch vermittelt.

»Die Natur bleibt dabei geheimnisvoll«, sagt Seitz-Weinzierl. Sie ist studierte Theologin, Journalistin und Naturpädagogin, hat sich zur Kräuterexpertin fortgebildet und verfügt über ein großes Wissen. Angetan ist sie von der mittelalterlichen »grünen Heiligen« Hildegard von Bingen, die die »Grünkraft«, die Viriditas, als eine der gesamten Natur innewohnende Grund- und Heilkraft gesehen hat. Hildegards Erkenntnisse zu Kräutern und Gewürzen sind bis heute gefragt. Auf dem Programm stehen in Wiesenfelden immer wieder Workshops zu einheimischen Kräutern, zu Themen wie »Gesundheit aus dem Küchengarten« oder »Kräutersalze herstellen«. Wichtig sind für Seitz-Weinzierl verschiedene Zugänge, um die Vielfalt und den Reichtum der Pflanzenwelt erfahren zu können.

»Die Natur nur naturwissenschaftlich zu betrachten ist zu eindimensional«, sagt sie. »Auch sozialwissenschaftliche, geisteswissenschaftliche und gesellschaftspolitische Perspektiven sind wichtig. Und wir brauchen sinnliche Zugänge und künstlerische Wege: über bildende Kunst, Musik und Lyrik und auch über den Tanz als Form des menschlichen Ausdrucks. Damit können wir die Natur ganzheitlicher erfassen und uns selbst als Teil der Natur sehen. Das verstehe ich unter einer zeitgemäßen Bildung für nachhaltige Entwicklung.« Zum Konzept gehören auch Kulturabende, etwa wenn der Liedermacher Fredman unter dem Motto »Nature poetry & songs« Wilde-Garten-Lieder singt, oder literarische Erlebniswanderungen, bei denen die Teilnehmer:innen an schönen Plätzen Rast machen und dann Texte vorgetragen werden. »Letztlich aber«, davon ist die Naturpädagogin überzeugt, »muss man gar nicht viel dazutun. Die Natur hat von sich aus eine enorme Wirkmacht. Sie wirkt, so wie sie ist, sie entfaltet aus sich heraus eine große Kraft. Das erfährt jeder, der eine Wanderung macht.«

Naturschutz lässt sich nur verankern, wenn man die Natur kennen- und lieben lernt. »Wir leiten dazu an. Wir lassen die Menschen sinnliche Erfahrungen machen und die Natur erleben: den Duft der Pflanze Mädesüß, die frische Waldluft, barfuß über nasses Moos gehen. Es gibt eine große Naturferne», sagt Seitz-Weinzierl. »Junge Leute googeln bestenfalls nach Mädesüß – es ist eine Kräuterpflanze, mit der früher Metwein gesüßt wurde –, aber sie kennen die Pflanze nicht. Sie haben keine Erfahrungen damit gemacht.« Es gilt: »Wer die Wohltaten der Natur schätzt, will sie auch schützen.«

Bei »ökologischen Einkehrtagen« auf dem Schloss wird immer wieder auch eine andere Ernährung nähergebracht, mit »Basenfasten« und Suppengemüsegerichten. »Es geht dabei«, sagt Seitz-Weinzierl, »nicht um das Verzichten, sondern entscheidend ist das Schmackhaftmachen, das gemeinsame Kochen und Einüben, das Genießen.« Bei der Ernährung zeigt sich wie in anderen Lebensbereichen, dass eine Veränderung nicht allein über den Kopf und durch ideologische Vorgaben gesteuert werden kann. »Der Mensch ist nicht zum Verzicht geboren. Es geht deshalb nicht um Verzichtsappelle. Sondern wichtig sind alternative Genusserlebnisse. Die Natur ist ein Reich der Sinne, sie kann diese Erlebnisse bieten.« Dabei gilt es, das richtige Maß selbst auszuloten. »Jugendliche müssen das lernen, auch in Bezug auf die Sexualität, genauso wie Erwachsene diese Aufgabe haben, ein Leben lang.« Ihr Fazit lautet: »Wir müssen darüber nachdenken, was Menschen glücklich macht, und dabei die Natur ins Spiel bringen. Glückliche Menschen machen weniger kaputt. Und sie müssen nicht so viel konsumieren.«

Gorbatschows Vermächtnis

Beeindruckt hat Seitz-Weinzierl die unmittelbare Begegnung mit einem großen Mann der Geschichte, der sich – was vielen nicht bekannt ist – leidenschaftlich für die Umwelt eingesetzt hat: mit Michail Gorbatschow. In einem ausgiebigen Gespräch mit Gorbatschow hatte sie vor einigen Jahren die Gelegenheit, sich mit ihm intensiv über das gestörte Verhältnis zur Natur und zur Mitwelt auszutauschen – und war beeindruckt und überrascht, wie sehr der frühere Generalsekretär der Kommunistischen Partei der Sowjetunion, der dort den Prozess von »Glasnost« (Offenheit) und »Perestroika« (Umbau) eingeleitet und im Jahr 1990 den Friedensnobelpreis erhalten hat, von einer spirituellen Grundhaltung geprägt ist, die den Eigenwert der Natur betont. Die Naturkenntnis ist für ihn, wie er berichtete, seit Kindertagen eine Selbstverständlichkeit. Gorbatschow fasste seine ökologische Programmatik in dem Buch *Mein Manifest für die Erde* zusammen, auf Deutsch im Jahr 2003 veröffentlicht. Darin sagt er:

> »In den schwierigen Stunden meines Lebens hat die Natur stets als Zuflucht gedient. Für mich ist sie keine ›Umwelt‹, keine ›Erholungszone‹, sondern ein Tempel, in dem ich fast religiöse Gefühle entwickele.« (Gorbatschow 2003, S. 16)

Nach dem Schock von Tschernobyl und angesichts der gewaltigen ökologischen Probleme in der Sowjetunion wurde Gorbatschow klar, dass eine andere Umweltpolitik überfällig ist. Und: Glasnost und Perestroika sind global vonnöten, um »die vorherrschenden Muster von Produktion und Konsum«, die zu »Verwüstungen der Umwelt, Raubbau an den Ressourcen und einem massiven Artensterben« (ebd., S. 119) führen, zu überwinden – durch einen neuen Lebensstil und durch neue Formen des Wirtschaftens. Den profitorientierten »Fundamentalismus der Globalisierer« (eco-world.de ▷ Michail Gorbatschow: »Eine Charta für die Erde«)[2] bezeichnet er als gefährlich. Wie andere lebenskluge Zeitgenoss:innen besteht er darauf, dass die gewaltige ökologische Herausforderung nicht von der Frage der Armut und der militärischen Auseinandersetzungen getrennt werden kann. Die Antwort darauf muss mehrstimmig sein – es ist der Dreiklang von Frieden, Gerechtigkeit und Ökologie. Gorbatschow hat immer auf Gewaltfreiheit gesetzt und die Konfrontation in den internationalen Beziehungen abgelehnt – folgerichtig rechnete er auch mit dem »System Putin« ab, nachzulesen in dem Buch *Das neue Russland. Der Umbruch und das System Putin*; darin mahnt er auch den Westen unmissverständlich, nicht mit dem Feuer zu spielen.

Zum Erbe von Gorbatschow, der am 30. August 2022 im Alter von 91 Jahren verstorben ist, gehören der Auftrag, am gemeinsamen Haus Europa zu bauen, und – so ist es in der Erd-Charta formuliert – die »heilige Pflicht« (Gorbatschow 2002, S. 118), die Lebensfähigkeit, Vielfalt und Schönheit der Erde zu schützen. Gorbatschow, dem viele zu Unrecht nachsagen, er sei gescheitert, hat immer und bis zuletzt an die Lernfähigkeit der Menschen geglaubt: Wir können lernen, unterstreicht er, »das Leben zu respektieren, es nicht zu zerstören und dadurch den Fortbestand der Menschheit zu sichern«. Er weigerte sich, »die Möglichkeit des Endes der Menschheit zu akzeptieren – gleichgültig welche Prüfungen ihr noch beschieden sind« (ebd., S. 104 f.).

Sein Vermächtnis bleibt. Es ist das Trotzdem, das Credo eines Optimisten. Sein Appell ist eindeutig: Jede und jeder soll sich an der gigantischen Perestroika beteiligen, die im 21. Jahrhundert notwendig ist.

Literatur*

Améry, Carl (1998): Hitler als Vorläufer. Auschwitz – der Beginn des 21. Jahrhunderts? München: Luchterhand.

Brand, Ulrich (2013): Schöne grüne Welt. Über die Mythen der Green Economy. 3. Auflage. Berlin: Rosa-Luxemburg-Stiftung (luxemburg argumente 3).

Dessus, Benjamin (2010): Wunderwaffen gegen Klimawandel. In: Edition Le Monde diplomatique. Deutsche Ausgabe 8/2010, S. 70–75.

Flade, Martin (2012): Von der Energiewende zum Biodiversitätsdesaster. In: Die Vogelwelt 133, S. 149–158.

Fokken, Ulrike (2021): Artenvielfalt in der Klimakrise. Biodiversität mitdenken. Gastkommentar in der taz vom 18. November.

Folkers, Manfred; Paech, Niko (2020): All you need is less. Eine Kultur des Genug aus ökonomischer und buddhistischer Sicht. München: oekom.

Frohofer, Fred; Vontobel, Werner (2021): Eine Ökonomie der kurzen Wege. Von der Marktwirtschaft zur Bedarfswirtschaft. Zürich: Rotpunktverlag.

Fromm, Erich (1976): Haben oder Sein. Die seelischen Grundlagen einer neuen Gesellschaft. Stuttgart: Deutsche Verlags-Anstalt.

Fromm, Erich (1999): Anatomie der menschlichen Destruktivität. Gesamtausgabe Band 7, Aggressionstheorie. Stuttgart: Deutsche Verlags-Anstalt.

Gorbatschow, Michail (2003): Mein Manifest für die Erde. Jetzt handeln für Frieden, globale Gerechtigkeit und eine ökologische Zukunft. Aus dem Russischen von Bernd Rullkötter. Frankfurt am Main: Campus Verlag

Hengsbach, Friedhelm (2014): Die Zeit gehört uns. Widerstand gegen das Regime der Beschleunigung. Freiburg: Herder spektrum.

---

* Es handelt sich in erster Linie um weiterführende Literatur, auf die Bezug genommen wurde. Im Fließtext gibt es weitere Bezugnahmen und Zitationen, größtenteils von Quellen aus dem Internet, die im Fließtext ausgewiesen und hier nicht mehr vermerkt sind.

Hessel, Stéphane (2011): Empört euch! Berlin: Ullstein.

Huxley, Aldous (2012): Schöne neue Welt. Ein Roman der Zukunft. Aus dem Englischen von Herberth E. Herlitschka. Frankfurt am Main: Fischer Taschenbuch Verlag.

Huxley, Aldous (2017): Wiedersehen mit der Schönen neuen Welt. Essay. Aus dem Englischen von Herberth E. Herlitschka. Neuauflage einer früheren Ausgabe. München: Piper.

Informationszentrum Dritte Welt (2011): Mission Windrad – der Grüne Kapitalismus kommt. Freiburg: iz3w Heft 327 (iz3w).

Jonas, Hans (1979): Das Prinzip Verantwortung. Versuch einer Ethik für die technologische Zivilisation. Frankfurt am Main: Insel Verlag.

Kern, Bruno (2019): Das Märchen vom grünen Wachstum. Plädoyer für eine solidarische und nachhaltige Gesellschaft. Zürich: Rotpunktverlag.

Kern, Bruno (2021): Die Rückkehr zum menschlichen Maß. In: Publik-Forum vom 14. März 2021.

Kern, Bruno (2022): War Marx ein Öko? In: Marx und der Kapitalismus. Herausgegeben vom Deutschen Historischen Museum. Darmstadt: wbg Wissenschaftliche Buchgesellschaft/Theiss, S. 151–155.

Kohr, Leopold (2002): Das Ende der Großen. Zurück zum menschlichen Maß. Salzburg. Wien: Otto Müller Verlag.

Krippendorff, Ekkehard (1985): Staat und Krieg. Die historische Logik politischer Unvernunft. Frankfurt am Main: Suhrkamp.

Lepenies, Philipp (2022): Verbot und Verzicht. Politik aus dem Geist des Unterlassens. Berlin: Suhrkamp.

Luxemburg, Rosa (1985): Gesammelte Werke. Band 5: Ökonomische Schriften. 3. Auflage. Berlin: Dietz.

Luxemburg, Rosa (2018): Mensch sein ist vor allem die Hauptsache. Gedanken einer Revolutionärin. Herausgegeben von Bruno Kern. Wiesbaden: marix Verlag.

Marcuse, Herbert (1970): Der eindimensionale Mensch. Studien zur Ideologie der fortgeschrittenen Industriegesellschaft. Neuwied und Berlin: Sammlung Luchterhand.

Marx, Karl (1975a): Das Kapital. Kritik der politischen Ökonomie. Erster Band (Werke Band 23). 11. Auflage (unveränderter Nachdruck der 1. Auflage 1962). Berlin: Dietz Verlag.

Marx, Karl (1975b): Das Kapital. Kritik der politischen Ökonomie. Dritter Band (Werke Band 25). 7. Auflage (unveränderter Nachdruck der 1. Auflage 1964). Berlin: Dietz Verlag.

Meadows, Denis (1994): Die Grenzen des Wachstums. Bericht des Club of Rome zur Lage der Menschheit. 16. Auflage. Stuttgart: Deutsche Verlags-Anstalt.

Paech, Niko (2010): Die Legende vom nachhaltigen Wachstum. Ein Plädoyer für den Verzicht. In: Le Monde Diplomatique. Deutsche Ausgabe 11/2010.

Paech, Niko (2012): Befreiung vom Überfluss. Auf dem Weg in die Postwachstumsökonomie. München: oekom.

Papst Franziskus (2015): Laudato si'. Enzyklika. Über die Sorge für das gemeinsame Haus. Leipzig: Benno (Laudato si').

Piketty, Thomas (2016): Das Kapital im 21. Jahrhundert. München: C. H. Beck.

Piketty, Thomas (2020): Kapital und Ideologie. München: C. H. Beck.

Precht, Richard David (2018): Jäger, Hirten, Kritiker. Eine Utopie für die digitale Gesellschaft. München: Wilhelm Goldmann Verlag.

Romberg, Johanna (2018): Federnlesen. Vom Glück, Vögel zu beobachten. Köln: Lübbe.

Rosa, Hartmut (2010): More, more. In: Edition Le Monde diplomatique 2010 No. 8, S. 56–59.

Rosa, Hartmut (2021): Unverfügbarkeit. Salzburg: Residenz.

Schumacher, Ernst Friedrich (2019): Small is beautiful. Die Rückkehr zum menschlichen Maß. Mit einer Einführung von Niko Paech. München: oekom.

Seitz-Weinzierl, Beate (2002): Sehnsucht Wildnis. Gespür für Leben neu entdecken. Mit einem Vorwort von Carl Améry und Beiträgen von Hubert Weinzierl. Amberg: Buch- und Kunstverlag Oberpfalz.

Streeck, Wolfgang (2021): Zwischen Globalismus und Demokratie. Politische Ökonomie im ausgehenden Neoliberalismus. Berlin: Suhrkamp.

Tocha, Wigbert (2018): Tugenden. Eine Anstiftung für das 21. Jahrhundert. Ostfildern: Matthias Grünewald Verlag.

Wolff, Marie-Luise (2020): Die Anbetung. Über eine Superideologie namens Digitalisierung. Frankfurt am Main: Westend.

Anmerkungen

Kapitel eins

Von feuchten Technikträumen und grünen Illusionen

1 Es geht in diesem Kapitel primär um dieses Muster, bevor ich mich in den Kapiteln 3 und 4 ausführlicher mit der Akkumulationslogik auseinandersetze.

2 Diese beiden Begriffe hat Papst Franziskus in einer argumentativ wertvollen Umwelt-Enzyklika stark gemacht, s. Laudato si' 2015, S. 80–107.

3 Das Wort »Technik« wird im Deutschen zunehmend vom Begriff »Technologie« ersetzt. Dies ist dem Einfluss des Englischen zuzuschreiben, wo Technik mit dem Begriff »technology« benannt ist. So wandert die »Technologie« in den Sprachgebrauch ein, wo eigentlich meist der Ausdruck »Technik« ausreichend wäre. »Technologie« bezeichnet im Deutschen die Lehre von der Technik und die Technikforschung, doch inzwischen verschwimmen die Begriffe und werden weitgehend synonym verwendet. Ich benutze meist den Terminus »Technik«, aber nicht durchgängig, sondern spreche immer wieder auch von »Technologie«, insbesondere dann, wenn moderne und ambitionierte Technik gemeint ist. In vielen Veröffentlichungen – von dem ins Deutsche übersetzten *Bericht des Club of Rome* zu den *Grenzen des Wachstums* aus dem Jahr 1972 bis zum Koalitionsvertrag der Berliner Ampelregierung aus dem Jahr 2021 – ist meistens nicht von Technik, sondern von vornherein von Technologie die Rede.

4 Siehe S. 38 ff.

5 Energie zu »gewinnen« ist eine verkürzte Sprechweise, denn Energie kann nicht »gewonnen«, nicht »produziert«, nicht »erzeugt« und nicht »verbraucht« werden. Diese Begrifflichkeiten verwende ich teilweise dennoch weiter, weil sie weit verbreitet sind. Gemeint ist mit der »Produktion« die Umwandlung von Energie in Nutzenergie und im »Verbrauch« die Entwertung von Nutzenergie.

6 Zur Logik der Kapitalakkumulation siehe S. 115 ff.

7 Die Angabe der Leistungsfähigkeit bezieht sich auf die Leistung pro Sekunde. Beim Verbrauch der Energie wird die Zeitdauer mit angegeben, eine Megawattstunde (MWh) ist die Menge, die benötigt wird, ein Gerät mit einer Leistung von einem Megawatt (MW) eine Stunde lang zu betreiben. Für die Berechnung der Jahresenergiemenge wird dieser Wert mit 24, der täglichen Stundenzahl, sowie mit 365, der

Zahl der Tage im Jahr, multipliziert. Hier wird dann bei den großen Stromgesamtmengen auch mit Terawattstunden (TWh) operiert – 1 TWh sind 1.000 Gigawattstunden (GWh) oder 1.000.000 MWh.

8 Siehe dazu etwa den ohne jedes Problembewusstsein geschriebenen Beitrag von Frank-Thomas Wetzel: Motor der Energiewende. Deutschlands Küsten müssen zu gigantischen Windparks umgebaut und an leistungsstarke Übertragungsnetze angeschlossen werden. In: Frankfurter Rundschau vom 9. Mai 2022.

9 Der Begriff »New Green Economy« stammt aus der Anfangszeit der grünen Ökonomie. Ich verwende den heute gebräuchlichen Terminus »Green Economy«.

10 Zur Begriffsbestimmung des Neokapitalismus siehe Kapitel 3, S. 101ff.

11 »Es ist verboten«, heißt es im Bundesnaturschutzgesetz (Paragraf 44 Abs. 1 Nr. 1), »wild lebenden Tieren der besonders geschützten Arten nachzustellen, sie zu fangen, zu verletzen oder zu töten oder ihre Entwicklungsformen aus der Natur zu entnehmen, zu beschädigen oder zu zerstören.« Die Verbote beziehen sich auf jedes Individuum, auf jedes einzelne Exemplar einer besonders geschützten Art. Zwar gibt es Ausnahmen, dass Projekte trotz Beeinträchtigungen zugelassen werden können, »aus zwingenden Gründen des überwiegenden öffentlichen Interesses« (Paragraf 34 Abs. 3 Nr. 1), doch die Ausnahmen müssen im Einzelfall geprüft werden, sie sind kein Blankoscheck. Anders gesagt: Die Ausnahme bleibt eine Ausnahme und bestätigt die Regel. Genau dies wird bewusst unterlaufen, wenn es eine »Regelvermutung« für das Vorliegen eines Ausnahmetatbestands gibt, die Ausnahme also zur Regel gemacht wird.

12 Inzwischen wurde die Konjunkturprognose wegen des Ukrainekrieges auf 2,2 Prozent abgesenkt.

13 Helge Peukert hat konservativ gerechnet und mit der Rechengröße von 20 Tonnen an CO_2-Emissionen bei der Produktion eines Elektroautos Herstellerangaben übernommen, die in der Realität eher übertroffen als unterschritten werden dürften. Allein eine Batterie, die in China hergestellt wurde, hat für einen CO_2-Ausstoß von 17 Tonnen gesorgt. Die teuren und mächtigen Batterien sind die Achillesferse der E-Autos. Sie relativieren auch das immer wieder ins Feld geführte Argument, Elektrofahrzeuge hätten eine erheblich längere Lebensdauer als Verbrenner. Zwar hat ein E-Auto tatsächlich viel weniger Verschleißteile, doch das Argument der Verschleißarmut gilt nicht für die Batterie. Deren Leistungsfähigkeit sinkt nach einiger Zeit deutlich. Das Ausmaß der »Degradation« der Batterien ist nach wie vor eine Blackbox, es ist aber davon auszugehen, dass nach rund 1.000 Ladevorgängen eine kritische Grenze erreicht ist.

14 Zur ökologischen Problematik der Fracking-Gasförderung siehe S. 100f.

15 Diese Aspekte greife ich in Kapitel 6 noch einmal auf, siehe S. 187ff.

Kapitel zwei

Die Überhöhung des Digitalen

1 Zur Begriffsbestimmung des Neokapitalismus siehe Kapitel 3, S. 101 ff.

2 Den Begriff verdanke ich Marie-Luise Wolff und ihrem Buch *Die Anbetung. Über eine Superideologie namens Digitalisierung* (Wolff 2020), deren Argumentation ich im Folgenden teilweise aufgreife und weiterführe.

3 Siehe auch hier Wolff 2020.

4 Die kommunistische Gesellschaft, heißt es in *Die deutsche Ideologie*, werde es ermöglichen, »heute dies, morgen jenes zu tun, morgens zu jagen, nachmittags zu fischen, abends Viehzucht zu treiben, nach dem Essen zu kritisieren, wie ich gerade Lust habe, ohne je Jäger, Fischer, Hirt oder Kritiker zu werden« (Marx-Engels-Werke/MEW 3, S. 33).

Kapitel drei

Höher, schneller, mehr und größer – bedrohliche Zuspitzungen im Neokapitalismus

1 Zur Logik der Kapitalakkumulation siehe S. 115 ff.

2 Der Brief Einsteins, der sich an flämische Ansprechpartner richtet, ist in Kopie im Park La Potinière im belgischen Ort De Haan zu sehen, wo Einstein im Jahr 1933 sechs Monate lang lebte, bevor er über Großbritannien in die USA emigrierte und nie mehr nach Europa zurückkehrte.

3 Ich nenne Meadows im Folgenden häufig allein als Autor des Club-of-Rome-Berichts über *Die Grenzen des Wachstums.* Co-Autoren waren auch Meadows' Ehefrau Donella Meadows und Jørgen Randers. Deshalb spreche ich mit Blick auf die Co-Autoren und auf das gesamte MIT-Forscherteam wiederholt auch von den »Autor:innen«.

4 Maßnahmen zur Verbesserung der Bodenkultur, die die Fruchtbarkeit erhöhen und gleichzeitig kritische Entwicklungen wie Erosion, Bodenversauerung und Versalzung verhindern sollen.

5 Der heute übliche Begriff der »stationären Wirtschaft« (steady state economy) taucht in *Die Grenzen des Wachstums* nicht auf.

6 Der Anspruch, fossile Energie durch regenerative zu ersetzen, ist nicht einlösbar und letzten Endes auch kein sinnvolles Ziel. Es geht vielmehr um einen insgesamt niedrigeren Level bei der Energieumwandlung. Siehe dazu auch die Ausführungen in Kapitel 5, S. 177 ff.

7 Der Terminus »New Green Deal« lehnt sich begrifflich an den »New Deal« in den USA der 1930er-Jahre an. Die Bezeichnung »New Green Deal« hat sich jedoch nicht durchgesetzt. Die EU spricht, ohne das »New«, vom »Green Deal«.

Kapitel vier

Gefährliche Erinnerung – Karl Marx, Rosa Luxemburg und der Traum vom Ende der Akkumulation

1 Siehe S. 81 ff.

2 Diese Textpassage hat Marx übernommen, sie ist ein Zitat aus der Publikation *The Quarterly Reviewer*, das zunächst vom Funktionär der englischen Gewerkschaftsbewegung T. J. Dunning aufgegriffen wurde und das auch Marx wiedergibt.

3 Zur Erklärung des Wachstumszwangs und der Besonderheit der kapitalistischen Konkurrenz siehe auch den instruktiven Beitrag von Annette Schlemm: »Geil wie ein Bock«. In: Junge Welt vom 13. Juni 2022.

4 Der Ausdruck »kapitalistische Kolonisation« stammt nicht von Luxemburg, sondern ist ein von mir gewählter Begriff, um die Analyse Luxemburgs zusammenzufassen.

5 Luxemburg verwendet diese Begriffe nicht.

6 Carl Améry hat in seinem 1998 veröffentlichten Buch *Hitler als Vorläufer* darauf hingewiesen, dass Hitler und der Nationalsozialismus erst wirklich verstanden werden können, wenn die Frage der begrenzten Ressourcen, der politisch instrumentalisierten Angst vor Überbevölkerung und der Panik des »Es reicht nicht mehr für alle« mit aufgenommen wird. Auf diese Fragen, so Améry, haben die Nazis eine barbarische Antwort mit einem primitiven Darwinismus, Rassismus und millionenfachem Mord gegeben. Ihre grausamen Kriege wären demnach als Ressourcenkriege zu verstehen. Améry plädiert für einen »gänzlich neuen Kulturentwurf« für das 21. Jahrhundert, um angesichts der Umweltkrise nicht erneut in panische und barbarische Verhaltensmuster zu verfallen, sondern eine humane Antwort geben zu können.

7 Natur setzt Marx offenbar als ewig existent, konstant und beliebig verfügbar voraus: »Marx verbannte die Natur […] ausdrücklich aus dem Bereich der politischen Ökonomie. Das konnte er […] aufgrund der aus heutiger Sicht irrigen Annahme tun, dass es sich bei den natürlichen Voraussetzungen der Wertschöpfung um eine konstante Größe handelt. […] Die Grenzen der Tragfähigkeit von Ökosystemen […] bilden aber keine Konstante.« (Bruno Kern: Marx im Zeitalter der Ökologie. In: Ethik und Gesellschaft 1/2018)

Kapitel fünf

Die Politik des Genug – vier Essentials

1 Zur Tugend des Maßes und zum ökologischen Maß siehe meine Ausführungen in: Tocha 2018, S. 95 ff.

2 Niko Paech formuliert es etwas umständlich so: »Demnach dürfte jeder Mensch durchschnittlich ein Quantum an ökologischen Ressourcen verbrauchen, von dem sich sagen lässt, dass dann, wenn alle anderen Erdbewohner sich ähnlich verhalten, die irdische Tragekapazität dauerhaft erhalten werden kann.« (Paech 2012, S. 57 f.)

3 Ich beziehe mich im Folgenden auf dessen Bücher *Befreiung vom Überfluss* (2012) und *All you need is less* (2020).

4 Ich beziehe mich auf das gemeinsam mit Fred Frohofer vorgelegte Buch *Eine Ökonomie der kurzen Wege* (2021).

5 Zu berücksichtigen ist zudem, dass auch Biolebensmittel, die im eigenen Land produziert werden könnten, inzwischen in hohem Umfang importiert werden. Sie haben somit ebenfalls zu weite Transportwege hinter sich und werden Teil einer verfehlten Produktions- und Marktstruktur.

6 Siehe das Beispiel Ghana, S. 124.

7 Die EU lässt den Import des gentechnisch veränderten Sojas zu.

8 »Versäumt nicht zu üben, / Die Kräfte des Guten«, heißt es in Goethes Gedicht »Symbolum« aus dem Jahr 1815.

9 Wenn es um die gesellschaftliche Ebene geht, bevorzuge ich den Begriff der »Bedarfswirtschaft« gegenüber dem oft synonym verwendeten Begriff der »Subsistenzwirtschaft«, weil bei Ersterem klarer wird, dass es um den gesellschaftlichen Bedarf geht und der Begriff »Subsistenz« missverständlich ist.

10 Kant beantwortete die Frage »Was ist Aufklärung?« in der Berlinischen Monatsschrift 4/1784 wie folgt: »Aufklärung ist der Ausgang des Menschen aus seiner selbst verschuldeten Unmündigkeit. […] Sapere aude! Habe Mut, dich deines eigenen Verstandes zu bedienen! ist also der Wahlspruch der Aufklärung.«

11 Wie das Gemeinwesen dimensioniert ist, erläutere ich mit dem zweiten Essential: Es geht um kleine Staaten, siehe S. 156 ff.

12 Siehe dazu das dritte Essential, S. 166 ff.

13 Ich verwende einen funktionalen Unternehmensbegriff, nach dem alle Einrichtungen, die sich wirtschaftlich betätigen, als Unternehmen anzusehen sind. Somit müssen zu einem Unternehmen nicht notwendigerweise das Prinzip des Privateigentums und das Streben nach Gewinn gehören.

14 Ich verwende den Begriff in Abgrenzung zur industrialisierten Landwirtschaft und zum Agrobusiness.

15 Die Wissenschaftler Christoph Scheuplein und Richard Buzek haben in einer Studie belegt, dass die Private-Equity-Fonds, die MVZs aufkaufen und an die später die Gewinne zurückfließen, ihren Sitz oft in Steueroasen wie den Kaimaninseln haben.

16 Inzwischen werden die Forderungen an die Politik lauter, investorenbetriebene MVZs zu stoppen. Der Deutsche Ärztetag fasste im Mai 2022 einen entsprechenden Beschluss. Die Gesundheitsminister der Länder starteten eine Initiative, die den Einfluss von Investoren bei MVZs einschränken soll.

17 Siehe das Beispiel des Boitzenburger Lands, S. 36.

18 Der niederländische Geschäftsmann und Bierbrauer Alfred Heineken hat unter Rückgriff auf die Thesen von Leopold Kohr im Jahr 1992 ein viel beachtetes »Eurotopia«-Modell angeregt, nachzulesen in dem Buch *The United States of Europe (a Eurotopia?)*. Es ist die Aufteilung der »Vereinigten Staaten von Europa« in 75 weitgehend autonome Regionen. Diese kleinen Staaten wären ähnlich groß und hätten fünf bis zehn Millionen Einwohner. Die Niederlande und Belgien beispielsweise würden in jeweils zwei Regionen aufgehen, Frankreich in sieben Regionen und Deutschland in elf Regionen, darunter Brandenburg (mit Berlin), Westfalen, Nordrheinland, Rhein-Moselland, Baden-Württemberg, Bayern (ohne Franken) und Frankenland; die Schweiz würde als kleiner Staat bleiben, wie sie ist.

19 Den Bezug von Kohrs Überlegungen zur antiken Philosophie und zur Tugend des Maßes arbeiten der Philosoph Günther Witzany und der Historiker Ewald Hiebl, Leiter des Kohr-Archivs an der Universität Salzburg, in ihrem gemeinsamen Vorwort zu *Das Ende der Großen* gut heraus.

20 Streeck nimmt an keiner Stelle seines Buchs auf Kohr Bezug. Dies halte ich für ein Versäumnis.

21 Auf diesen Aspekt weist zu Recht der politische Philosoph Otfried Höffe in seiner Rezension des Streeck-Buchs in der *Frankfurter Rundschau (FR)* hin: Ist Kleinstaaterei der Ausweg? FR vom 7./8. August 2021.

22 Russland dagegen, das zum großen Teil ein europäisches Land ist – 110 der 145 Millionen Einwohner leben in Europa –, muss beteiligt sein. Hier zeigt sich allerdings auch die von Kohr angesprochene Problematik, dass eine Großmacht in einem überstaatlichen Verbund, in diesem Fall einer erneuerten OSZE als gesamteuropäischem Verbund, eine Schieflage erzeugen kann; anders wäre es, wenn die Russische Föderation aufgehoben und in kleine Republiken aufgeteilt würde, die als souveräne Staaten Teil eines europaweiten Verbunds wären. Eine solche Machtbalance kleiner Staaten gehört zu Kohrs Konzept, das auf mehr Demokratie und Souveränität kleiner Einheiten abzielt. Davon zu unterscheiden sind Sandkastenspiele US-amerikanischer Geostrategen, die von einer Aufspaltung Russlands träumen, um danach

einen Zugriff auf die Teile des aufgeteilten Riesenreichs und auf deren Ressourcen zu bekommen. Dieser imperialistische Ansatz läuft völlig quer zu Kohrs Anliegen. Kohr weitergedacht, müsste nicht die Aufteilung des geopolitischen Feindes unter Beibehaltung der eigenen Größe das durchsichtige Ansinnen sein, sondern der Blick müssten sich auf die eigene Großmachtstruktur richten. Die Konsequenz wäre die Aufhebung der USA zugunsten ihrer kleineren Einheiten, die dann keine Bundesstaaten mehr wären, sondern souveräne Staaten.

23 Siehe S. 36.

24 In der deutschen Übersetzung des Schumacher-Buches ist fast durchgängig von »Technologie« die Rede, auch da, wo der Begriff »Technik« angemessener gewesen wäre.

25 Ich folge hier der Übersetzung, in der der Begriff »intermediate technology« nicht mit »mittlerer Technik« übersetzt wurde, sondern mit »mittlerer Technologie«.

26 Siehe S. 152ff.

27 »Technologische Fortschritte«, schreibt Meadows, »wären im Stadium des Gleichgewichts ebenso notwendig wie begrüßenswert.« Als Beispiele nennt er neue Methoden zur Erfassung von Abfällen, um Rohmaterialien zurückzugewinnen; eine bessere Konstruktion von Produkten, um deren Nutzungsdauer zu erhöhen; die Nutzung der Sonneneinstrahlung als Energiequelle; Methoden zur natürlichen Schädlingsbekämpfung; medizinische Fortschritte, um die Todesrate zu senken; Fortschritte bei der Empfängnisverhütung (Meadows 1994, S. 159).

Kapitel sechs

Auf der Suche nach dem guten Leben

1 Der Humanist, Mediziner und Theologe Albert Schweitzer (1875–1965) hat den Begriff der »Ehrfurcht vor dem Leben« geprägt: Gemeint ist die ethische Haltung, sich für alles Leben auf der Erde verantwortlich zu fühlen.

2 Die Erd-Charta ist eine internationale Deklaration ethischer und ökologischer Prinzipien, die wesentlich auf Michail Gorbatschow zurückgeht.

Strategien schärfen

Du engagierst dich für einen gesellschaftlichen Wandel? Eure Gruppe hetzt von Aktionstag zu Demo, doch es fehlt die Zeit für den Blick auf das große Ganze? Dieses Handbuch bringt Theorie und Praxis zusammen, um Menschen, die den sozial-ökologischen Wandel aktiv gestalten wollen, darin zu unterstützen, Strategien für gesellschaftliche Transformation zu schärfen.

I.L.A. Kollektiv

Die Welt auf den Kopf stellen
Strategien für radikale Transformation.
Ein Handbuch für Menschen in sozialen Bewegungen
128 Seiten, Broschur, komplett vierfarbig mit zahlreichen Illustrationen, 22 Euro
ISBN 978-3-96238-405-0
Auch als E-Book erhältlich

Die Grenzen der Expansion

Wir leben in einer Expansionsgesellschaft und werden von Expansionsimperativen bestimmt. Aber die sozialökologischen Krisen lassen längst die Grenzen und Schattenseiten dieser Gesellschaft erkennen. Eine Transformation der globalen Arbeitsgesellschaft ist notwendig. Georg Jochum diskutiert Utopien nachhaltiger Formen des Daseins und Arbeitens, die eine Integration der Gesellschaft in das Netz des Lebens ermöglichen.

G. Jochum

Jenseits der Expansionsgesellschaft
Nachhaltiges Dasein und Arbeiten im Netz des Lebens
344 Seiten, Broschur, 28 Euro
ISBN 978-3-96238-382-4
Auch als E-Book erhältlich

DIE GUTEN SEITEN DER ZUKUNFT oekom